HOLACRACY

The New Management System for a Rapidly Changing World

BRIAN J. ROBERTSON

［新訳］

ホラクラシー

人と組織の創造性がめぐりだす
チームデザイン

ブライアン・J・ロバートソン
監訳――吉原史郎
訳――瀧下哉代

英治出版

監訳者まえがき（吉原史郎）

「いのちのエネルギー」への眼差し

私は2015年に、フレデリック・ラルーの著書『Reinventing Organizations（組織の再考案）』に出合い、一心に読み込みました。これは生命体的な組織のあり方を提唱し世界的に注目され、2018年にも日本語版『ティール組織』（英治出版）として出版されました。そのなかで何度も出てきたのが「エボリューショナリーパーパス（Evolutionary Purpose）」という言葉です。フレデリックは「エボリューショナリーパーパス」をティール組織の根幹をなすものとして位置づけています。

この言葉を考案したのが本書の著者であり、ホラクラシーの提唱者であるブライアン・ロバートソンでした。フレデリックはホラクラシーをティール組織の1つの形態と位置づけ、ブライアンのエピソードを多数取り上げています。

ホラクラシーは、役職による階層型組織に変わる新しい組織デザインの方法です。権限を経営層や管理職に集中させるのではなく、広く組織全体に分散し、組織のエボリューショナリーパーパスに耳を澄ましながら、誰もがそれぞれの持ち場で力を持ち、活動できるという特徴があります。ホラクラシーの実践者は世界中に広まっており、1000社を超える組織で活用されています。海外では、アパレル系の小売企業であるザッポスがホラクラシーの実践を始めたことで注目されるようになりました。

私はフレデリックの本と出合ってからティール組織について海外事例を中心に探究し、次にホラクラシーについても学び実践を深めていきました。そのなかで実感したのは、拙速にティール組織を志向するのではなく、事前の「土台づくり」の重要性です。2018年の拙著『実務でつかむ！ティール組織』（大和出版）では、その土台づくりに関する日本企業での取り組みを中心に、ホラクラシーの活用を含めてご紹介しています。

フレデリックやブライアンと、実務面においても親交を深めていくなかで、2人の人間に対する深い眼差しにも触れることができました。それは、チームや組織で働く私たちが人間として本来持っている「いのちのエネルギー」を尊ぶ眼差しです。このことは、私たちがティール組織やホラクラシーを学ぶ際の心構えとして、常に念頭に置いてほしいと考えています。

この「いのちのエネルギー」を尊ぶ眼差しにつながるエピソードとして真っ先に浮かぶのが、アメリカの刑務所でホラクラシーを活用したときに起こった出来事です。

ホラクラシーでは自分が提案したいことや共有したいこと、違和感を含めて気になっていること（これらを「テンション」と表現しています）を伝える際に、独自のコミュニケーション方法をとります。この方法のすばらしい点として、話し手の発言が終わったら、聞き手から話し手に対して「あなたは必要なものが得られていますか？」と尋ねる、という約束事があります。ここでは、聞き手ではなく、「話し手のニーズが満たされているかどうか」に焦点が当たっています。

刑務所でこのコミュニケーション方法を取り入れたところ、受刑者の方たちの意識に大きな変化が起きました。「これまでの人生で感じたことがないような、人間として尊重されている」と感じ、人間としての尊厳を取り戻していったというのです。受刑者の方たちはこれまでの人生において、誰かから自分の話をまっすぐに聞いてもらったという経験がほとんどありませんでした。つまり、相手と正面から向き合って「あなたは必要なものが得られていますか？」と聞くことは、相手を深く尊重する行為だったのです。

このエピソードは、ホラクラシーが人間性の回復につながるプロセスであることを端的に伝えてくれています。

私たちは、人間としての尊厳が感じられない状況において、誰かから「創造的になれ」と強制されたとしても、自分が本来持つ自然な創造性を発揮することができるでしょうか。人間としての尊厳が感じられる環境があってこそ初めて、「私たちや組織自体が持つ創造性の源から生まれてくる衝動」「生命体としてのいのちのエネルギー」を感じることが可能になるのではないでしょうか。

これらを感じながら、「私たちや組織を通じて現れたがっているもの」に耳を澄ましてみるとき、ブライアンやフレデリックが表現したエボリューショナリーパーパスといったものが初めて現れてきます。それはある意味、経済システムに閉じ込められている私たち人類のエネルギーの解放であると言うこともできます。

「エボリューショナリーパーパス」とは何か

「エボリューショナリーパーパス」という言葉の生みの親であるブライアンは、「いのちある組織の最も深い意味での創造的な可能性は何か?」という問いを大切にしています。その背景には、「組織とはいのちある生命体である」という独自の視点があります。

evolutionaryとは、直訳すると「進化的」「進化し続ける」などですが、ここでは「生命は絶え間ない変化の流れの中で生きている」という視点が重要です。この視点に立つと、単に進歩やアップグレードという「前進側面」だけに焦点を当てるのではなく、退化して失われた「後退側面」も尊重できるようになります。この意識が、現在と未来のいのちある組織を支え続けてくれている、これまでの先人たちの「いのちへの感謝(いのちの循環)」をいつまでも失わないようにしてくれるのです。

本書でブライアンは「進化し続ける有機体とは、感知し適応し、学び統合する能力を持つ組織である」と述べていますが、ここにもブライアンの生命体的な組織観を感じることができます。私たちの意識が持つ「感じ取る能力」を活用することで、「いのちある組織」となり、「生命体として変化し続けるという動的なプロセス(進化)が組織に宿ってほしい」という彼の願いが込められています。

進歩やアップグレードという前進側面だけでなく、逆に、退化して失ってしまったことなどの後退側面にも留意しておくという、その両極的な姿勢自体が真の意味での統合的な進化を可能とするのです。

健全に疑う思考が、組織や社会の再考案につながる

私たちの意識が持つ「感じ取る能力」はまた、現状を健全に疑う力も育みます。私はこれを「ダウト思考」と呼んでいます。

ホラクラシーでは「統合的意思決定プロセス」というアプローチがあります。通常、反対意見が出たら「提案者がそれに回答する説明責任を負う」ようになっていますが、ホラクラシーでは「反対意見を出した人がその有効性に対する説明責任を担う」ようになっています。つまり、「本当に採用すべき反対意見かどうか」を検証し、採用された反対意見を統合しながら提案内容を改善していくのです。このようなプロセスを通じて、チームや組織で健全なダウト思考が育まれ、時に前提そのものを問うような鋭い問いが発せられても、そこから探究していくことが重要であるというような考え方をするようになっていきます。

このことは長い目で見ると、組織や社会自体を再考する視点が生まれてくるきっかけにもなっていきます。ホラクラシー自体も、「いくら組織構造を変えたり、オペレーションを改善して権限を

移譲しても、ずっと人に依存していたらまた元に戻ってしまう。より人に依存しないような、本質的な権限の分散はどうやったら実現できるのだろう?」という、ブライアンの現状を健全に疑う問いから生まれてきました。

私たちは多くの場合、「生産性」や「効率性」、さらには「自己成長」「自己実現」というコンセプトを人々に追求するよう求める社会に生きており、自分たち自身をそのコンセプトの中に無自覚に閉じ込めて、日々の経済活動を行っています。加えて、「お金」などの経済的な指標に活動結果を換算することにも慣れています。

その結果、このようなシステムに対して健全な違和感を持ち、俯瞰的な眼差しを持つこと自体が難しくなっているかもしれません。そして、私たちの活動の背景にある自分自身の「いのちのエネルギー」を感じることが困難か、たとえ感じていたとしても、経済的な指標のほうが優先されて脇に追いやってしまうというような社会構造になっているかもしれません。

つまり、社会は生産性や効率性を追求して進化・進歩してきたと言われますが、実際は私たちが本来持つ「いのちのエネルギーや創造性」を失っているとするなら、それはある意味で「退化」かもしれないのです。私たちは、今一度、「進化」というものの意味を原点に立ち戻り、再考する必要があるのではないでしょうか。

もちろん、「生産性」も「効率性」も物事を進めるうえで非常に重要で役立つ考え方です。ホラクラシーでもそれは否定されていません。しかしもっと重要なのは、「生産性や効率性も、人々のいのちのエネルギーも、両方を活かすあり方はないか」と問い直すことではないでしょうか。

このような認識のもとで、本書を読み進めていくと、今の現代社会のなかでホラクラシーを活用することは当然ながら簡単なチャレンジではなく、一歩一歩試行錯誤を通じて学習していくことが不可欠であることに気づいていきます。

一方で、たとえ少しずつでも、ホラクラシーを活用することで、私たち人類が本来持つ創造性を開花できる機会を増やしていくことができるのだ、という可能性にも気づいてもらえるのではないか。そして、このような試行錯誤のチャレンジを後世へとつないでいくことが、私たちの役割なのではないか。これが私が本書の監訳をさせて頂いた意図となります。

ホラクラシー自体も進化し続ける

本書は、ＰＨＰ研究所から出版されていた同題書籍の瀧下哉代さんの訳文をベースにしながら、ホラクラシーで現在使われている用語や表現に合わせて監訳しました。また、これまでの日本企業における経験から、読者がつまづきやすいポイントやより豊かな実践に向けたヒントを、コラムや本文中のポイントとして追記しています。

ホラクラシー自体も、世界中の実践者からのフィードバックに基づいて進化しています。仕事や対話の進め方が書かれた「ホラクラシー憲章」のバージョンも、どんどんとアップデートされています。

本書の内容は、原書が出版された2015年当時の「バージョン4・1」に基づいています。2022年時点では「バージョン5・0」までアップデートされていますが、骨格部分は4・1とほとんど同じです。大きな特徴となっているのは、「モジュール化して再構成した」という点です。具体的には「第1条　組織構造」「第2条　協力の約束事」「第3条　タクティカル・ミーティング」「第4条　権限の分散」「第5条　ガバナンス・プロセス」という5つのパートから構成されています。ホラクラシー憲章を批准した後に、組織の文脈に合わせて、段階的に取り組んでいけるようになっています。

このことは、ホラクラシーに関心を持つ人にとって、より始めやすい形になったと言えます。ホラクラシー憲章はオープンソースプラットフォームであるGｉｔＨｕｂで公開されており、そこに私の日本語訳も掲載されていますので、参考にしてみてください★。

また、ホラクラシーはそれ自体が洗練された奥深いプロセスですが、活用するユーザー自体が組織に合わせた独自のやり方を生み出しています。

読者の皆さんからも、新しい方法や考え方が生まれ、それが世界中の実践者と共有されることで、より「いのちのエネルギー」があふれる組織や働き方が広がっていくことを願っています。

２０２３年５月

★ https://github.com/holacracyone/Holacracy-Constitution-5.0-JAPANESE

［新訳］

HOLACRACY

ホラクラシー

HOLACRACY

The New Management System for a Rapidly Changing World

by

Brian J. Robertson

Japanese translation published by arrangement with Henry Holt and Company
through The English Agency (Japan) Ltd.

発刊によせて（デビッド・アレン）

私がブライアン・ロバートソンに初めて会ったのは、２０１０年にカリフォルニアで開催された「コンシャス・キャピタリズム」というカンファレンスでともに講演者を務めた時のことだった。組織を構築し運営する、斬新でダイナミックな方法についての彼の考え方を聞き、私は心を奪われた。

当時の私は、組織運営に関する自分自身の誤りから痛い目に遭っていて、小さいながらも熱意のある自社を、私がＣＥＯの役割を演じることなく、それ自体で回るようにする方法はないものかと、あれこれ模索している真っ最中だったのだ。

その頃には、私は自分がＣＥＯの役に最適ではないと気づいていた。著書『はじめてのＧＴＤストレスフリーの整理術』で人気になったＧＴＤ手法★のスポークスマンやその守り手としてのほうが、組織にとって私の価値が高かったからである。

ちょうど、ＧＴＤ手法への関心が世界中で高まってきたのに応えるため、当社の業務を拡大する試みに着手したところだった。私自身にはできないことがわかっていたので、私以外の誰かや何かが、そのプロジェクトの運営を指揮する必要があるだろうと考えていた。しかし当社の重大なＤＮＡ

★ Getting Things Done の略で、タスク管理手法の１つと完全に調和するとは限らない、強力な個性を持つ人物に、「会社を経営する」権限を託すのは難しい問題だった。私たちが組織として行っていたことは、個々の私たちの誰の手にも余る大きな仕事だと感じていた。それなのに、誰かに「任せて」しまうと、世界に羽ばたこうとしていたシンプルながらも繊細で洗練された知的財産の手綱を引き渡すことになる。

そこで私は、CEOのいらない組織にしたかった。少なくとも、これまでのようなCEOは不要だと考えたのである。

ブライアンのメッセージとホラクラシーの経営モデルは、私の世界を震撼させた。彼が提案するように機能するなら、これこそ正に私が探していたものだった。私は比較的早急に決断し、ホラクラシーを自社に丸ごと採用し試してみることにした。ホラクラシーがうまくいくかどうか、できるだけ早く知る必要があったのだ。このモデルは非常に強力に思われたので、却下するか採択するかの2つの選択肢しかない、いずれにせよ、中途半端にやるべきでない、と考えた。

ホラクラシーは5年越しのプロジェクトになるだろうと、私は（幸運にも）直感した。たとえホラクラシーがうちの組織の軌道に適していなかったとしても、このモデルは非常に筋が通っていると納得できたので、当社の危うい企てが試練になろうとも、リサーチする価値があると思われた。

私のキャリアは、生産性向上——主として個人に関して、次に組織に関して——を中心に展開してきた。重要人物がGTD手法のベストプラクティスを取り入れた場合、彼らのエコシステム全体に大きな波及効果があることがわかっていた。

しかし、ブライアンのスピーチで、基本的なオペレーティング・プロセスを変更することにより「水のように澄んだ心」（GTDで達成される、個人の明確な状態を表すために私が使っているメタファー）と同等の組織を達成できると聞いた時、これが〝開拓する価値のあるフロンティア〟であることが私にはわかった。

このまえがきを書いている時点で、当社のホラクラシー実践から3年あまりが経過し、5年という私の予測は正確であったように思われる。

組織のオペレーティング・システムを変更するのは、骨の折れる試みである。

当社は、柔軟で、オープンで、透明で……つまり、わりあい現代的な会社であることに誇りを持っていた。しかし、ホラクラシーのプロセスのいくつかを実践した途端、私たちがよかれと思って行っていた習慣や仕事のやり方は、変革されるべきものだったのだということが明らかになった。

この話の素晴らしいところは、最初から私たちにどれほどポジティブな変化が起こったか、という部分にある。そのポジティブな変化は今も続いている。ミーティングとコミュニケーションの新しい形式により向上した明瞭さを一度味わったら、ホラクラシーのシステムを却下することは難しい。

「英雄的リーダー」を持つ必要性を手放した時に、どれほどのプレッシャーから解放されたかを一度実感してしまうと、その方向に後戻りすることは、非常に滑りやすい坂道に投げ戻されたように感じるだろう。

ブライアンが示しているように、ホラクラシーは万能薬ではない。組織の「テンション（現実とポテンシャルとのギャップ）」やジレンマのすべてを解決してくれるわけではないのだ。しかし、私の経験では、それらを認識し、表現し、取り組むための最も盤石な基盤をホラクラシーが与えてくれることは確かだ。

時々、「いっそのこと、ホラクラシーが失敗してくれれば」という考えが、当社の多くの人たちの頭をよぎることがある。自分たちの不快の原因として、プロセスを非難するのは簡単だ。しかし、モデルに穴を開けるほうが、実践するよりも難しいのだ！　また、ホラクラシーにより表面化した「テンション」を解決するうちに、ホラクラシーのやり方とそれが意味することについて、認識が深まってきた。

ホラクラシーが傑作なのは、途中でやめても一向に構わないところだ。実際、ホラクラシーのモデル自体が、ホラクラシーをきれいさっぱり白紙に戻すことを完全に受け入れ、認めている。とはいえ、あなたはおそらくホラクラシーを使って、その変革をできるだけ優美に成し遂げたいと思うことだろう。

２０１４年11月　オランダ、アムステルダムにて

【新訳】HOLACRACY（ホラクラシー）目次

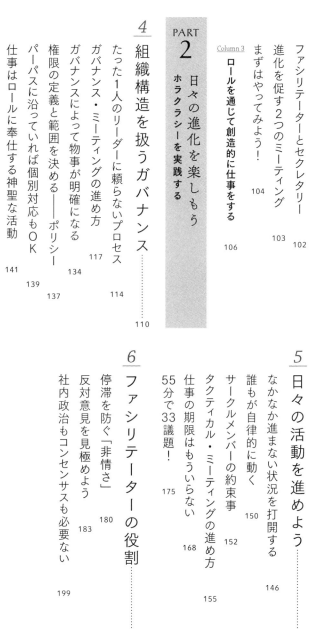

【凡例】

- 本書は2016年に発行された『HOLACRACY（ホラクラシー）』（PHP研究所）の復刊・新訳版である。
- 原文の段落は、よみやすさを考慮して適宜改行した。
- 訳注は脚注に記載した。
- 本文中のコラム（Column）とポイント（▼POINT）は監訳者による追加内容である。
- ホラクラシーの実践で使われている用語に照らし合わせて、旧版から一部の訳語・表現を変更している。主要な用語は下記を参照。

ひずみ	→	**テンション　(tension)**
目的	→	**パーパス　(purpose)**
役割	→	**ロール　(role)**
責務	→	**アカウンタビリティ　(accountability)**
領域	→	**ドメイン　(domain)**
憲法	→	**憲章　(constitution)**
評価基準	→	**メトリクス　(metrics)**
戦術ミーティング	→	**タクティカル・ミーティング (tactical meeting)**
議題	→	**アジェンダ　(agenda)**
任命	→	**アサイン　(assign)**

PART 1
進化する働き方
組織のOSをアップデートする

Evolution at Work

Introducing Holacracy

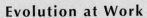

Chapter 1

テンションが進化の力になる

猫も杓子も既成概念にとらわれない発想を求められるなら、
どうにかしなくちゃならないのは既成概念のほうなのだ。

――マルコム・グラッドウェル
『採用は2秒で決まる!』

私がビジネスの極意を学んだのは、危うく飛行機を墜落させかけた日のことだった。自家用操縦士免許を取得するため訓練を受けていた私に、初めて長距離のソロフライトを行う日がめでたく訪れたのだ。出発地から遠く離れた空港までたった1人で操縦し、飛行時間がほぼ20時間に及ぶフライトを自力で成し遂げなくてはならないとあって、私は並々ならぬ緊張感に包まれていた。

目的地まで数百キロメートル、ひとたび機上の人となれば、唯一の旅の道連れは、ちっぽけな2人乗り飛行機のコックピットにずらりと並ぶ年季の入った計器類だけだった。

離陸直後は万事順調に思われたが、まもなく、見覚えのないランプが計器パネルに点灯していることに気づいた。「低電圧」と表示されている。そう言われても、飛行機のメカにまだ慣れていない新米パイロットには、何のことやらピンとこない。

ただの誤作動だったらいいな、とランプをトントン叩いてみたものの、一向に消える気配はない。これぞという対応が浮かばなかったので、とりあえずやっておいたほうがいいかなと、「その時は」思えたことをした。つまり、他の計器に異常がないか、一つひとつ確認したのである。航行速度と高度は良好。航行補助装置によれば航路は完璧。燃料計はほぼ満タンを示していた。こういう計器類のすべてが、「心配ご無用」と私に告げていたのである。

そこで私は計器たちの総意をくんで、効率を重視して、電圧計に相対するその他大勢の計器たちを投票多数で勝利させた。はっきり言えば、雷圧計を無視したのだ。他には何も異変がないのだから、大したことになるわけがない。そうだろう？

しかし実は、これはお粗末極まりない意思決定だった。おかげで私は嵐の中、灯りもなければ無線もなく、おまけにガス欠寸前の状態で、国際空港近くの管制下にある空域を侵犯するという、にっちもさっちも行かない状況に陥ってしまったのである。絶体絶命ともいえるこの事態の発端は、低電圧ランプを少数意見として却下したことにあった。

電圧計とは、結局のところ、他のどんな計器とも異なる情報を感知するためのものだった。少数意見といえども、その声にこそ、あの時あの瞬間に私は耳を傾けておかなければならなかったのである。他の計器たちが何の問題も察知していなかったからといって、電圧計の知恵をはねのけるとは、なんという短絡的な決定を下してしまったものだろう。そのせいで危うく命を落とすところだったのだ。

運よく、私はパニクりながらも無事に着陸することができた。

そしてその後何カ月も経ってから、あの日自分が下した決断を振り返ってみて、面白い結論に至った。私は相変わらず同じ間違いを犯していたのである。といっても空の上ではなく、仕事で率いているチームの中でのことだ。実のところ、私がコックピットの中で犯した致命的ともいえる誤りは、ほとんどの組織の中で日常的に行われていることだったのだ。

組織には、飛行機と同じようにさまざまなセンサーが備え付けられている。ただしランプやメーターではなく、〝人間が〟そのロールを担い、組織のためになるよう現実の世界にアンテナを張り巡らせているのである。組織の「センサー」がある重要な情報を感知していながら、無視され、その情報が対応されずに終わってしまうことがよく起こる。

ある人が何か重要なことに気づいても、他の誰にもそれがわからないし、その人物の鋭い洞察を生かして有意義な変化を起こす手段がないからだ。こんなふうにして、組織の中で低電圧ランプを多数決で退けてしまうことがよくあるのだ。

組織は、それが属する世界の中で対応すべき事柄について、どうやって認識するのだろう?——私たち一人ひとりが持つ、**周りの現実を感知する能力**を利用しているのだ。人というのは十人十色で、才能、経歴、ロール、専門分野など実にさまざまだから、当然、感じる物事も人それぞれである。人の数だけモノの見方があるわけだ。

それにもかかわらず、大抵のチームでは、重要な見解でも、リーダーや大多数のメンバーと異なる意見の場合、無視されたり却下されたりすることがほとんどである。

そうならないように努めている場合でも、異なるモノの見方を一本化する方法がないので、結局はリーダーや大多数と横並びになるよう引き下がってしまう。組織が良好な軌道を保ち発展するために欠かせない、重要な情報を持っているかもしれない人物の意見を多数決で退けてしまうわけだ。人々が共通の目的を実現するために一緒に働いている時、どのような仕組みが作用しているのだろう。この組織の仕組みというものに、私は常に興味を抱いてきた。

私が自分の会社を立ち上げる前、常々不満に思っていたことがある。それは、会社の中でうまく歯車がかみあっていないことや、改善の余地があることを私が感知してその気づきを生かそうとしても、結局のところ限界がある、ということだった。少なくとも、官僚的な組織や社内の政治的駆け引き、長ったらしいミーティングの苦痛といったものに真っ向から勇敢に戦いを挑まなければ、何ごとも始まらなかったのである。

私は不満を述べたかったのではなく、役に立ちたかったのだ。**自分が感知したこと**から、有意義な変化を導き出したかった。それなのに、私がそれを実行しようとすると、お決まりのように大きな障害に遭遇した。

私が早々に学んだことは、上司が自分と同じ不満を抱いていない場合、上司を説得できなければ、その件についてはさっさと忘れてしまったほうがいい、ということだ。自分が感知していた情報は、大したインパクトを与えそうにない。でももし、私があの日の低電圧ランプだとしたら、組織は問題を抱えているわけだ。

人間に与えられた素晴らしい才能の中でも、**今この瞬間に不協和を感知し、変革の余地があることを見通す能力**に、私は特に感動を覚える。それは、休むことも飽きることも知らないクリエイティブな精神であり、私たちを常に現在よりも高みへと導いてくれるものだ。

システムの不調や、繰り返される誤り、あるいは非効率で煩雑なプロセスといったものに不満を感知する時、私たちは**現状とよりよい状態との間のギャップ**に周波数を合わせている。私はこれを**〈テンション〉**と呼んでいるが、この言葉を否定的な意味では捉えていない。

この状態は「改善するべき問題」の場合もあれば、「利用できる機会」の場合もある。いずれにせよ、私がテンション――**「今の現実」と「感知されたポテンシャル」の間にある明確なギャップを認識すること**――と呼んでいる生の体験を有意義なものにしようと目指すのは、人間だけに備わった能力なのである。

テンションの定義と言われるラテン語の tendere の語幹は、「引き伸ばす」という意味だ。両手でグイーンと引き伸ばされたゴムひものように、私たちが感知するテンションには膨大なエネルギーが蓄えられている。そのエネルギーを利用して、感知されたポテンシャルの方向へ組織をぐっと引き寄せることができるのだ。

ただし、そのエネルギーを効果的に活用できるならば、の話だ。社内のどの部署のどんな人物が感知したどのようなテンションであれ、迅速かつ確実に対応され、有意義な変化がもたらされるような会社を、読者はいったい何社知っているだろうか？

ヒューレット・パッカードの創立者の1人、デビッド・パッカードもこう言っていた。「会社というのは、だいたい飢えよりも消化不良で死ぬものだ」[1]と。つまり、組織が感知し取り込んでいるものが多すぎて、効果的に対応して消化しきれないのだ。

では、そういう状況とは逆の場合を考えてみよう。感知されたテンションがどんなものであれ、それに照らして、仕事の進め方や評価基準だけでなく組織の構造そのものでさえ、状況の変化に応じて常に最適なものに更新する能力が私たちのセンサーに備わっているとしたら？　しかも、その過程でやるべき仕事はこなされ、他のどこにも不具合が生じないとしたら？

これは確かに難しい注文だが、それを可能にするシステムが取り入れられれば、組織にどんな変化が起こりうるかを私は目の当たりにしてきたし、その変化は、「よりよい職場環境やより効果的なプロセスを創造する」といったことをはるかに凌ぐのだ。組織自体が進化し続けるデザインの爆発的なパワーにより、もっと根本的な変革が引き起こされるのである。

進化し続ける組織とは？

「進化」はビジネスの世界でよく取り上げられる話題ではないが、そのメカニズムは、複雑な世界の中で繁栄できるような精巧な仕組みを創り出す能力において他に類を見ない。言いかえると、進化ほど知性の高いデザイナーはそんじょそこらに見当たらないのだ。

エコノミストのエリック・D・バインホッカーは次のように述べている。「『進化』と言うと生物学の世界のことだと思われがちだが、現代の進化理論の立場ではもっと幅広く捉えられている。進化とは一種のアルゴリズム★、すなわち、イノベーションをもたらす万能の公式であり……進化の専売特許とでも言うべき試行錯誤を繰り返して新しいデザインを開発し、困難な問題を解決することなのだ[2]」

さらにバインホッカーの説明によると、市場は極めてダイナミックなのに圧倒的多数の企業はそうではない、という「過酷な真実」がある。組織は進化し適応する能力に悲しいほど乏しいのだ。市場で起こる進化の過程にさらされ、生き残る組織もあれば死ぬ組織もあるが、組織自体が適応力のある有機体であることはめったになく、適応力があるように見えても上辺だけのことにすぎない。

どうしたら、単に進化を経た組織ではなく、**進化し続ける組織**を創り出すことができるだろうか。

どうしたら、進化し続ける有機体へと企業を創り変えられるだろう。

★ 数学で、問題を解くための一連の演算の規則

「『進化し続ける有機体』とは、感知し、適応し、学び、統合する能力を持つ組織」だ。バインホッカーの言葉を借りれば、「たゆまぬ改善の鍵は『進化を宿すこと』にあり、分化、淘汰、増幅の車輪を企業の**内部**で回し続けることである」[3]。

それを実現するための強力な方法の1つが、私たちの組織に備わっているとてつもない力——人間の意識が持つ、感知する能力——を活用することだ。

人間が感知する一つひとつのテンションが、「パーパスのよりよい実現に向けて、組織がどう進化できそうか」を教えてくれる道標になる。そういうテンションが、少なくとも組織の仕事に関わる範囲でテキパキと対応されて効果を発揮するようになれば、ダイナミックに進化し続ける能力が開花するという恩恵が組織にもたらされるのだ。

これは思わず乗りたくなるようなすばらしい話だが、口で言うのは簡単でも実行に移すとなるとはるかに難しい。それはひとえに、今の組織のデザインが、あまたのセンサーから入ってきた情報に基づいてすばやく進化していけるようになっていないからだ。

現代の組織のほとんどは、1900年代初期に描き上げられて以来、大して修正されていない基本設計図に基づいて構築されている。この工業化時代のパラダイムは、いわば「予測と管理」という原則に則って運営される。つまり、事前計画を立て、管理を中央に集約し、軌道を外れないように気を配りながら、安定性と成功を手に入れようとするものだ。予測と管理のアプローチは、生身の人間が実際に感知した現実のテンションに基づいて、組織のデザインが絶え間なく進化するのではない。むしろ、テンションの発生そのものを防止するために事前に「完璧な」システムをデザインすることに重点を置いている（組織のトップの人たちがそこまで完璧ではなかったと気づいた場合には、組織の再編が行われる）。

このような組織のモデルは、このモデルが生まれ成熟していった工業化時代という、比較的シンプルで変化の少ない環境の中ではうまく機能していた。実際、それ以前のアプローチに比べれば飛躍的な前進であり、調整と生産と進歩という点ではレベルアップしている。

しかし、今日の脱工業化社会において、組織は重大な新しい課題に直面している。企業を取り巻く環境はどんどん複雑になり、経営の透明性が高められ、幅広くつながるようになり、計画期間が短くなり、経済も環境も不安定で、おまけに世界によりよいインパクトを与えることが求められている。

それなのに、リーダーが新しいアプローチを採用したとしても、予測と管理のアプローチを基盤とする現代の組織は、目まぐるしく変化するダイナミックで複雑な環境にふさわしい軽快な立ち回りをすることができない。しかも、現代の組織の構造が、従業員の情熱と創造力をかきたてることはめったにない。はっきり言って、今日の組織は、今この瞬間にもどんどん時代遅れになってきているのだ。

混迷極まるグローバル経済において、変化という車輪はますます回転速度を上げているため、企業にはより迅速な適応力がますます求められている。

２００９年にニューヨークで行われたワールド・ビジネス・フォーラムで、経営戦略論の専門家ゲイリー・ハメルが発言したように「激動する世界の勢いに組織の適応力は追いつけない。このような種類の変化を想定して構築された組織ではないからだ[4]」。

私はキャリアの初期に働いていた組織で、このことをいやというほど思い知らされた。私自身を含め、個人が感知するテンションのほとんどは、どこにも行き場がなかった。テンションは、ただ単に、**組織が持つ最も素晴らしい資源**だと認識されていないのだ。

感知し対応するという、私が持つ実に人間らしい能力を生かすことが上司にはできないと悟った時、私は道理にかなった唯一の行動に出た。つまり、私自身がボスになったのだ。

さあ、何を感知しようと今度こそ対応できる……！

ところが、私の上にはまだ足を引っ張る別のボスがいて、その上にはまた別のボスが、そのまた上にも……。出世の階段をしばらく上った後、私ははたと悟ったのだった。自分が感知するテンションすべてに大手を振って対応するためには、こういう組織のシステムから完全に離脱して、自分自身の会社を築くしかない、と。

そこで私は起業した。そして大満足だった——しばらくの間は。やがて、自分で創立したソフトウエア会社のＣＥＯといえども、限界があることに気づいたのである。

組織構造とマネジメントのシステムそのものが障害になって、自分が感知したことをすべて対応することができなかったし、１日24時間では全然時間が足りなかった。私のデスクに寄せられてくるものがあまりに複雑すぎたために、私自身のCEOとしての意識でさえも組織は十二分に生かすことができなかった。でも、最悪なのはそこじゃなかった。

もっと心が折れそうになったのは、私があんなに長いことかけてやっと抜け出してきたシステム、まさにあれと同じようなシステムを自分が築いてしまったことを悟った時だった。私の元で働いてくれていたみんなが、かつての私と同じ状況に陥っていた。そして、彼らの持つ、現実を感知する能力を生かすことができないという点で、私の組織はよその組織と大して代わり映えがしなかった。

私はできる限りよいリーダーになるよう努力した。権限を移譲し、他の人たちのニーズや抱えている問題に気を配り、私自身は自己啓発に努め、「サーバント・リーダー」★に徹するよう心がけた。ところが、とことん頑張ったのにもかかわらず、私は目に見えない障壁にぶつかり続けたのである。

私がリーダーとしてどんなに頑張ろうが、現代企業の根幹にある構造、システム、組織文化は、一人ひとりの人間のセンサーの力が思う存分発揮されるのに必要な、すばやい反応や対応を許さないのだ。そこで私は、もっとよい方法を模索し始めた。

ホラクラシーは組織の新たなOS

従来の組織のデザインには限界があり、新しいアプローチが必要であると指摘したのは、なにも

★ ロバート・グリーンリーフが提唱したリーダーシップ哲学で、リーダーたるものはまず奉仕の精神で相手に尽くしてこそ、導くことができるというもの

私が初めてではない。ここ数十年というもの、多くの書籍や記事、講演で、従来の常識を超越した組織に関する考え方が紹介されてきた。そういう著者や草分けの一人ひとりは独自の視点を持っているものの、異口同音に強調しているポイントがある。「適応力を高めよう」「もっと柔軟な構造にしよう」「より幅広いステークホルダー（利害関係者）を視野に入れよう」「不確定要素に対応しよう」、その他、社員をやる気にさせる新手法や、もっと体系的なビジネス手法など。こうした視点のそれぞれから、現在の組織活動の片隅で形成されつつある、新しいパラダイムの全体像らしきものがちらほら見え隠れする。

　こうした新しいパラダイムの概念や手法に秘められたパワーにもかかわらず、実践しようとすると決まって巨大な障害が行く手に立ちはだかる。いまだに従来型の構造を保っている組織のシステムに、新しい概念や手法が実践された場合、新旧のパラダイムが真っ正面からぶつかり合う。新しい手法は単なる添え物で終わるのが関の山、組織のほんの一角に影響を及ぼすだけで、周辺の他のシステムとの対立は永遠に続く、という構図になる。

　例えば、ミーティングに関する優れた新手法によって、チームは活性化するかもしれない。ところが肝心のチームメンバーは、ミーティングルームから一歩外に出れば、社内の隅々まで幅を利かせている権力構造にいまだに束縛されている。最悪の場合、「企業の抗体」なるものが登場して、添え物と化した手法を、侵入してきた異物として締め出しにかかる。なぜなら「組織の構造と運営はこうあるべきだ！」という頭の中で支配的な捉え方（メンタルモデル）と、新しい手法がかけ離れているからだ。いずれにせよせっかくの試みも、どんなに有望なものであれ、最大限の効果を発揮することなく尻すぼみに終わり、組織のシステムに大きなパラダイムシフトは起こらない。

最先端の概念や手法を従来のシステムに実践しようとする場合、これは避けられない大きな課題だ。実践しようとしている革新的な手法が、いまだに幅を利かせている古いパラダイムと衝突してしまう場合、どうしたら「組織化」に関する考え方を変えることができるだろう？

私は経験を重ねるたびに、常に次の結論に戻ってきた。組織を本当に変革するためには、ちょこちょこと変更を重ねるやり方よりも、もっと進んだ手段に出なければならないのだ。小手先の変更の代わりに、組織が機能する仕組みのなかで最も根本的な部分をアップグレードすることに集中して取り組むのである。

例えば、「権力や権威はどんなふうに正式に規定され行使されているか」「組織はどのように構築されているか」、あるいは「誰が誰に対して何を期待できるか」とか「誰がどんな範囲でどんな決定を下せるか」といった決まり事などについて考えてみてほしい。

このような根本的なレベルの物事を変えるのは、いわば組織の新しいオペレーティングシステム（OS）をインストールするようなものだ。その結果、組織が機能する仕組みの核心的な部分に新しい能力が開花する。そうなれば、新しいプロセスに根本的に対立するシステムを単に変革するよりも、一歩先に進むことができる。

もし読者がそれなりの年齢で、ほとんどのパソコンがMS-DOSで動作していた時代を知っているなら、ウィンドウズのような新しいOSや、昔のAppleⅡからMacへの移行がもたらしたコンピュータの飛躍的な性能向上について考えてみよう。

80年代当時、私のパソコンの黒い画面には、緑色のギザギザしたテキストが浮かび上がっているだけだった。それが近い将来、インタラクティブで、自動的に更新され、格段に使いやすくなったグラフィカル・ユーザー・インターフェイス（GUI）を備え、しかも、世界規模の仮想ネットワークに常時接続し、世界中の情報にすぐにアクセスできる端末に取って代わるとは夢にも思わなかった――しかも、これがすべてポケットサイズの小さな装置で操作できるのだ。

優れたOSはそんな格段の違いをもたらすものなのに、私たちはその事実をあっさり無視したり、システムの下層にあるプラットフォームにすぎないと考えている。通常は目にしないものだが、OSとは、その上に構築されるあらゆるものの形を左右するのだ。あなたのコンピュータのOSは、他のすべてのものがどの領域で活動できるのか、従うべき基本ルールとは何かを決定する。システム全体がどのように構築されるか、異なるプロセスがどのように作用し合い、協調し合うか、異なるアプリケーションの間で動力をどのように分配し、割り当てるかなど、すべてのことはOSが決めているのだ。

それと同じように、**組織を支えるオペレーティングシステム**も素通りされやすい存在だが、実はビジネスプロセス（組織の「アプリ」にあたるもの）を構築する基盤であると同時に人々がつくる文化にも影響する。

トップダウンで予測と管理方式の、「CEOに任せとけ」的な現代のOSに対抗しうる強力な代替案や大幅な改善策をあまり見かけたことがないのは、おそらく、OSが目に見えないためだろう。他に選択肢はないだろうと、そういうOSを無意識に受け入れている場合、私たちにできることはせいぜい、OSの根本的な弱点を補うために、新しいプロセスを追加したり、組織全体の文化を改善しようとすることぐらいだ。しかし、現在流通しているソフトウエアの多くがMS-DOS上ではうまく動作しないのとちょうど同じように、新しいプロセスや手法や文化の改善を取り入れようとしても、古いパラダイムに沿って構築されたオペレーティングシステムの上ではやっぱりうまく働かないのである。

みんなが一緒に働くためのよりよい方法を探し求めるという個人的な冒険の旅を続けていた私が最終的に到達したのは、旅の始まりには考えてもいなかったが、組織の仕組みの根本にある「ソーシャルテクノロジー」に焦点を絞ることだった。

長年いくつもの組織で実験を繰り返した結果、私だけではなく、たくさんの人たちの尽力のおかげで、総合的な新しいオペレーティングシステムが誕生した。最終的にはそれをホラクラシーと呼ぶことになった（名前の由来については、後ほどじっくり説明しよう）。

ホラクラシーとは何だろう？　要は、**組織を運営するための新しいソーシャルテクノロジー**であり、従来型の組織のルールとは全然違う、一連の中核的なルールに則っている。ホラクラシーには次のような要素がある。

- 「ゲームのルール」を明示し、権限を再分配する憲章
- 組織を構築し、人々のロール（役割）と権限の及ぶ範囲を規定する新しい方法
- それらのロールと権限をアップデートする、独自の意思決定プロセス
- チームを常に最新の情報に同期し、一緒に仕事をやり遂げるためのミーティング・プロセス

本書を書いている時点で、ホラクラシーは、タイプもサイズもさまざまな数百の組織の原動力となっている。ホラクラシー・ワンという、私が毎日働いている組織もその1つだ（「自社で開発した製品はまず自分で使え」、いわゆるドッグフーディングというものだ）。

パート1の次章以降では、ホラクラシーがどのように権限を分配するか、それが新しい組織構造にどのように反映されるかについて順を追って説明しよう。

パート2では、ホラクラシーというオペレーティングシステムがいったいどんな仕組みで動作するのか、その構造、プロセス、システムといった、基本的なポイントを一通り紹介しよう。これらの章は、ホラクラシーをあなたの会社に実践するためのハウツーガイドではない。むしろ、ホラクラシーというOS上で動作する組織で働くというのはどんな感じか、さまざまなシナリオやシミュレーションに参加して、それを体験できる実験的なワークショップだと考えてほしい。

最後にパート3では、あなたがこの本で学んだことを実践する際に何から始めればいいか、また、

どんなことを想定しておくべきかについて、アドバイスとガイドラインを示そう。

本書を通して、ホラクラシーを実践した組織で働く人たちから寄せられた多くの体験談を紹介して、ホラクラシーとは実際のところどんな様子で、どんな使い勝手かをお伝えできるように努めたい。実は、ここが本書を書く上で最大の難関なのだ。ホラクラシーとは、何よりもまず実践であり、理論でも、概念でも、哲学でもない。だから、体験なしに本当の意味で理解することは難しい。

ホラクラシーそれ自体が、実践から生まれたものだ。「組織がそのパーパスを実現できるように創造性を解き放つ」ということをシンプルに追求し、試行錯誤し、進化するために適応し、今も続く実験などの経験を通じて生まれたのだ。

ホラクラシーは、何かの概念や原理をもとに机上でシステムを設計することから生まれたものではないので、ホラクラシーを言葉やコンセプトを使って伝えるのはますます難しい。結果からみれば、確かに私はいくつかの原則を抽出できたかもしれないが、それらは、実験で有機的に発生したものを理解するために後から作られたツールでしかない。

そこで、読者のみなさんには、この本をアイデアや経営原則や経営哲学の本ではなく、**新しい実践の手引き**と捉えてもらいたい。そして、現在の実践よりもあなたとあなたのビジネスにうってつけだと思えたらぜひ使ってみてほしい。

組織が実現したいあらゆるパーパスを実現するために、テンションを有意義な変化に変えていくという日々の活動の中でこそ、ホラクラシーは活きてくるのだ。

本書における私の目標は、ホラクラシーを実践した経験をわずかなりともお伝えし、進化のパワーを宿す組織にどんな可能性が開かれるか、読者のみなさんに体験していただくことなのだ。

Column 1

組織の「エボリューショナリーパーパス」と「いのちが宿るテンション」とのつながり

本章ではホラクラシーの重要な用語の1つである「テンション」について語られました。ホラクラシーは、次章紹介されるホロン型のロール構造やミーティング・プロセスなどの「方法論」について取り上げられることが多いですが、物事が前進したり、時に立ち止まり探究したりするうえで、各自が感じる「テンション」がすべての起点となってきます。

一方で、ホラクラシーを実践する際に「テンションを伝えることが難しい」、という声もよく聞きます。その背景には、「テンションは重要な問題しか扱ってはいけない（些末な問題は共有すべきでない）」「テンションを伝える際には、きちんと論理的に説明しなければならない」「テンションで問題点を伝える際には、解決策も提案しなくてはならない」などの考え方があると私は感じています。もちろん、上記のような考え方はこれまで私たちが育んできた経験から生まれるものであり、今後も役に立つ能力の1つです。これらの経験を超えて含む、新たな視点として、ホラクラシーにおけるテンションの質感を掴んでもらえたらと思っています。

具体的には、ホラクラシーでのテンションは頭で考えるだけではなく、心や身体でも感じるものとなります。これは、本書でも述べられているようにチームや組織が「進化し続ける有機体（生命体）」であり、絶え間ない変化の流れの中で生きているため、その変化に対応するためには頭に加えて心や身体で感じることが重要となるからです。

また、チームや組織が「エボリューショナリーパーパス」を感じているという視点からも、テンションを生命体的に捉えやすくなっていくかと思います。

生命体は、環境の中で、常に何かを感じ取って対応しています（sense & respond）。ホラクラシーでも同様に考えると、「組織のエボリューショナリーパーパスに個人が耳を澄まし、瞬間瞬間に意識を向けて、感じ取ったテンションを共有し、それぞれが協働しながら対応していく」という動き方になります。

そのため私は、あらゆるテンションに「いのちが宿っている」と捉えています。その前提に立つと、頭（思考）だけで考えた「問題」だけでなく、心や感情で感じ取った（sense）「違和感」や「モヤモヤ」はとても大切なテンションとなります。時に、チームが見逃している重要な視点を届けてくれるものでもあるからです。テンションの種類は幅広く、「次のアクションやプロジェクト」「情報収集やサポートのリクエスト」「情報共有や違和感・モヤモヤの共有」「新しいロールやアカウンタビリティの提案」などがあります。

このように一つひとつのテンションを大切に扱っていくことで、「訳者まえがき」でも述べたアメリカの刑務所での事例のように、「人間の尊厳の回復」が少しずつ実現していきます。また、個人の尊厳が回復していくことを通じて、一人ひとりのクリエイティブなエネルギーが解放され、結果としてチームや組織のエボリューショナリーパーパスもエネルギーを取り戻し、まさに生命体として、動的に活動していけるようになっていきます。

それでは、テンションを「いのちの宿るもの」として扱っていくとはどういうことでしょうか。実務面で重要となる2つのポイントをお伝えします。

1点目は「どんなに小さな違和感やモヤモヤも、テンションとして表現し合うことを歓迎する」です。小さな違和感にこそ、現状を問いかける変化の種が宿っているという認識が必要です。そのためには、誰かが声をあげたときに

「それは重要なテンションではない」というような思い込みを自覚し、テンションの背景に耳を澄ますことが重要です。また、「小さな違和感をテンションとして伝える際に、解決策をセットにしない」ことも重要です。

2点目で述べるように、大切なのはテンションを共有する人のニーズに焦点を当てることであり、解決策を義務付けることではないからです。

実務的にも、まずは小さな違和感を出してもらい、その後、関係者で協働して解決策を考えることのほうが理にかなっています。また、テンションを出してもらった際に、すぐに解決策が出ない場合には「改めてじっくりと話し合うミーティングを設ける」ことが次のアクションとなります。

2点目は「テンションを聴く側は、テンションへの対応が終わった後に、話し手に向かって『必要なものは得られていますか（ニーズは満たされていますか）?』と確認するようにする」です。テンションを共有するとき、誰もが「受け入れられないかもしれない」という恐れや不安があります。一歩を踏み出したその人の勇気に感謝をし、テンションに耳を傾け、次のステップが生まれたあとに、さらに扱いきれていないテンションがないように確認することを約束事にしておきます。そうすれば、チームや組織に、次第に深い意味での思いやりがあふれ、「人間としての尊厳の回復」が実現していきます。

Chapter 2

誰もがパワーを手に入れる

最も優れた独裁者も、そこそこよい憲法には逆立ちしてもかなわない。
――トーマス・バビントン・マコーリー
「ミルトン論」

「ある研究によると、都市は規模が2倍になるたび、住民1人当たりのイノベーションや生産性は15パーセント向上する。でも、企業が大きくなる場合、社員1人当たりのイノベーションや生産性は低下するのが普通なんだ」

この面白いデータを紹介してくれたのは、数年前のビジネスカンファレンスの時、プレゼンを終えたばかりの私に詰め寄ってきた、黒髪を短く刈り込んだ男性だった。スーツ姿の参加者が目立つ中、彼はジーンズにTシャツという出で立ちだったが、そんなカジュアルな外見とは裏腹に、情熱を内に秘めた雰囲気をたたえていた。

「だから」と彼は話を続けた。「官僚的な企業みたいな組織じゃなくて、もっと〝都市〟のような組織をつくるにはどうしたらいいか、ってことに興味があるんだ」

この見知らぬ男性はその後10分ほど、私に矢継ぎ早に質問した。「ホラクラシーにはそれができる？」。できるよ、と私は答えた。「今までにホラクラシーを実践した中で一番大きいのはどこの会社？　実践しているのは何社ぐらいある？」。私は彼の質問に答えるべく最善を尽くしたが、次のセッションに遅れそうだったので時計が気になっていた。

男性と別れ、廊下を早足で歩きながら、彼の名前も、どうしてこの話題にこれほど熱い関心を持っているのかも、聞き忘れていたことに気がついた。

その日の夕方になり、基調講演を聴こうと席に着いた私はびっくりした。さっき話していたあの男性が、大喝采とともに演壇に上がったからである。

私に質問を浴びせたのは、オンライン小売業界で名高いザッポスの謙虚なCEOであり、『顧客が熱狂するネット靴店　ザッポス伝説』の著者で、現在のビジネス界で最も優れたビジョンを持ち、最も革新的な経営者の1人に数えられる、トニー・シェイその人だったのだ。

トニーと私はその後カンファレンス中に再び話す機会があり、トニーは自分が目指していることをもっと詳しく話してくれた。「ザッポスは成長している」と彼は言った。

「社員が１５００人になった今、**起業家精神あふれる社風を失うことなく、官僚主義に足を取られ**

ることもなく、スケールアップすることが大事なんだ。だから、ザッポスをもっと都市のように経営する方法を探しているんだよ」

「その通り！」と私は答えた。ひと筋縄ではいかないこの課題に、私と同じように興味を持つ人が見つかって嬉しかった。私たちは、企業の官僚的な組織と、都市の住人による自己組織化の違いについて語り合った。都市という環境では、人々は境界や責任を理解した上で、空間と資源を地域で共有している。もちろん、法律もあれば、法律を定めたり施行する統治機関もあるが、人々の上にボスがいて四六時中命令を下しているわけではない。都市の住人が何かを決定するたびにボスの承認を待たなければならないとしたら、都市の活動はたちまちキキーッと音を立てて急停止してしまうだろう。

けれども、企業においてはまったく異なる原則で組織が回っているのがわかる。

生命体に上司はいない

シェイが語った比喩は、まさに私がぶつかっていた問いの核心をついていた。すばやく反応して対応できる組織の基盤になるような、新しいOSを創り出そうとするにあたって、「どうすれば組織は、もっとうまく自己組織化できるのか？」という問いだ。

私が組織で実現したいことを表現するものとして、都市の他にもう1つ、お気に入りの例えがある。私たちの誰にでも馴染みの深いシステム、つまり「人体」だ。人体はかなり驚異に満ちていて、トップダウン式の指揮系統ではなく、分散型のシステム――身体全体に分散した、自律性の、自己組織化した器官のネットワーク――により、効率よく機能する。細胞や、臓器や、臓器系といった各器官は、メッセージを取り込んだり、対応したり、アウトプットしたりする能力がある。それぞれが機能を持ち、その機能が回るための仕組みをつくる権限を持っている。

刻々とあなたの身体が対応している情報量を想像してほしい。それはもう、途方もない。対応している情報のすべてをトップ、すなわち意識に一極集中させて、身体を機能させられる方法がいったいあるだろうか？　例えば、白血球が病気を感知した場合、あなたの意識に情報を送り、抗体を産生する許可が出るのを待たなければならないとしたら？　あるいは、あなたが危機に瀕していることを副腎が感知した場合、あなたの命令を待ってからでなければ、闘争か逃走に必要なエネルギーを与えるアドレナリンを分泌できないとしたら？

まったく使い物にならない。そうだろう？　それなのに私たちときたら、組織はそんなふうに機能するものだと思っているのだ。

現代の企業文化について先進的な考えを持つリーダーたちはみな、トップダウンの、予測と管理方式のパラダイムが抱える問題について、重々承知している。その限界も見えているし、それがもたらす不健全な結末も肌で感じている。

しかし、そういう高潔な善意あるリーダーは何をすべきなのだろう？　よくあるパターンは、よい親が子供にある程度の権限を認めるように、リーダーが権限移譲に努めることだ。現在主流となっている考え方では、組織の改善とは、先進的で、賢明で、意識の高い、権力のあるリーダーに、「よい親」のロールを果たしてもらうことなのだ。

このアプローチの問題点がこの上なく鮮やかに示されたのは、数年前に見に行った芝居でだった。私が大好きなビジネス作家バリー・オシュリーが脚本を手掛けた、組織にまつわる素晴らしいドラマで、非常に印象的なシーンがあった。人気抜群のリーダーが解雇された時、彼の部下の1人が、リーダーが会社を去ることを嘆いて同僚に向かってこう尋ねた。「これから、いったい誰が私たちに仕事を任せてくれるだろう?」と。

この発言に意図的に込められた風刺は、痛烈であると同時に啓発的でもあった。仕事を任せてもらうのに他の誰かの力が必要なのは、もちろん、根本的に権力を奪われた弱者の立場だからだ。それと同時に、リーダーの善意ある働きによる、不運な副作用も指摘していた。つまり、社員に権力を与えないような本質的な構造を持つ企業の中で、果敢にも「他人に権限を与えた」ことが仇となり、部下たちを迷える子羊たちにしてしまったのだ。

今日の最も優れたリーダーたちが、他の人に権限を移譲したい、発言権を与えたい、とどれほど望もうが、現代企業にほぼもれなく備わった正式な権力構造とは、独裁国家のものと同じなのである。我が社のクライアントの1人もこう言っていた。

「私ともう1人の創立者は最初から、うちの会社の経営を平等主義的に、みんなが一緒に参加していけるようにしたいと思っていたんだ。でも、会社の構造にしても、業務プロセスの仕組みにしても、組織図に基づいてみんなが私に報告する仕組みになっていて、いまだに自分たちで会社を『経営』しようとしていたわけだ。それ以外にやりようがなかったものだから。システムが機能するような、信頼できるプロセスがなかったんだ」

最終的にＣＥＯやそれに近い人を頼みにするこういうやり方では、組織の隅々まで行き渡ったセンサーがテンションを感知しても、そのすべてを生かすことはできない。それだけでなく、組織の効果的なガバナンスを損なうような、単一障害点★になりかねないものが創り出されてしまうのだ。

経営思想家のゲイリー・ハメルも言っている。「絶対君主のような権限を誰かに与えれば、いずれとんでもないごたごたが起きるだろう」。さらに、多くの企業の問題点を指摘している。「最強の権力を持つ管理職とは、最前線の現実から最も離れたところにいるものだ。ギリシア神話の神々がおわすオリンピア山の頂上で下された決定は、たいてい下界では使い物にならないのだ」[5]

このことをズバリ表している話を、友人が教えてくれた。

ある工場で、新しいＣＥＯを採用した。この新しいリーダーは、いいところを見せたくてうずうずしていて、ある日、工場の作業現場に足を運んだ。持ち場で忙しそうに働く作業員のグループの他に、壁に寄りかかって、ただ眺めているだけの男が目に入った。ＣＥＯはこの男につかつかと歩み寄り、「おい、お前はいくら稼いでる?」と聞いた。

男は「しゅ、週に２００か３００ドルです」と、あっけにとられた様子で答えた。

★ コンピュータシステムで、ある１カ所で障害が発生するとシステム全体が停止してしまうような、致命的な箇所

ＣＥＯはおもむろに財布を取り出し、男に６００ドルを渡すとこう言った。「２週間分の給料をやる、お前はクビだ」。男は急ぎ足で工場を去っていき、ＣＥＯは他の作業員たちに向かって高らかに言い放った。「ああいう怠け者はこの工場には要らん。一生懸命働こう！」。ＣＥＯはオフィスに戻る途中で足を止め、呆然とする作業員の１人に、さっきの男はいったいどんな仕事をしてたのかと尋ねた。「あれは宅配ピザの配達員です」

これは滑稽な例だが、独裁的な権力が場違いなところで行使されると、その結末はおかしいどころでは済まないことが多い。テンションを生み出し、何も解決されないのだ。

独裁的な管理モデルや、権力剥奪型システム内の権限移譲を超えて、一歩先に進むためには、私たちは何をすべきだろう？　都市や身体の中で行っているように、組織内の協調や整合性といった純然たるニーズも満たしつつ、本当の意味での自律性の恩恵にあずかるにはどうしたらいいだろう？　大胆にも慣習を捨て、明確な権力構造をきれいさっぱり取り除いてしまう会社もあれば、最小限の構造だけを定める会社もある。それはある程度はうまくいくが、知らぬ間に進行する危険をはらんでいる。

というのは、明確な権力構造が整えられていなければ、暗黙の権力構造が発生してしまうものだからだ。いずれにせよ意思決定も期待値の設定も必要となるので、これらの機能を担う仕組みがあるところに、社会規範が形成されることになる。明確な権力構造なしで済ませようとする組織では、結局、暗黙の権力構造ができあがるのだ。そういう構造の多くは、政治的な色合いが濃く、変化に抵抗する傾向が強い。

このような、意識されないレベルに存在する構造は、状況によっては従来の経営階層よりはずっと効果的かもしれないが、もっとうまくやれる方法はある。

創業したての小さな企業や、非営利組織の中には、コンセンサス（合意）を用いて組織を運営しようとするものがある。私も昔、自分が立ち上げたソフトウエア会社でこれをやってみた。社員全員の声をくみ上げるようなアプローチを探していたので、意思決定プロセスにおいてみんなに発言権を与えるのは、理にかなっているように見えた。

しかし現実には、たくさんの事項が意思決定されないままになり、仕事をこなすよりも、ミーティングにばかり時間を取られる始末だった。そこでわかったのは、「発言権を持つ」と**「発言を実行に移せる」**の間には大きな違いがある、ということだ。有意義な変化がもたらされるように、感知したことを実際に対応できることが肝心なのだ。

コンセンサスにはそれができなかった。実際のところ、ミーティングはみんなのモノの見方が同じになるように無理強いする場となり、時間ばかりかかる苦痛をもたらしただけだった。それでは役にも立たなければ、不健全でもあり、しかも組織の成長とともにますます悪化するだけである。

だから、コンセンサスは規模の拡大にはまったくそぐわないし、意思決定に至るまでに必要な時間とエネルギーの量が尋常でないので、この仕組みは大抵すっ飛ばされてしまう。このため、コンセンサスに基づく組織は、明確な構造を持たない組織と同じ問題に陥る。意見の一致に至る場合でも、なかなか変更のきかない妥協の産物であることが多く、イノベーター志望の起業家は、その理想とはほど遠い、カチカチに凝り固まった構造を使って組織を舵取りするハメになるのだ。

コンセンサスに基づくアプローチは、より多くの人たちの意見を尊重し、活用したいという一心で取り入れられることが多いけれど、本物の自己組織化と敏捷性を企業全体にもたらすために、効果を発揮することはめったにない。

ダイナミックですばやく反応する組織になりたいと望むなら、独裁的な権力を完全に手放すだけではうまくいかない。それだけでなく、**個人個人が、自分の領域や仕事の範囲内で、問題に「局所的に」対応する権力を与えられる必要があるのだ**。その際、他のみんなにお伺いを立てたり、権限を授けてくれるようリーダーに許可をとったりしなくてもよいことが大切だ。権限移譲の限界とコンセンサスの横暴を乗り越えるためには、**みんなに権限が分散されているシステム**が必要なのだ。

こうしてシェイの言う都市のメタファーに話が戻ってくるわけだが、実は、近代市民社会そのものも同じだ。

市民であるあなたは、自主的に活動するために、善意ある独裁者に「権限を与えてもらう」必要はない。そもそも、あなたを取り巻く社会の枠組み自体が、他人があなたに権力を振りかざさない仕組みになっている。これがホラクラシーの核心にある逆転の発想だ。

みんながそれぞれ権力を持ち行使できるような空間が根本的に確保されていて、誰にも――リーダーでさえも――他人の権力を奪うことができない、そういう権限構造とプロセスを中核にする組織なら、権限を与えてくれるリーダーに頼る必要はもはやない。そういうリーダーに代わって、はるかに強力なものが手に入る。それは、私たち全員に与えられる**自分の権限を行使できる空間**と、ポジションにかかわらず、どんな個人が行う活動でも、その**空間が保護されるシステム**である。

権力を人ではなくプロセスに持たせる

ホラクラシーにおける権限の分配とは、リーダーの手から権限を取り上げて、単に他の誰かやグループに譲り渡すということではない。むしろ、権力の座はトップの人物から**プロセス**へと移譲されるのだ。この「プロセス」については、憲章で詳しく規定されている。ホラクラシーの憲章は汎用性が高い文書なので、この手法を使おうとするどんな組織にも適用でき、ひとたび正式に採択されると、組織の基本的なルールブックの役割を果たす。

そのルールとプロセスが最高の拠り所であり、それを採択した人物にさえ勝る。国家でも、憲章に立脚した議会が定める法律は大統領といえども無視できないのと同じで、ホラクラシー憲章も、独裁者ではなく、合法的なプロセスに組織の権力の座を置くことを定めるのである。

ホラクラシー憲章はオンライン（holacracy.org/constitution）で公開されているが、それを読まなければホラクラシーを学べないというわけじゃない。ルールブックを読むことが複雑な新しいゲームを学ぶための最善の道であることは、めったにないのだ。通常は、かいつまんでポイントを押さえてからとりあえずプレーを始めてみて、必要な時にルールブックを参照するほうがうまくいく。ただし、プレーヤー全員が**ルールブックがあること**を知っていて、それに従うことに同意していることが重要だ。プレーの途中で誰かが好き勝手にルールを作れるなら、ゲームが成り立たないからだ。

ホラクラシーの実践を決めた組織が実行する最初のステップは、CEOが正式にホラクラシー憲章を採択し、自分の権力をホラクラシーのルールシステムに移譲することだ。勇気をもって権力を手放してホラクラシーのシステムに委ねることにより、リーダーは、組織のあらゆるレベルの隅々まで権限を分配する道を切り開くのである。

このように、個人的なリーダーシップから、憲章に従った権限の移譲へと移行することは、ホラクラシーの新しいパラダイムに絶対不可欠だ。善意あふれる偉大なリーダーをもってしても、トップダウンの権力システムでは、必ずと言ってよいほど上司と部下との間に親子のような力関係が生じてしまう。その結果、権限を剥奪された被害者意識の強い部下と、責任を一身に背負いみんなが感知したテンションへの対応も任されて、もういっぱいいっぱいの管理職、そういうよくあるパターンを避けるのはほとんど不可能だ。

ホラクラシーはマネジャーにこう伝える。**「あなたの仕事はもう、みんなの問題を解決することでも、すべての責任を負うことでもありません」**と。

また、部下にはこう伝える。**「あなたには、自分の感知したテンションに対応する責任と、その**

権限があります」と。

たったこれだけの方向転換で、私たちの組織文化に根強くはびこる親子のような関係から全メンバーが救い出され、自律した、自己管理できる大人同士が能力を発揮し合う関係へと導かれる。この新しい関係においては、それぞれが組織のパーパスにかなったロールを担い、自分のロールを実行するための「リーダー」となる権限を持っている。

私が変革を支援した企業の中でこうした方向転換が起こる時、関係者全員にとって、それは天からの啓示であり、新たな挑戦でもある。部下たちは、自分たちがもう命令に従うだけの従業員ではないことを悟る。彼らには本物の権限があるだけでなく、それに伴う責任も負う。自分の問題を解決してくれる保護者のようなマネジャーはもういない。

マネジャーのほうは、管理の重責からの解放感を味わうと同時に、新しい自分自身の価値と貢献を見出し、権限を保持し行使する習慣を変えなければならない。

私の仕事の面白いところの1つは、ホラクラシーを実践したばかりのCEOに「その意思決定をする権限はあなたにはもうありません」と釘をさすことだ。

その一方で、他の人たちにはこう念押ししなければならない。「あなたにはその意思決定をするアカウンタビリティと権限があります。何をするべきか決めるのも、あなたの決定に許しを与えるのも、ボスの仕事ではなく、あなた自身の仕事なのです」

興味深いことに、私が支援したCEOのほとんどは、このような方向転換の後にものすごい安堵感を覚える。これを意外に思う人もいるかもしれない。

パリ在住のホラクラシー・コンサルタントで、CEOの経験もあるベルナール＝マリ・シケによると、「権力を手放すようCEOを説得するのはさぞかし難しいだろうとよく言われるが、僕の経験ではまったくそんなことはないよ」。むしろ、現状よりうまく組織のニーズが満たされるような、安全に権限を移譲できる方法があるなら、ベテランCEOの多くは彼ら個人の手にある権力を喜んで手放し、組織的なプロセスに委ねるという。

私もその通りだと思う。ツイッター社の共同創設者で、ミディアム社も立ち上げたエヴァン・ウィリアムズが、一緒に食事をした際にこう言っていた。「ツイッター社を離れた後、別会社の起業を検討していた時、従来のCEOの役割をまた担わなくてはならないのかと思うと空恐ろしい気がしたよ」。あらゆる重責がのしかかり、一番楽しいクリエイティブな仕事が後回しになってしまうからだ。

エヴァンがミディアム社にホラクラシーを実践した理由の1つは、彼1人の肩に重責が集中しないようにするためだった。私が説得するまでもなく、ホラクラシーを採用すると権限が分配されるという点をエヴァンは高く買っていたのだ。

ザッポスのシェイがホラクラシーに魅力を感じたのもこの点だ。ホラクラシーは、安全で実用的な方法を用いて、憲章で規定されたガバナンス・プロセスを通じて実権を分配し、その結果、自己組織化が実現することを約束する。あのカンファレンスの後、シェイは私をオフィスに招いてチームに紹介し、ザッポス内の小さな部署にホラクラシーを試験的に実践することを決めた。その試験実践の成功を受けて、２０１３年には全社的にホラクラシーが実践された。私は興奮でゾクゾクした。と同時にちょっぴり不安もあった。なにしろ、それまでとは比べ物にならない規模の実践事例だったのだ。

社員１５００人規模の会社で、ホラクラシーはどのように作用するだろう？　シェイが求める、どんどん自己組織化していく、都市のような協調的な環境が生まれるだろうか？

もっと小さな組織では、まさにそういった環境を実現する力がホラクラシーにあることを私は知っていた。だから、この大舞台でどういう展開になるか、ワクワクしていたのである。

実践から翌年にかけてザッポスのチームが経験したことは、彼らに先立ってホラクラシーを実践したたくさんのより小さな企業と同じで、ホラクラシーは正真正銘、社員全員に権限を移譲できるということだった。

「管理職が持っていた権限は、今では社員一人ひとりにくまなく分配されています」と、実践の陣頭指揮を執ったチームの一員、アレクシス・ゴンザレス＝ブラックは言う。

「今では、誰もが責任感をもって、自分の仕事で得られる学びを生かして会社を前進させようとしています」

ただし、ホラクラシーに転向するのは簡単ではなかった。

「マネジャーには一歩下がっているように、他のメンバーには一歩前に出るように習慣づける、そこが本当に難しいところです」とゴンザレス＝ブラックは指摘する。

「ホラクラシーが実践されると、個々の社員は自分が感知したテンションに対応する権限が与えられ、それに堂々と自由に対応することができる。でもこれは誰もが自然に持っているスキルじゃない。ホラクラシーを実践するにつれて上達するものなので、そういう筋力を鍛えるトレーニングが必要なんです」

　みんなが自分の新しい権限に慣れてきた頃、ゴンザレス＝ブラックが気づいたのは、「もしこれが自分の会社だったら、自分はどう行動するだろう？」と自然と自問する起業家精神がみんなに育まれていることだった。[6]

　このように権限を分配することによって、ホラクラシーは組織内の人々を解放し、自律性とコラボレーション能力を同時に高める。ホラクラシーを実践した組織には、クライアントの１人が言っていた言葉を借りれば、「民主主義によるカオスに見えるが、実はかなり独裁的な」マネジャーたちはもういない。権限が明確に分配されていれば、懸案事項をめぐってこそこそ根回ししたり、自分たちと同じモノの見方を他人に押し付けたりする必要はない。

　こうして自由の身になった人たちは、考慮すべき事柄を十分検討することを条件に、法的なプロセスにより意思決定を行う権限が認められているので、自信を持って行動できる。それだけでなく、明確な自律性を持つ人は、助けや情報や話し合いを自由に求めることができるし、他の人たちも自由にそれに応じ、自分の意見を投げ返すことができる。

しかもこのプロセスは、コンセンサスを得るために膠着《こうちゃく》状態に陥ったり、多忙で現場の課題から遠く離れたリーダーからの独裁的な命令にすり替わったりする危険はまったくない。権限を持つ人が、十分な判断材料を得て意思決定への確信をもったその時点で、その人物は気楽に対話を打ち切って、協力してくれたみんなにお礼を言い、決定を下すことができる。こうしたプロセス全体が、組織の中に、より優れた柔軟性と反応性と適応力を築き上げるのだ。

また、それまでマネジャーだった人たちが持っているクリエイティブなエネルギーも、驚くほど勢いよく解放される。先ほどの例えに戻ろう。もし、人体が権限分散型のシステム、つまり、さまざまな細胞や臓器や臓器系が、明確な自律性と権限と責任とを持つシステムでなかったら、意識にはとてつもなく大きな管理負荷がかかることになるだろう。しかし実際は、私たちの意識は、刻々と下される身体機能に関わる意思決定にエネルギーを使う必要がないので、その分、クリエイティブな素晴らしい試みの数々に取り組むことができ、人類の文化が形成されているのだ。

組織でも同じだと思う。組織のあらゆる部分のそれぞれが実質的な責任を持ち、自律的に物事に対応して成果を上げるなら、それまでの「ボスたち」を解放して、まったく違う次元の問いに集中させることができる。それは、「この組織のパーパスを、この世界で実現するにはどうしたらよいか？」という、より大きくクリエイティブな問いだ。

ガバナンスの新しい考え方

ホラクラシーでは、組織内で権限を割り当てるプロセスに**〈ガバナンス〉**という用語を使っている。ホラクラシーを使わずに経営している組織の大部分では、上層部が実行したり、規約により定められたりした、何らかの明確なガバナンスがあるかもしれないが、それ以外では、意識的に注意を払って明確な権限と責任が定められることはほとんどない。

また、たとえ注意が払われている場合でも、大規模な組織再編という状況であることが多く、解決するのと同じくらい多くの問題を生み、結局仕事をやり遂げるための本当のニーズからかけ離れたものになってしまうのだ。

ホラクラシーの場合、ガバナンスは意識して定期的に行われ、組織の隅々まで分散されている。ガバナンスはもはや、ただ1人のリーダーの機能ではなく、ガバナンス専門の**〈ガバナンス・ミーティング〉**において、**チーム単位で常に実践されるプロセス**である。

ホラクラシーは、従来CEOや経営陣のものとされていた組織を設計する機能の一部を、全員が参加できる**プロセス**として配置し、組織の隅々にまで行き渡らせる。このガバナンス・プロセスによって、組織全体に権限が分配されるだけでなく、それぞれに期待されることも明確になる。しかも、このプロセスの推進力となるのは、仕事をこなし、その過程でテンションを感知する人たちなのだ。

　ガバナンスでは、感知されたテンションを生かして、「誰がどの決定をどんな範囲内で行うのだろう?」などの疑問に答えるだけでなく、「その意思決定権を持つ人は他の人たちから何を期待されるのか?」も明確になる。ガバナンスによって明確になった組織は、チームがテンションから得た最新の学びを統合し、変化する現実に適応しながら、絶えず進化していく。

　ガバナンスを理解するには、組織の活動のもう1つの領域――ガバナンスより一般に馴染みが深い〈**オペレーション**〉――と対にして捉えると、ぐっとわかりやすくなる。

　オペレーションとは、仕事を進めることだ。達成すべき成果を見極め、具体的な意思決定を行い、リソースを割り当て、アクションを起こし、他の人たちのアクションと連携させることである。

　私たちが仕事をする**仕組み**、組織を形成する「型」を扱うのがガバナンスであるのに対し、その型の内部で**具体的な意思決定**を行うのがオペレーションなのだ。ガバナンスとは、概念的な枠組みでビジネスを捉える方法であり、組織の仕事の構造と、それに付随する権限と期待に関することである。ガバナンスもオペレーションも、その時々の戦略《ストラテジー》が反映されることがある。戦略とは、組織のパーパス実現を目指して大航海に出たチームが適用すべき、指針となるテーマや経験則のことだ。

　この2つの活動の違いがよく表れた、私たちの会社の簡単な例を挙げよう。

　当社が提供するサービスの1つに、ホラクラシーの公開トレーニングがある。そのためには会場となるホテルを選ばなければならない。候補に挙げられるものにはそれぞれ、メリットとデメリットがある。こういう選択は、オペレーション上の問題と意思決定の例である。

その一方、ガバナンスの問題とは「その決定を行う権限を持つのはどのロールか」「その決定にはどんな制約があるか」「この権限を持つ条件としてそのロールに期待するものは何か」といったものだ。そのロールを担うのが誰であれ、ガバナンスで認められた権限を行使し、「今回の公開トレーニングに使用するホテルはどれにすべきか」という特定のオペレーション上の決定を行う。またこの人物は、より広い視野に立った戦略を指針として取り入れ、意思決定に役立てることもある。このトピックについては後ほど取り上げよう。

ホラクラシーでの仕事の進め方

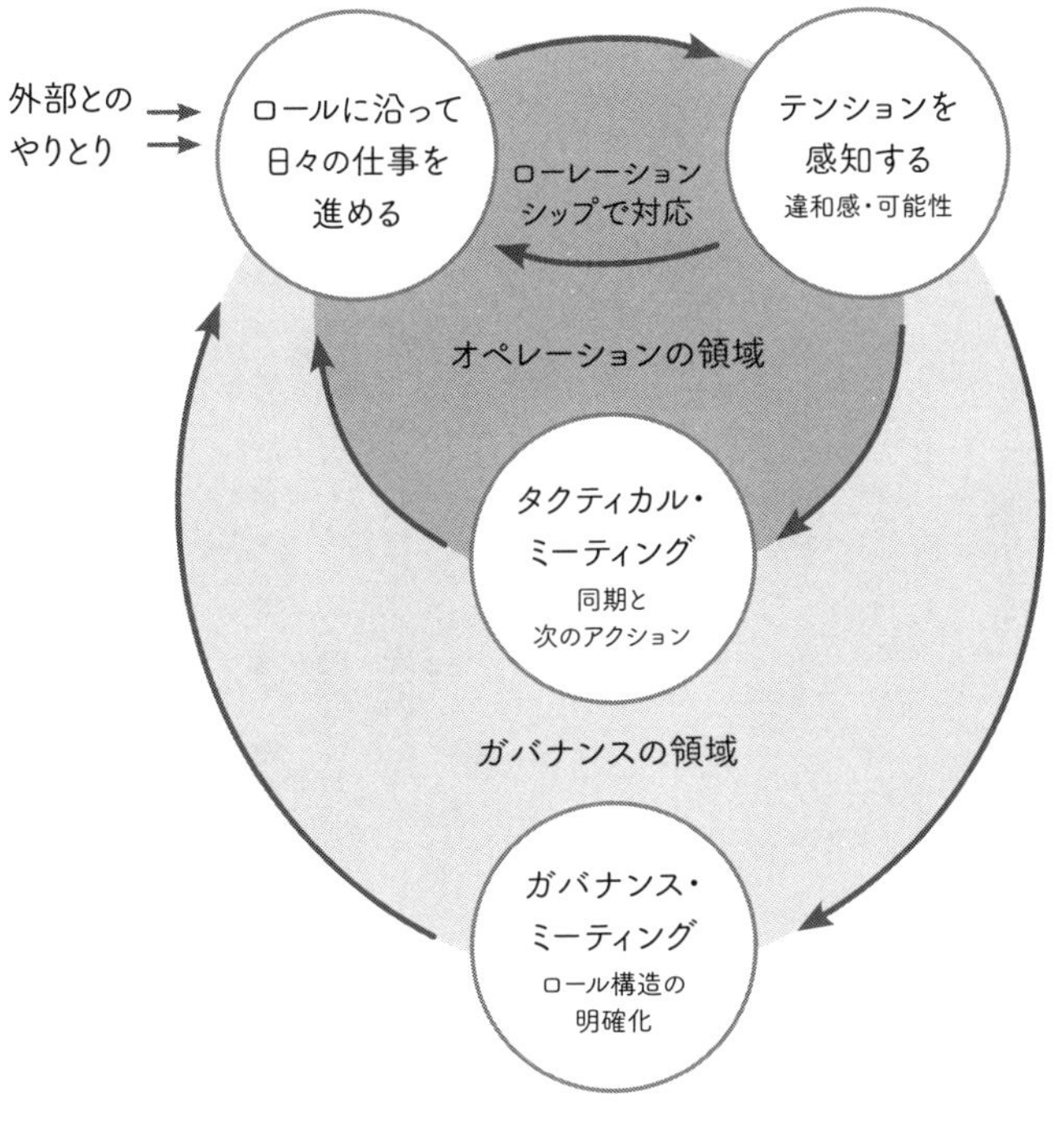

※ローレーションシップ、タクティカル・ミーティングについては3章を参照。

組織で働く人のほぼ誰もが、オペレーションに携わり意思決定を行ったことがあるだろうし、判断基準に役立ちそうな手段を活用したこともおそらくあるはずだ。しかし、ガバナンスに携わるとなるとかなり勝手が違う。それというのも、大抵の組織には、明確なガバナンスのプロセスも、そのようなプロセスから生まれる明確さもほとんど存在しないからだ。

ガバナンスが存在するという場合でも、的外れでスルーされていることが多く（例えば、典型的な「職務記述書」がそうだ）、ガバナンスを動的に更新するような、明確なプロセスもない。けれども、組織が常に最適な状態に維持されるような明確なガバナンスは、とても強力だし、次のような問いを解決してくれる。

- 進行中の活動の中でどれに注意を払うべきで、それぞれの担当は誰だろう？
- 私が他の人に対して抱く、または他の人が私に対して抱く、妥当な期待とは何だろう？
- 誰がどんな決定をどんな範囲で行うのだろう？
- ミーティングを招集せずに、私はどんな意思決定を行い、どんな行動を取ることができるだろう？
- 共に働く上で、どんな指針や制約に従うだろう？
- 共に働くためのよりよい方法を学ぶにつれて、以上のような問いの答えを変更するにはどうしたらよいだろう？

人々が集まって、何らかのタスクやミッションを成し遂げようとすれば、どんなグループにもこういう問いが生じてくるだろう。たとえ議論することがなくても、人は答えを想定しているものだ。何かのゲームをしている子供たちのグループを観察してみればわかる。暗黙のガバナンスにより、ルールとロールと、プレーの範囲を決めるパラメーターが設定される。暗黙のガバナンスがきちんと機能する状況も多いが、そのうち何らかの理由で機能しなくなる。暗黙の了解が衝突したからかもしれないし、あるいは、伝統的な運営の規範を、新たに学んだことと統合したいと望む人が出てきたからかもしれない。暗黙の規範や想定を調整したり、発展させたりする必要が生じた時こそ、明確なガバナンス・プロセスによって変革を起こすことができるのだ。

ところが、現在の組織のほとんどは、少なくとも取締役会レベルの他にはそんな明確なプロセスがない。それどころか、組織の規約（もしくはそれに相当するもの）のほとんどは、上層部のリーダーの誰かに——CEOなり、取締役なり、その他肩書きは何であれ——オペレーションを統治する権限を正式に授けているのである。

そこで、このCEOが会社全体の権限と期待を設定することもあれば、権限を持つ他の誰かに代理としてやってもらうこともあるわけだが、どちらにせよ残念なことに大抵は明確さに欠けるし、せっかくの学びのチャンスを片っ端からモノにしていくような敏捷性もめったにない。

日々ますます急速に変化していく世界において、ガバナンスは、組織を運営する仕組みの中で常に動かしていくことが必要だ。またガバナンスの問題は、経営会議の中だけでなく現場においても通用するものでなければならない。さらに言うと、最前線で働く人たちのほうが、それぞれの環境で継続的な改善を推進することにも、その成果を日々監視することにも、より適した立場であることが多い。

前に述べた例に戻れば、工場の現場責任者ならピザ屋を「解雇」するようなことにはならなかっただろう。しかし、各チームに明確なガバナンス・プロセスがないと、組織の型を改善する機会の大部分は、1カ所に集中したままになるだろう。つまり、トップにいる人物、独裁的に組織の構造を決定する権力を持つリーダーの下に留まってしまうのだ。

最前線にいる人たちに権限をきちんと分配すると、入ってくる情報から学ぶことができる能力が組織の中で飛躍的に向上する——会社の成長とともに多くのリーダーを悩ませている問題はこうして解決されるのだ。エヴァン・ウィリアムズは次のように言っている。「昔、ものすごく優秀な人たちを雇っていたんだけど、会社が大きくなるにつれて、そういう人たちの能力がだんだん発揮されなくなっていく感じがした。その理由の1つは、それぞれの担当分野における社外の環境を反映したアイデアや関心やモノの見方を、彼らがせっかく持っていたのに、その使い道が明確でなかったからなんだ」[7]

こんなふうに、社員の能力を持て余してしまうと、現状を改善するための健全で有用な手段がないために、社員は疎外された危うい立場に陥ってしまうことが非常に多い。ウィリアムズが言うように、ホラクラシーならば「**本当の意味で全員のモノの見方とアイデアを生かすことができる。**たとえすべてを受け入れられないとしても、自分の意見を取り扱うルートがあり、しかも透明性が高いので、少なくとも社員の不安を和らげることができる」。

従来の組織で出世階段の下の方にいた人たちが、ホラクラシーのおかげで自分の意見を聞いてもらえないという不満が軽減されたと感じる一方で、頂上付近にいる人たちも、大抵は同じくらい不満を抱えているので、肩の荷が下りてものすごく安心する。リーダーたちには、きちんと対応しきれない量の課題や情報が入ってきて、彼らは圧倒されるほど複雑で過剰な負担を抱えているからだ。GTD手法の考案者デビッド・アレンは、個人の整理術と生産性向上における世界的な権威だが、その彼でさえも、従来型のCEOとして自分に求められた期待は手に負えなかったと認めている。

「トップに立つ人間として」と彼は私に話してくれた。「僕のところまで浮上してくる意思決定のほんの一部を判断する余地さえほとんどなかった。だから、自分で判断する余裕がなかったり、責任感ある判断を下せなかったりしたんだ」[8]

ホラクラシーを実践して、組織が進化する活動が会社全体に行き渡ると、トップにかかる過剰な負担と、トップ以外のいたるところの「エンゲージメントの低さ」が軽減されると同時に、学び適応する新しい能力が組織の隅々に至るまで引き出される。

デビッドはさらに、自社にホラクラシーを採用した結果について次のように言っていた。

「ものすごくほっとしたよ。ホラクラシーのパラダイムシフトは、私にずっしりのしかかっていた重荷を心理的にも、物理的にも取り除いてくれたからね」

起業家のバイブル『はじめの一歩を踏み出そう』の著者マイケル・ガーバーは、起業家が犯しがちな最大の誤りの1つとは、ビジネスの中身にのめり込み、会社の上から手を入れないことだ、と指摘している。[9]

会社の上から手を入れるのはガバナンスの本質だ。ホラクラシー憲章において、ガバナンスのプロセスは組織のどのレベルでも、当事者の誰にとっても、明確に定められている。このような**ガバナンス・プロセスのアウトプット**を使って、優れた自律性とスピードでビジネスの中身を行うこと、つまり**オペレーションが実施される**のだ。

自分の権限は何か、自分に期待されるものは何か、守るべき制約は何か、といった事柄を正確に把握すると同時に、学んだり環境が変化したりするにつれて、そういう知識を更新するプロセスがあるなら、テキパキと自律的に仕事を遂行し成果を上げることは、はるかに簡単で安全になるのだ。

パーパスが組織のポテンシャルと創造力を解放する

私は組織の「パーパス」という言葉を繰り返し使ってきた。今時のビジネス書では珍しいことではないが、私にとって「パーパス」という言葉が意味すること、しないことについて、ちょっと説明しておいたほうがいいだろう。

創業者やパートナーや取締役などの経営層を支援する時、それも特に、社員をとても大切に考えている組織の場合だが、私は一人ひとりにこういう質問をすることがある。

「あなたがこの組織に抱いている、心からの希望、夢、野心、願いは何ですか？」

この答えを聞くのは、いつもかなりの手応えを感じる瞬間だ。世界の中で組織がすることや組織のありたい姿について、その場にいる人たちが最も望んでいることを分かち合う、真心とインスピレーションに満ちあふれたひとときなのである。そしてその後私はこう伝える。それは、「この組織のパーパスを明らかにするにあたっての最大の障害は何かをお教えしましょう。それは、あなたが今おっしゃったことすべて、あなたの希望や願いというものです」

こう言うと大抵の人は面食らうが、真意がわかれば目からウロコが落ちる思いがするものだ。もちろん、彼らの希望や夢や野心や願いには、何ら問題などないのだが、こうしたものが組織に投影され、「**組織の**」パーパスをぼやかしてしまうことが多いのだ。

この章で先ほど使ったメタファーに戻ると、彼らはまるで尊大な親が子供を扱うようなやり方で組織を扱う、という危険を冒している。私が仕事で知る人たちのほとんどは、親として、自分自身の希望や夢を子供に託してしまうと子供は人生における自分の道を見つけられなくなってしまう、ということを理解している。社会的にも、子供は親の意向通りになる所有物ではないこと、独自のスキルと才能と情熱を持つ独立した存在であることが受け入れられるようになってきた。この現実に逆らって、親のビジョンを子供に押し付けようとすると、双方にとってマイナスの結果になることが多く、親子関係が壊れることは間違いない。創業者やリーダーのような経営の担い手と組織との関係についても、同じことが言えるのだ。

どの組織にも、この世界で他の誰よりも発揮し続けることができるような、ポテンシャルやクリエイティブな能力がある。それは、歴史、社員、リソース、創業者、ブランド、資本、つながりなど、組織が活用できるあらゆるものによって実現できることだ。

それが私が「パーパス」という言葉に込めたもの、いわゆる存在理由だ。これは必ずしも、創業者やリーダーが組織に望むパーパスでなくてもいいが、通常は創業者によって種がまかれている。形成期にある会社には、「組織が利用できるあらゆるもの」とは創業者の情熱ぐらいしかないので、少なくともしばらくは、それがパーパスを形づくるだろう。

やがて親が自分自身の夢から子供を解放する時、子供が持って生まれた本当の才能が開花するゆとりが生まれる。何かを創造したいという衝動は、待ち構えていたその瞬間に一人ひとりの子供を通じて表れるのだ。

それと同じように、「自分の会社に○○をしてもらいたい」という考えを手放すと、組織自体が持つ創造への衝動が見えてくる。それは、組織が利用できるあらゆるものを使い、世界で持続的に発揮できる、組織の核心に存在するポテンシャルやクリエイティブな能力だ。

言い換えると、「この組織は、この世界の中で何を目指しているのか?」「この世界は、この組織に何を求めているのか？」ということだ。

ただし、すべての組織のパーパスが、美しく、クリエイティブで、先見の明があると言っているわけではない。ごくありふれた言葉を使いながらも、組織のパーパスをぴたりと言い表している表現もある。例えば、ゴミ処理会社のパーパスは、単純に「よりきれいな街にすること」かもしれない。これは、華やかではないかもしれないが、会社のビジネスの背後に存在する「なぜ」を捉えているし、この会社が世界にもたらすことができる、最も適したポテンシャルが表現されている。我が社ホラクラシー・ワンでは、うちの組織のパーパスをぴたりと捉えた「極上の組織」の一言で表している。

この表現に至った過程は、まさに発見のプロセスだった。このパーパスをみんなで決めたのではなく、文字通り発見した。というのも、組織のパーパスを明確にすることは、どちらかというと探偵じみた仕事であって、クリエイティブな仕事ではないからだ。

探しているものは既に存在していて、見つかるのを待っている。子供の人生の目的と同じで、組織のパーパスとは決定される類いのものではないのだ。ただこう自問すればいい。「この会社が現在置かれている状況や、手元にあるリソースと人材とキャパシティ、提供する製品やサービス、会社の歴史、市場空間★などの要素に基づいて、世界のために何かを創り出したり表明したりできるような、この会社が持つ最も深いポテンシャルは何だろう？　なぜ世界はそれを必要としているのだろう？」

★　マーケティングの新しい概念で、通信技術の進歩により従来の物理的な市場が統合されたものあなたの組織のパーパスをズバリと捉える表現が今すぐ思い浮かばなくても、心配することはない。ホラクラシーでは万事がそうだが、パーパスを明らかにする活動も、ダイナミックで継続的なプロセスなのだ。また、組織のパーパスは、実務で使えることのほうが、優美な言い回しよりもはるかに重要だ。パーパスとは、額に入れて壁に飾りインスピレーションの源にするものではなく、仕事に打ち込む中で日々活用するツールなのだ。

権限分配型のモデルに移行するにつれて、**パーパスはあらゆるレベル、あらゆる活動分野において意思決定の拠り所**となる。ガバナンスとは、組織のパーパスを最もうまく実現するために組織と組織内のロールを構築する仕組みであり、オペレーションとはガバナンスでつくられた構造を使って、世界でパーパスを実現する活動である。

ホラクラシーの真の狙いは、組織がそのパーパスをよりよく実現できるようにすることにある。この点を含め、多くの点においてホラクラシーは、「人民の、人民による、人民のための」ガバナンスではなく、「**組織の、人々を通じた、パーパスのための**」ガバナンスなのだ。

Column 2

ホラクラシーの仕組みを紐解く

本章では、ホラクラシーのさまざまな「仕組み」について紹介されていました。どれも新しいやり方なので難しく見えたり、あるいはすぐに試してみたくなったりするかもしれません。しかし、その背景にある「意図と目的」に焦点を当てると、なぜそれらの仕組みが生まれたのかを理解し、実践しやすくなります。

以下、2つの原則と3つの観点から、ホラクラシーの仕組みを紐解いていきます。

1つ目の原則は「力（権限）の分散」です。ホラクラシーの特徴の1つが、「特定の人だけではなく、誰もが力を発揮できるシステム」であるということです。その背景には、「特定の人や英雄的なリーダーの価値観や関心事だけが優先される組織ではなく、誰もが心の奥底にある声を表現できて、それぞれの持ち場で力を発揮できる組織をつくりたい」という、著者ブライアンの思いがあります。

それを実現する仕組みのひとつが、ロールに権限を分散した「ロール構造」です。ロールへの「力の分散」が機能するためには、それぞれのメンバーが、自分自身が共鳴しているチームや組織のエボリューショナリーパーパスの具現化を実現したいと感じていることが不可欠となります。

その上で、ロールへの「力の分散」を進めるために、まずは、個々が担うロールのパーパスをガバナンス・ミーティング（4章）のプロセスに沿って定めていき、次に、一人ひとりがロールを通じて、日々の仕事で力を発揮していきます。経営者も含めて、誰もが共通のルールで活動を進めていきます。結果として、チームや組織に、特定の人の力だけに依存することのない、エボリューショナリーパーパスを具現化していく動的な活動の流れが生まれ、日々、変化をし続けていきます。ロール構造については3章で詳しく述べられているので参考にしてみてください。このようにして、ロール構造を通じて、「力（権限）の分散」の実現へと進んでいきます。

2つ目の原則は「自分の行動の結果について、直接的なフィードバックを得られるようなプロセスをつくる」です。背景には、自分の仕事や行動がどんな結果を生んでいるか知ることができないと、仕事への達成感や喜びはもちろん、健全な危機感も感じることが難しくなるという考えがあります。具体的にホラクラシーでは、次の3つの観点から2つ目の原則を可能にしています。

①情報の透明化

情報の透明化とは、「(制限すべき理由がないかぎり）組織にいるすべての人が組織内の情報を閲覧できる状態」を意味しています。組織にはさまざまな種類の情報がありますが、意思決定のサポートとなる情報の透明化によって、ロールは物事を進めやすくなっていきます。

ホラクラシーでは、ロールのパーパスを定め、共通のツールを通じて、組織全体に公開することから始まり、5章で触れる「チェックリスト」「メトリクス」「プロジェクト」といった仕組みを通じて情報の透明化を進めていきます。

もちろん、ホラクラシーの仕組み以外の部分でも情報の透明化を検討することは有意義です。議事録や各種データなど、これまで一部の人だけに限られていたものであっても、実は全体に公開しても問題ないものは意外にあるものです。ただし、一気に公開することで予期せぬ混乱を招くような繊細な情報もあるので、まずは、「仕事を進めるにあたってどんな情報が必要か」ということを確認しながら、丁寧に情報の透明化を進めていくほうが実務上は機能しやすくなります。

②相互のベクトル合わせや対話の機会を設ける

それぞれのロールに権限が分散されているとはいっても、「他の人が何をしているか」「自分の行動がチームや組織にどんな影響を与えているか」を常に知ることができる状態はとても大切です。

ホラクラシーでは、ロール構造を扱う〈ガバナンス・ミーティング〉（４章）や日々のオペレーション上のテンションを扱う〈タクティカル・ミーティング〉（５章）がその機会になっています。ただミーティングをこなすだけではなく、ロール同士のベクトルを合わせることに意識を向けるとスムーズに進みやすくなっていきます。

③仕事を通じて感じた喜びや痛みを分かち合う機会を設ける

ホラクラシーに限らず、日々仕事の話ばかりだと人間的な関係が薄れていってしまいます。ホラクラシーでは、②で述べたように、ロール構造やオペレーション上のテンションを扱うミーティングといった「仕事の進め方」の方法論が記載されていますが、もちろん、メンバーの「感情や心」を大切に扱うような機会も、ホラクラシーのプロセスを活用して、柔軟にデザインすることが可能です。

その方法のひとつが、心の全体性に焦点を当てる「ホールネスロール」のような、感情面を扱う対話をリードするロールを設けて、仕事を通じて感じた喜びや痛みを分かち合う場をつくって運用していくことです。ホラクラシー憲章で決められている特定の方法はないので、ホラクラシー実践の前からそういった活動があれば、それを引き継ぐことは可能ですし、同様の活動がなければ、テンションに沿ってロールをつくり、対話の場を設けていくことが可能です。

新しく対話の機会を設ける場合、具体的には、日常で感じている「小さな喜びを感じた経験」を思い出し、「その経験から、自分が大切にしたいこと」を相互に聴き合うワークなどはとても有効です。これは理想的にはホラクラシーを始める前から習慣化していくほうが望ましいですが、そういった習慣がない状態で、ホラクラシーの実践を始めている場合、テンションに応じてロールをつくり、試行錯誤をすることで、人間的な豊かな関係性を土台として、ホラクラシーの実践を進めていくことが可能となります。

Chapter 3

ホラクラシーの組織構造

自分でやってみるまで気づかないことだが、すべてのものは曖昧であり、明確にする余地がある。

――バートランド・ラッセル『論理的原子論の哲学』

権限をくまなく分配して、仕事の進め方に進化する力を宿したいと望むなら、そのプロセスがスムーズに流れるような組織を構築する必要がある。

従来のピラミッド型の階層構造は1つの選択肢ではあるけれど、権限分配型で進化するデザインを取り入れるには理想からほど遠いだろう。ホラクラシーは組織を構築する方法として別の選択肢を用意している。しかし、組織図の見直しに取りかかる前に、組織における「構造」とは何かをちょっと考えてみよう。

組織論で知られるエリオット・ジャックスが使ったシンプルな分類は、とても参考になるし、わかりやすい。彼は「構造」をどんな組織にも当てはまる3種類に分類した。

1つ目は「表向きの構造」、つまり組織図や職務記述書に書かれたものだ。これらを見たことがある人もいそうだけれど、実際どれくらいの頻度で使っているだろう？　自分が目下取り組まなければならない仕事は何か、他の人がやってくれると期待できるものは何かを確認するために、職場で1日に何回ぐらい、職務記述書に目をやるだろう？　私がこの質問をすると、ほとんどの人は笑う。組織の職務記述書の場所さえ知らないと告白する人もたくさんいるくらいだ。

大抵の組織においては、表向きの構造は実際の日々の出来事やニーズからかけ離れているため、職務記述書も形骸化した官僚制の遺物にすぎない。多くの場合、印刷されてプリンターから出てくる頃には、時代遅れで、ピントが外れたものになっている。

人間というのはクリエイティブな生き物だから、組織の表向きの構造が、実用的な指針としてほとんど役に立たない場合、仕事をこなすためになんとか工夫を凝らそうとする。そこで、ジャックスが言う「事実上の構造」が生じるのだ。これは現実に誰がどんな意思決定をし、誰がどのプロジェクトを担当しているかといった、実際に機能している構造で、暗黙の了解であることが多い。組織の事実上の構造は通常、個人的な関係や社内政治から芽生える。

そうやって一緒に仕事をしていくうちに文化規範が発達し、やがてみんながそれを拠り所にして行動するようになる。こうして暗黙の構造が形成され、「仕事はこうやるものだ」となんとなく理解されるようになる。ジャックスはさらに、3つ目の構造が潜んでいることを指摘する。それは「必要な構造」と呼ばれ、組織の仕事とパーパスにとって最も自然でふさわしいと思われるもの、構造自体が「こうありたい」と望むあり方だ。

1章で、テンションを感知して対応するという考え方に触れた時、テンションを「現状とよりよい状態との間のギャップ」と定義したが、言い換えると、テンションとは**「何らかの点でより理想に近づけると感知されたポテンシャル」**のことである。ジャックスの用語を使うと、私たちは「事実上の構造（現状）」と「必要な構造（よりよい状態）」との間のギャップを感知する。

テンションがホラクラシーのガバナンス・ミーティングで取り扱われ、有意義な変化がもたらされるたびに、「表向きの構造」は「必要な構造」に限りなく近づくように、どんどん進化していく。誰が何を行い、どんな権限を持ち、どんな期待を担うかなどがはっきりと具体的に定義され、より理想的な状態が反映されるように、練り直されていく。

例えば、あなたが製造計画の管理を任されているとしよう。ところが、組織内の誰か他の人がしゃしゃり出てきて、あなたが既に終わらせた仕事に二度手間をかけようとするものだから、あなたはテンションを感知しまくる。こういう場合、ガバナンス・プロセスを通じて、もっと効果的に分業が行われる形で明確に定めることができる。

ホラクラシーにも、実は正式に定められた構造がある。ただし、一人ひとりが日々の仕事をこなしながら感知したテンションに応じて、その構造は絶えず改良され、変化し続けていくのだ。こうして、「最も効果的に仕事をこなすためには、どのような構造にする必要があるだろう？」という問いに対する、私たちの最高の集合知が常に反映されることになる。

そういうわけで、ホラクラシーを実践した組織では、みんな自分や他人のロールやパーパス、アカウンタビリティを時々参照する。時々どころか毎日という場合もある。なぜなら職務記述書には、当然すべきことや期待されることについて、現状にふさわしい、的を射た、明確で、有益な情報が盛り込まれているからだ。

つまり、実際にみんなで一緒に仕事をするやり方（事実上の構造）が書類に書かれたこと（「形式上の」構造）をきっちり反映し、さらに、「形式上の」構造は組織にとって最適な構造（必要な構造）をきっちり反映している、ということだ。したがって、この3つの構造はぴったりひとつのものになる。ただしそれは、別のテンションが感知されるまでのしばしの間のことであって、この進化のプロセスは続くのだ。

ホラクラシーの「構造」は、一定不変ではなく、進化し続ける。この根本的な違いを頭に入れ、ホラクラシーの構造とそれを構成するさまざ

会社の表向きの構造

こうなっている「はず」

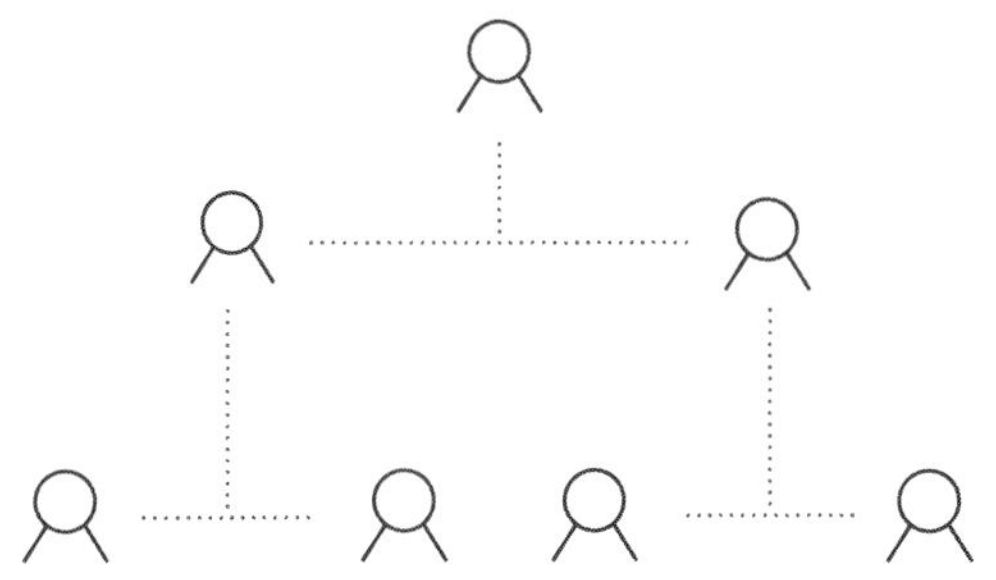

まな要素について見ていこう。

自然界の構造を活用する

ホラクラシーの組織に使われる構造は、伝統的なヒエラルキー（階層）ではなく、「ホラーキー」というものだ。アーサー・ケストラーが1967年に発表した著作『機械の中の幽霊』で使用した造語である。ケストラーは「ホロン」とは「それ自体がひとつの全体でありつつ、より大きな全体の部分でもあるもの」であり、「ホラーキー」は「ホロン同士の結びつき」であると定義した。

なんのことかと思うかもしれないが、実はあなたもよくご存じのもの、あなた自身の身体が、ホラーキーの例なのだ。身体の中の細胞の一つひとつがホロンである。自己完結型の、全体としての性質を持つ存在であると同時に、臓器という、より大きな全体の一部でもある。同様に、それぞれの臓器はそれ自体が自己完結型の全体でありながら、身体というより大きな全体の一部でもある。細胞から臓器へ、さらに臓器から生命体へ、と入れ子式になったホロンの連鎖は、ひとつのホラーキーだ。

この種の構造は、自然物として身の回りにいくらでもある。例えば、粒子が作用しあって原子が生まれ、原子同士が結合して分子になり、分子がまとまって結晶やタンパク質を構成するという場合、それぞれの要素は部分であり、全体でもある。

ホラーキーは、内側のどのレベルにおいても、自律性が尊重され、自己組織化されている。ホラクラシーで使うのもこれと同様の構造で、名前の由来にもなっている。Ｈｏｌａｃｒａｃｙとはホラーキー（hola-）の構造を持つ組織によるガバナンス（-cracy）という意味だ。

このように、ホロンとホラーキーという観点から会社を見てみると、「組織というシステムの中で、部門や、チームなどのより大きなホロンに含まれた、より小さなホロンが人間である」といえる。ただし、臓器の一部である細胞とは違い、人間は、完全に内包された「会社の一部」ではない。むしろ、会社とは別個の自律した存在で、自分の意志で会社にやってきて、さまざまな**〈ロール〉**で構成された組織の機能を「動かしている」。

そういうロールのほうこそが会社の一部であり、ホラクラシーの組織構造の最も基本的な構成要素だ。前の章で話したように、権限を分配する場合、「個人へ」ではなく、個人が担う**「ロールへ」**と分配される。ロールには、ある仕事を実行し、目標を達成する権限が与えられる。ロールに伴う責任が大きくなりすぎて、1人では担えなくなった場合には、そのロールを複数のサブロールに分解して、**〈サークル〉**が作ら

会社の事実上の構造

実はこんな感じ

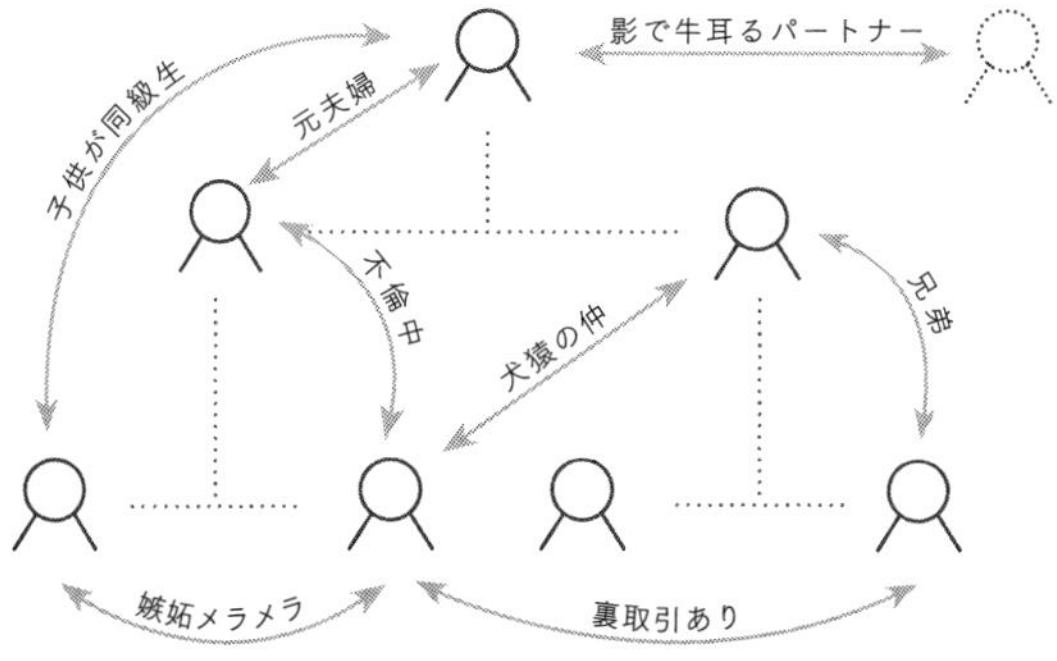

れる。

ホラクラシーの目的は**仕事の組織化であって、人を組織することではない**。だから、どのロールを担当するかは自己組織化的に自分たちでかなり自由に決められる。人は会社組織の「つなぎ目」の1つとして組み入れられるのではなく、フリーエージェントさながらに、組織の構造をあちこち見て回り、気に入ったロールを引き受けることができる。それだけでなく、組織の異なる部分に属する複数のロールを同時に担うことも可能だ。

例えば、ザッポスでそんな自由を満喫しているのがマットだ。もともとソーシャルメディア・チームの社員だが、同僚いわく「社内コミュニケーション、進歩・成長のための仕組みづくり、ホラクラシー推進など、組織横断的な数々のプロジェクトでも活躍するようになった。以前ならとてもじゃないがこんなふうにはできなかっただろうね」

ロールとアカウンタビリティ

従来の組織におけるあなた自身の経験から、次の質問に答えてほしい。

「あなたは誰に対して仕事を報告する義務がありますか?」

従来の答えは「直属の上司」や「直属の管理職」だが、あなたの仕事を頼りにしている人はもちろん他にもたくさんいる。同僚、顧客、おそらく投資家やその他の利害関係者もそうだ。

そこで、次のような質問に変えたほうがもっと意味のある答えが得られるだろう。

「あなたの仕事を頼りにしている人たちが求めていることは何ですか?」

あなたの仕事に関係する人たちは、それぞれあなたに担ってほしい仕事があり、あなたがその仕事をうまく進めることを望んでいる。これらのアカウンタビリティについての明確さは、円滑な組織運営に不可欠だ。ところが、アカウンタビリティが暗黙のままになっていることが多すぎる。

それでも物事がスムーズに進み、みんなの期待が合致しているなら問題ない。しかし大概は、各人が何を担当し何をするべきかについて、考えがばらばらで明確でないために、ありとあらゆる種類の対人関係の摩擦や政治的駆け引きに陥ってしまうのだ。

例を挙げよう。私は、研修サービスに関する最新情報へのリンクを載せたeメールを送りたい。それにあたって、同僚の1人がウェブサイトを更新してくれたはずだと考えている。しかし同僚のほうでは「ウェブサイトは月1回更新すればいい」と考えていたとしたら、私

危険信号

あなたの組織には次に挙げる兆候が現れているだろうか?　そうだとしたら、ロールとアカウンタビリティの明確さが欠けている可能性がある。

- 同僚間に不信感とイライラが募っている。
- 大事な仕事が「うっかり」見落とされている。
- 頻繁に開かれるミーティングは、もっぱらコンセンサスを得るために費やされている。
- これといった理由もなくCC欄に大勢入ったeメールが飛び交っている。
- 決定を下す前にみんなにお伺いを立てるべきだという風潮がある。
- 「私たち」がするべきことについて、山ほど意見があるものの、誰も実行に移さない。

が送らなければならない情報はまだウェブ上にないことがわかる。

従来の指示系統でどうにもならないのはここ、つまり、彼のアカウンタビリティについて考えが異なると、私と彼がそれぞれ期待することが対立してしまう点である。


お互いに期待することが食い違っている場合、重要な仕事が見落とされ、みんながイライラする。「あいつにはがっかりした」「なんで俺が責められなくちゃならないんだ」「奴は信頼できない」などといった感情が渦巻いたり、埋め合わせるために自分のロールの範囲を超えて他人のロールに立ち入ってしまったりする。こうした問題は、研修で信頼構築やチームビルディングをいくらやっても解決するものじゃない。なぜなら、一見、個人的な人間関係の問題のように見えて、実はそうではないからだ。原因は個人的な裏切りや不信や無神経さにあるのではなく、お互いに期待すべきことについての理解が食い違っていることなのだ。これはロールとアカウンタビリティが不明確な時の症状である。

明確にするためには、まず、自分（または他の誰か）が持つ暗黙の期待に他人も合わせて当然という考えを捨てなければならない。それにはきちんとしたガバナンスが必要だが、重要なのはガバナンスが暗黙のうちに行使されるものではなく、きっちり書面化されていることだ。

ホラクラシーのガバナンス・プロセスでは、次のような形で明確さを実現している。まずロールとそのアカウンタビリティを具体的に定義し、それによって具体的な権限が決まる。さらに、実践からの学びを統合したり、常に変わる組織の現実と整合性を図りながら、それらの定義が絶えず進化していくのだ。こうして曖昧な暗黙の常識は力を失い、それに代わる透明性の高い文書化されたプロセスと、そのプロセスから生まれる明確な期待と権限に実権を与えるのだ。

最初はやりにくいと感じるかもしれない。教育関連企業デヴ・ブートキャンプの創設者、シャリーフ・ビシェイは簡潔に「ホラクラシーだと未開社会のように開けっぴろげになる」と言った。「文明化した」社会において、曖昧で間接的になることに私たちがどれほど慣れているかを、ビシェイは指摘しているのだ。だから、物事が本当に透明性を持った具体的な形になると、最初は居心地悪く感じるかもしれない。しかし、明確さが高まるにつれ、信頼が自然に育まれやすくなる。組織文化の中で、影響力を行使する手段として政治的駆け引きが用いられることから、時間とともに解放されていく。理由は簡単、ガバナンスを通じて明確さを生むほうが格段に効果的だからだ。

また、権限と期待が明確な構造では、組織の中で働く人間と、彼らが担う機能やロールとが、はっきり区別される。通常は一緒くたになっているこれらの要素を切り離すことは、ホラクラシーをきちんと実践することで生まれる重要な成果のひとつなのだ。

人間ではなく「ロール」を主役にする

ホラクラシー・ワンで私が〈パートナー〉★たちとミーティングを行い、その結果、私が自分の仕事

★ ホラクラシー用語で「組織の中でロールを担う社員や社外の人」

リストに新たな項目を付け加えることになる場合、私たちの誰も、そういう仕事が「ブライアン」個人に与えられたものだとは考えない。

その代わり、仕事が「トレーナー」や「プログラム・デザイン」や「ファイナンス」――それぞれ私が担うロールだが――に割り当てられた、と表現する。同様に、私自身もパートナーを名前で呼ぶのではなく、「マーケティング」「ウェブサイト・ディレクター」「研修オペレーション」などと言い表すことがある。こういうふうにしよう、とみんなで決めたわけではなく、ただ自然とこうなったのである。

毎日一緒に働く仲間なのに変な話し方だと思うかもしれないが、実は物事がかなり明確になるし、ホラクラシーがもたらす根本的な変化を示している。それは「人間とロールを別々のものとして捉えること」だ。私はよく「ロール（役割）とソウル（人間）」と言っている。

現代の組織文化においては、個人と個人が担うロールは混同されることが多く、そのために人も組織もいろいろな点でやりにくくなる。例えば、誰かについて抱く感情とその人が担うロールについて抱く感情とを切り離すのは、なかなか難しい。組織の中で揉め事が起こると、本当はロールに関する衝突なのに、そのロールを担う人たちの対立だと取り違えてしまうことがある。

そういう揉め事は不必要に感情的になりがちで、ヒートアップした人間関係を丸く収めようとすると、根本的な問題である組織の「ローレーションシップ（role-ationship／ロール同士の関係）」を明確にする機会を逃してしまう。ローレーションシップとは私たちが担うロール同士の関係であり、ロール同士が互いに必要としたり期待したりするものであり、人間同士の個人的なつながりとは切り離して考えるべきものだ。

例えば、あなたが組織の「事業開発」のロールを担っているとしよう。あなたには重要な見込み客を発掘するというアカウンタビリティがあり、接待は重要な手段だと理解している。それなのに、「経理」のロールを担う人物が項目別の経費レポートを要求し、どうしてこんなにビジネスランチが必要なのかと質問してくると、あなたは反抗してしまうかもしれない。経理ロールが執拗にトゲのある質問をしてくるのに腹が立つのは、自分は信頼されていない、嫌われている、とあなたには思えるからだ。

実は、この対立は個人の感情的な問題ではない。ホラクラシーの言い回しを使うと、2人ともただ自分のロールに「生命を吹き込み」、アカウンタビリティを「実行に移している」だけなのだ。これら2つのロールの間で優先順位や期待が衝突してテンションを生じているわけだが、これを機会と捉えれば、組織全体のパーパスに照らすと互いのロールに何を期待するのが適切なのかを明確にするチャンスなのだ。

ホラクラシーでは、個人と、個人が担うロールとを明確に区別することがポイントだ。組織がパーパスを追求するために必要な、さまざまなロールに基づいて組織の構造が決まるのであって、組織の中の特定の個人を念頭に置いているわけではない。人間は後からやってきて、担当者となってロールに「生命を吹き込む」存在だった。

まず、「組織のパーパスのために必要なもの」と照らし合わせてロールを決めた後、対応可能な人材を検討し、それぞれのロールに最適な人をアサインする。ほとんどの人は、ごく自然と複数のロールを担うだろう。私生活でも、みんな常に複数のロールを担っているものだ。同じ1人の人間が、親であり、配偶者であり、子供であり、教師であり、生徒であることもある。こういうロールに伴う期待と責任もそれぞれ異なっている。それと同じで、組織においても、1人の人間が複数のロールを担うことができるのだ。ホラクラシー・ワンで私が担当するロールは、先ほど挙げたトレーナー、プログラム・デザイン、ファイナンスを含めて30ほどだ。

ロールを明確かつ具体的に定義するため、ホラクラシー憲章ではロールは次の3つの要素で構成されるものと定めている。実現したい**〈パーパス〉**、運用できる**〈ドメイン〉**（おそらく1つだが複数のドメインにわたることもある）、実行している一連の**〈アカウンタビリティ〉**。

これら3つの要素がすべて揃っているロールもあるが、最初はパーパスだけ、あるいはアカウンタビリティが1つだけしかなく、そこから発展していく場合が多い。**〈パーパス〉**とは、なぜそのロールが存在するか、そのロールが達成しようとしているゴールは何か、ということ。**〈ドメイン〉**とは、そのロールが組織の代表として、**独占的な**権限を持って運用できるもの、いわばロールの「所有物」であり、他のロールは手を出せないもの。**〈アカウンタビリティ〉**とは、ロールが権限を持っている継続的な活動のことで、その活動をきちんと実行すること、もしくは実行できなければ、組織のためになるようにうまく対応することが期待されている。

このように権限と責任をセットにすると、「実際に行う権限のない仕事に責任を持たされる」というありがちな状況を避けることができる。アカウンタビリティとは、1回限りのプロジェクトではなく継続的な活動であることを強調するため、「〜している」という形で表現することになっている。これら3つの要素の交わりについては、次章の最後にもっと詳しく検討しよう。

ホラクラシーにおける「ロール」は、時間とともに変化するダイナミックな生き物だ。従来の職務記述書が曖昧で、理屈っぽくて、瞬く間に内容が古くなってしまうのとは違って、ホラクラシーのロール定義は、どんな活動が役立つか、組織の中で現実に経験されていることに基づいており、その変化する現実と常に同期されている。

ロール定義の例

すべてのロールに、パーパス、ドメイン、アカウンタビリティを定めることができる。

ロール

マーケティング

パーパス

当社と、当社が提供するサービスがどんどん話題に上っている状態

ドメイン

- 会社のメーリングリストとソーシャルメディア・アカウント
- 会社の公式サイトのコンテンツ

アカウンタビリティ

- 「マーケティング戦略」のロールが定めるターゲット市場で、潜在顧客との関係を構築している。
- ウェブとソーシャルメディアをチャネルとして、潜在顧客に組織のサービスを宣伝、紹介している。
- 組織に入ってくるスピーチの依頼やその他のPRの機会への対応を的確に判断するとともに、「スポークスパーソン」のロールに、よい機会を回している。

ホラクラシーのガバナンス・プロセスでは、抽象的な予測に基づくのではなく、生じてくる実際のテンションに基づいて、ロールを絶えず明確に、向上することができる。

例えば、あなたが自分のロールの1つでテンションを感じているとする。なぜかというと、ある仕事を同僚にきちんとやってもらえることを期待していたのに、同僚がそれを実行しなかったからだ。ホラクラシーのルールとプロセスでは、あなたに次の点について考えてもらうことになる。「この仕事は、同僚のロールが持つアカウンタビリティとして明確に定義されていることだろうか、それとも私自身が暗黙に期待しているだけなのか？」

あなたにとっては至極自然で真っ当な期待のように思えても、ホラクラシーでは同僚の担当するロールのアカウンタビリティとして明確に定義されていないなら、あなたにそれを期待する権利はない。ただし、そのロールのアカウンタビリティにしたほうがよい、と思うなら、「問題となっている仕事は、彼女が担うロールの明確なアカウンタビリティにしたほうがよい」と次回のガバナンス・ミーティングで提案すればいい（これについては、次章「組織構造を扱うガバナンス」で詳しく取り上げる）。

定められたさまざまなロールと、ロール同士の関係が本当に明確になれば、職場にありがちな多くの不満が解消される。何か決定するたびに、逐一ミーティングで協議する必要はもうない。なぜなら、自分がどんな権限を持っているか、場合によっては他のどんなロールに関わる必要があるか、そしてそれはなぜか、ということがわかっているからである。

また、eメールのCC欄に誰でも彼でも入れる必要はないし、決定を下す前にみんなにお伺いを立てる必要ももうない。グループで話し合うこともちろんあるが、その場合もコンセンサスを期待する空気はない。なぜなら、どのロールがどの決定を下す権限を持っているか、誰もが明確に理解しているからである。

さらに、みんなが自分の仕事に取り組み、一緒に権限を行使する際、他の人に対して自分が抱く妥当な期待とは何か、逆に他の人が自分に対して抱く妥当な期待とは何かについても理解している。組織が明確になると、本当に権限が分配され、私たち一人ひとりが時にはリーダーとなり、時にはフォロワーとなる自由を得る。自分のロールを遂行する時は、他人の意見を適宜取り入れるよいリーダーとなり、別のロールが決定権を持ち話し合いを終了して判断を下す場合には、よいフォロワーとなれるのだ。

ヒエラルキーからホラーキーへ――サークル

ここまで説明してきたようなロールとは、いわば組織の細胞だ。今度は、全体の組織構造の中で、どのようにロールがグループ化され、統合されるか見てみよう。典型的な組織図は逆さまになった樹木のような構造をしていて、一つひとつのつなぎ目が人（「役職」と言ってもいいが、役職は人と一対一で対応するので、結局ほぼ同じ）を表している。

一方、ホラーキーは、有機体の中の臓器の中の細胞、というように、円（サークル）が入れ子状に連なっている。ホロンと呼ばれる各部分は、その外側のホロンに従属せず、自律性と個々の権限とを保つ全体としての性質も保持している。企業組織のホラーキーでは、グループ化されたロールがサークルに内包され、サークルのグループを内包するより大きなサークルがあり、という具合に、組織全体が含まれる最大のサークル「アンカーサークル」（235ページ参照）に至るまで続いていく。

ホラーキー内部のサークルとロールの一つひとつは、本当の自律性と権限を保持し、それ自体が一つにまとまった、全体としての性質を持つ存在であると同時に、より大きな存在の一部として、本当の責任も負っている。

それぞれのサークルは根本的に自律しているとはいっても、サークルの決定や活動は他のサークルから完全に独立しているわけではない。なにしろ、サークルはホロン、つまりそれ自体で機能する組織であると同時に、より大きなサークルの部分なのだ。部分である以上、外側のサークルに含まれる他の機能や他のサブサークルと環境を共有している。

だから、あたかも完全に独立しているかのように振舞うサークルはシステムに危害を及ぼしてしまうのだ。身体の中で、より大きなシステムを無視する細胞が癌になるのと同じことである。自己組織化のプロセスには、他のサークルのニーズが考慮されなければならない。

そこでホラクラシーでは、各サークルが守らなければならないアカウンタビリティと制約も規定している。また、次章で見ていくように、他のサークルは、この規定に関して発言権を持っている。

左の図は、根本的な構造転換により、ホラクラシーの権限分配が実現したところを捉えている。上意下達のヒエラルキーから脱却し、組織の機能がロールとサークルに割り当てられたホラーキーに移行している。ここで非常に重要な違いは、ヒエラルキーからホラーキーへと、単に構造のタイプが変化したというだけではなく、そもそも**何をもって組織を構築するか**、という点にある。

ホラクラシーでは、組織を構成するものはもはや人ではなく、ロールと機能なのだ。ホラクラシーは、「誰が誰に命令を下すか」という、単純な権力関係で人と人とを結びつけるのではない。全体のシステムの中で、仕事がどこに位置付けられるかという観点で組織を築き、その仕事を行うさまざまな存在（人やサークル）の間に、明確な線引きをするのである。

この点から考えると、「ホラクラシーはフラット組織だ」とか「ホラクラシーは階層的だ」と言うと、誤解を招きかねない。ホラクラシーで使う階層構造は、私たちに馴染みの深いものとはタイプも違えば、目的も違うからだ。

このような構造転換とは、今ある部署の名称を変更したり、プロジェクトチームをサークルと呼べば済むものではない。サークルは人のグループではなく、ロールのグループである。また、ある意味で、サークルそれ自体が本当に大きなロールであり、1つにまとめられた実現したいパーパスと、実行するアカウンタビリティを持ち、場合によっては運用するドメインもある。

サークル全体のパーパスを実現したり、アカウンタビリティを実行したり、ドメインを運用したりするためにサークルに必要なものを細分化したのが、サークル内部に配置されたロールである。サークルは自律性と権限を持ち、自分で自分の組織を築き、内包するすべてのロールの仕事を調整したり統合したりすることができる。サークルによる組織の構築は、サークルのガバナンス・ミーティングの場で行われる。これについては次章で取り上げよう。

サークルの仕事は、タイプも規模もさまざまだ。特定のプロジェクトを実行するものもあれば、部署や事業分野を管理するものもある。また、特定のサポート機能を遂行したり、事業活動全体に取り組んだりするサークルもある。狭い分野を専門にする小さなサークルもあれば、比較的大きなサークルで、完全に自律した複数のサークルを内包するものもある。

例えば、何かのサービスを提供する組織があるとしよう。そのサービスの提供に関わる複数のロールをグループ化し、1つのサークルとして、サービス提供に関わるプロセス全体を統括することができる。さらにこのサークルそれ自体を他のサークルとグループ化し、より大きなサークルとして、セールス、マーケティング、サポートなどサービス提供に並行する他の機能と統合することができる。

1つのロールが担うアカウンタビリティが複雑になりすぎて、きちんと実行するために分割する必要が生じた場合にも、サークルが形成されることがある。起業したての小さな会社なら、包括的な「マーケティング」というロールを丸ごと1人で担うところから出発するかもしれない。会社が大きくなるにつれ、マーケティングのニーズが多様化してきた時点で、互いに関連し合う複数のロールに分割し、複数の人で分担することが必要になる。そこで、マーケティングの「ロール」は「サークル」に発展し、仕事が分割される。

マーケティングのサークルに含まれるロールは、この時点で「ソーシャルメディア」「広告」「ウェブマーケティング」「ブランド開発」などが考えられるだろう。ゆくゆくは、ソーシャルメディアのロールは、1人では担いきれなくなるかもしれない。その場合には、アカウンタビリティを2、3のロールに分割することが考えられる。そこで、ソーシャルメディアはそれ自体がサークルとなり、マーケティングという**〈スーパーサークル〉**に含まれる**〈サブサークル〉**になる。サークルの規模の大小や対象分野の広さにかかわらず、同じ基本のルールが適用される。

ホラクラシーの基本構造

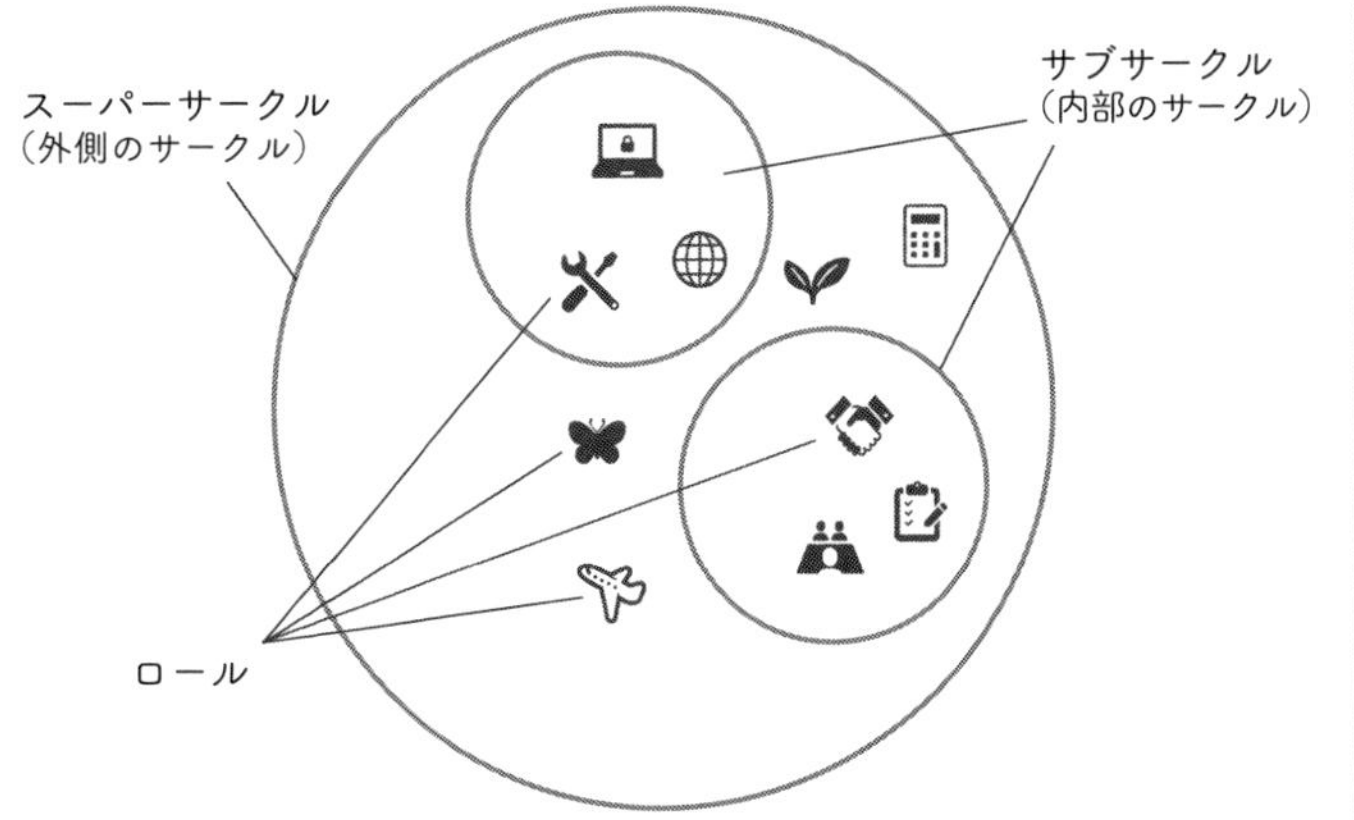

サークルのつなぎ役——リードリンクとレプリンク

サークルにサブサークルが含まれる場合は必ず、スーパーサークルと各サブサークルを結ぶ2つの特別なロールが設けられる。**〈リンク〉**と呼ばれるこのロールは、結ばれるサークルの境界線をまたぎ、細胞と外の世界とのパイプ役のような機能を果たす。両方のサークルのガバナンスとオペレーションのプロセスに参加して、フィードバックとテンション対応が、サークルの境界線を越えて流れるようにするのが仕事だ。

1つはスーパーサークルから指名される**〈リードリンク〉**で、スーパーサークルのニーズを代表してサブサークルにも籍を置く。リードリンクは、スーパーサークル全体の視野に立ち、全体のパーパス、戦略《ストラテジー》、ニーズに合うようサブサークルを調整する機能を担っている。

もう1つは**〈レプリンク（レプリゼンタティブ＝代表）〉**と呼ばれるもので、サブサークルのメンバーにより選出され、サブサークルを代表してスーパーサークルにも籍を置く。レプリンクのロールは、私たちがよく知る現代の組織には見られない、かなり特殊なものだ。

レプリンクの仕事は、スーパーサークルをサブサークルにとって健全な環境にすることであり、そのためにサブサークルの重要な視点をスーパーサークルのガバナンスとオペレーションに反映させる。スーパーサークル内でサブサークルの自律性と持続性を守りつつ、最前線からのフィードドバックをスーパーサークルに伝えるのだ。

リードリンクもレプリンクも、それぞれの機能を果たすため、結ばれたサークル両方のガバナンス・ミーティングとオペレーション・ミーティングに参加できる。

つい先ほど取り上げた、ソーシャルメディアの例をまた使おう。ソーシャルメディアのサークルには、リードリンクがいる。リードリンクの機能は、マーケティング・サークル全体の戦略と情報発信についての自分が認識していることをソーシャルメディア・サークルの活動に反映し、両サークルの整合性を図ることである。ソーシャルメディア・サークルは、レプリンクも設けている。レプリンクは、ソーシャルメディア・サークル内で表面化している問題に耳を傾け、マーケティングの他の部分がどのように行われているか（あるいは行われていないか）という情報を伝える。そして、これらの問題をマーケティング・サークル全体のアジェンダに上げて、取り組まれるようにする。また、マーケティング全体のメッセージング戦略が、昔ながらの情報発信源とは違う、ソーシャルメディア特有の性質に合うように気を配る必要もあるだろう。

リードリンクもレプリンクも、マーケティング・サークルのガバナン

サークルをリンクする

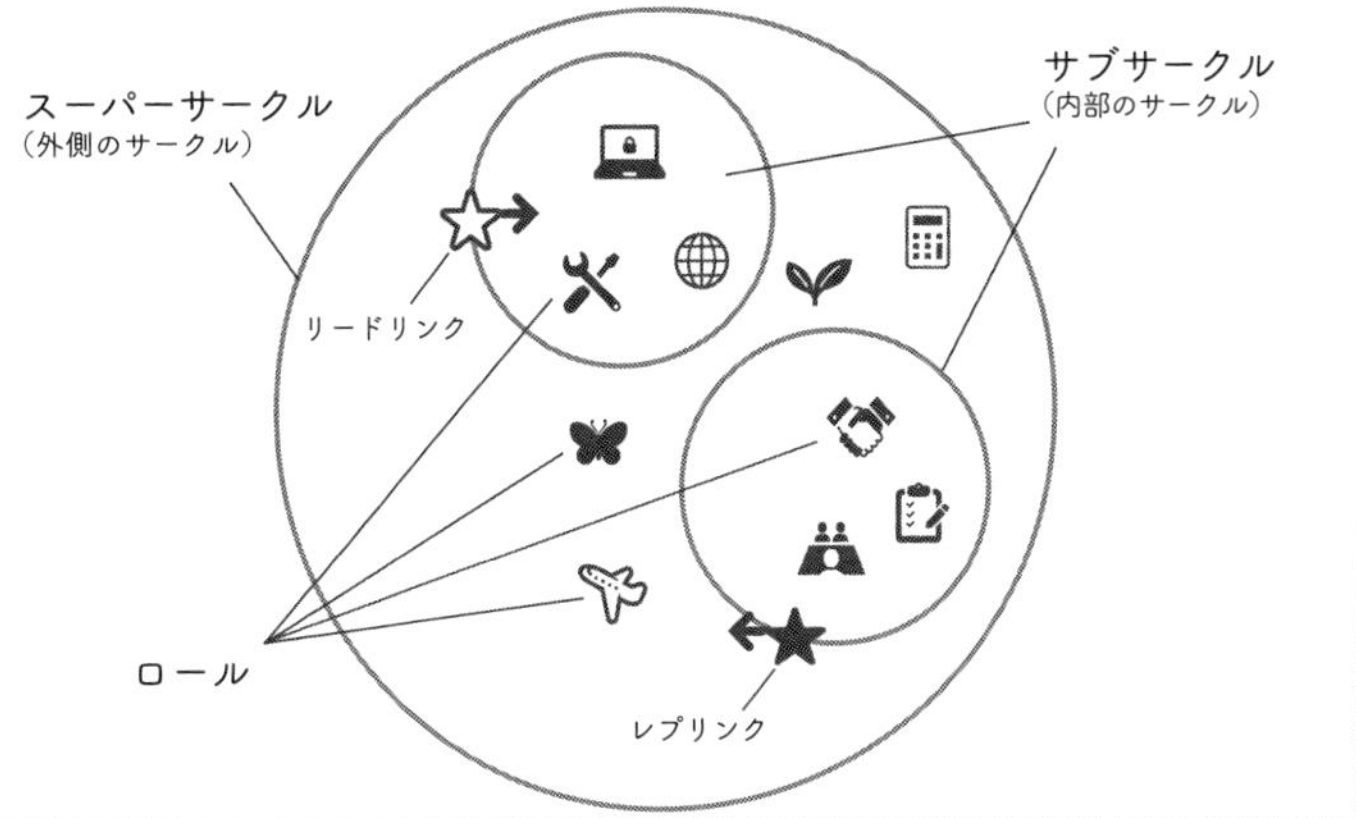

ス・ミーティングに参加し、両者ともソーシャルメディア・サークル全体を代表するが、それぞれが微妙に異なる立場に立っている。

サークルとそれに内包されるサブサークルをこのようにリンクすることが、階層ごとに順ぐりに行われ、組織のホラーキーの隅々に行き渡るまで続けられる。こうして整合性を図ったり、フィードバックを伝えたりする双方向の経路ができあがる。

リードリンクのロールはすべてのサークルにおいて重要な機能を果たすが、従来の管理職の役割と混同しないでほしい。リードリンクはサークルのメンバーを管理しているのではない（そもそもメンバーは実際のところ、多くのサークルでロールを担うことになるので、リードリンクは他にもたくさんいるのだ）。リードリンクの仕事は、チームを指揮することでも、サークル内の人たちが感知したすべてのテンションの面倒を見ることでもない。

リードリンクは、人を管理するのではなく、組織全体が置かれている環境の中で、**サークル全体とそのパーパスを代表**しているのだ。リードリンクのロールを一番よく表すメタファーを使うと、サークルが細胞だとすると、リードリンクは細胞膜にあたる。

リードリンクは、活動を指揮するのではなく、サークルのパーパスが達成されるように空間《スペース》を保持《ホールド》し、そのサークルの対象ではない事柄や懸案事項をブロックする。また、必要に応じて、サークルの境界線における橋渡し役にもなる。例えば、入ってくる情報や依頼を中継して適切なロールに流したり、サークルに必要なリソースを獲得して最も重要な機能やロールやプロジェクトに回したりする。

どのロールがどの仕事に対応し、どの意思決定を行うかに関して、サークル内で明確さに欠けるところがないよう目を光らせ、ガバナンス・プロセスを通じて明確さを保つこともリードリンクの仕事だ。新しいサークルでは、リードリンクのロールは起業家と同じで、パーパスを達成するための構造を積極的に築き上げていくことだ。サークルそれ自体とそのパーパスのためには、いろいろなアプローチを試し、どれがうまくいくかを見極め採用する、ということが必要になる。

リードリンクは、サークルのドメインとアカウンタビリティも継承するが、それらが他のロールやプロセスに委任されていない場合に限られる。

誰かをロールにアサインしたり、仕事の優先順位をつけたりといった、ベテラン管理職にお馴染みのアカウンタビ

リードリンクのロール内容

パーパス

リードリンクはサークル全体と同じパーパスを持つ。

ドメイン

サークル内におけるロールのアサイン

アカウンタビリティ

- サークルがパーパスを実現し、アカウンタビリティを実行に移せるように、ガバナンスを構築している。
- パートナーをサークルのロールにアサインしている。適性を見守っている。適性を高めるようなフィードバックを伝えている。他のパートナーのほうがより適性が高いと判断した場合にはアサインし直している。
- サークルのリソースをサークル内のプロジェクトやロールに割り当てている。
- サークルのために優先順位と戦略（ストラテジー）を定めている。
- サークルのためにメトリクスを策定している。

リティもリードリンクには確かにある。でも、そういう管理職がリードリンクのロールに移行すると、権限も違えば、権限の限界も違うので、かなり戸惑うことだろう。

究極的には、ホラクラシーを実践すると、創り出されるすべてのロールは他の誰にも邪魔されない本物の権限を持つので、リードリンクも権限と制約を持つロールの1つに過ぎないのだ。

ホラクラシー・コーチのアナ・マクグラースは、パンテオン・エンタープライズ社でミーティングに出席していた時のことを話してくれた。パンテオン社は、環境に優しい化学製品メーカーで、アナは同社におけるホラクラシー実践に力を貸していた。

あるサークルのリードリンクは、同社のリーダーたる共同創設者で、以前は原子力エンジニアをしていた経験豊かな人物だった。同じサークルにはスティーブンという彼の義理の息子がいて、この22歳の若者はプロダクション・アシスタントのロールを担っていた。ある時、スティーブンは自分のロールにおける意思決定を下したが、リードリンクはこれに反対で、他のアプローチを提案していた。

アナが注目したのは、この若者が「無礼でも反抗的でもなく、ただ、この意思決定について自分に権限がある旨を述べただけで、それ以上の時間は無駄に費やされなかった」ことだ。「ホラクラシーを実践している組織では、一番若手から一番ベテランまで誰でも、明確なアカウンタビリティに沿った権限を持てるし、誰もが他人の主権を尊重する」とアナは評価している。

この例のように、リードリンクの権力は憲章で制限されている。リードリンクは誰かをロールから外すことはできるが、ガバナンス・プロセスの範囲外で誰かをクビにしたり、報酬を決めたり、新しいロールと期待を定義したりする権限はまったくない。また、自分のサークル内のロールの担当者に依頼してあるプロジェクトを、他のものよりも優先してもらうように期待することはできるが、そもそも特定のプロジェクトを引き受けるよう要求することはできないのだ。

担当者は、リードリンクに依頼されたプロジェクトが、自分が担うロールのパーパスとアカウンタビリティに合うかどうかを判断することができる。もし合わなければ遠慮なく辞退できるし、合う場合でも、自分のロールを実現するためにはもっとふさわしい、違う成果を目指したほうがよいと考えるなら、やっぱりプロジェクトを却下することができる。

これにまつわる問題が、最近私たちのクライアントの組織で持ち上がった。社内学習を担当するサークルで、使用していた新しいツールのために、社内のベストプラクティスを取り上げて共有化するロールが必要になった。そこで、「関係者のベストプラクティスを書類化し、共有する」というアカウンタビリティを持つロールが新設された。

それに基づき、サークルのリードリンクは、社員がベストプラクティスを共有できる社内ウィキ★をつくるよう、ロールの担当者に依頼した。リードリンクでもサークル内の他の誰でも、こういう依頼をする権利はあるが、ここで表面化した問題は、担当者がこのプロジェクトを受け入れて、依頼されたウィキを作らなければならないかどうか、ということだった。

ホラクラシーのルールに則ると、答えはきっぱり「ノー」だ。

★ wiki。知識を共有するためのグループウエアの一種ロールの担当者は自分のアカウンタビリティを実現するために何かを行う義務があることは確かだが、そのために特定のプロジェクトを引き受けなくてはならない、というわけではない。おそらくこのケースでは、担当者は社内ウィキと社内ブログの長所と短所についてリサーチしていたのだろう。結局、チームの外からもコメントやサポートが得られるブログのほうが、自分のロールに役立つはずだと結論した。担当者は、**自律性を持ち、自分のロールのリーダーとして、どのようにアカウンタビリティを実現するかを選択する**ことができる。

リードリンクにこれを覆すことはできない。リードリンクの力が及ぶ範囲は、ロールに適任者を配置したり、サークル全体の仕事の優先順位を決めることだけに限られているからだ。

もしサークル内に担当者が決まっていないロールや、どのロールにも割り当てられていない機能がある場合は、リードリンクは何でも引き受ける便利屋になって、見落とされる仕事がないよう責任をもって対応する。ただしこれは、ガバナンスで適切なロールを新設し、そのロールを誰かに担当してもらうまでの一時的なことだ。

レプリンクのロールも、各サークルにとって重要な機能を果たす。単なる「二番手の」リンクではなく、リードリンクとはまったく違う機能を担っている。リードリンクが細胞を取り囲む細胞膜のようなものなら、レプリンクは細胞の中心部から、細胞膜を突き抜けて直接外部へ至るルートだ。レプリンクは、現場レベルで何が起こっているかを本当に知っている人の視点に立った、すばやいフィードバックを伝える。また、サブサークルの障害となり、サブサークル内では解決できないテンションが発生している場合に、それを外側のサークルに連絡するのは、リードリンクではなく、レプリンクのアカウンタビリティなのである。

例えば、ソーシャルメディア・サークルが「会社の製品を効果的に宣伝できない」という問題を抱えているとしよう。その原因はマーケティング・サークルの情報発信のガイドラインが厳しすぎて、ツイッターやフェイスブックの会話型の環境に馴染まないことにある。この場合、レプリンクは、マーケティング・サークルの次回のガバナンス・ミーティングでこの件を取り上げることができる。「情報発信のガイドラインを決める際にはソーシャルメディア・サークルのメンバーに相談する」などの**解決策をミーティングで提案**すればよい。

会社全体や他のサークルに対してサークルのメンバーが抱くテンションには、レプリンクが対応してくれるので、リードリンクはそれ以外の方法でサークルを前進させることに心置きなく時間とエネルギーを注ぐことができる。

レプリンクのロール定義

パーパス

スーパーサークル内では、レプリンクはサブサークルのパーパスを保持する。
サブサークル内では、レプリンクのパーパスは、スーパーサークルのプロセスに関わるテンションをスーパーサークルに伝え解決すること。

アカウンタビリティ

- サブサークルの外側のサークルが持つ、サブサークルの障害となっている制約を取り除いている。
- サブサークルのメンバーが伝えるテンションについて理解を深め、スーパーサークルで対応すべきものかどうかを見極めている。
- サブサークル全体に割り当てられたメトリクス（指標）やチェックリストの項目について共有することを含め、サブサークルが健全な活動をしていることがスーパーサークルにはっきり見えるようにしている。

物事をよりスムーズにする——クロスリンク

リードリンクとレプリンクの他に、ホラクラシーの組織で使われる3つ目のリンクがある。最初の2つのリンクに比べて使われることが少ないが、「クロスリンク」と呼ばれるものだ。

あるサークルが別のサークルを内包している場合に、リードリンクとレプリンクがサークル同士を結びつけるのに対して、組織のホラーキーにおいて互いに離れているサークル同士を結びつけるのが、クロスリンクだ。

サークル間にクロスリンクを設けると、サークルが別のサークル内に感知したテンションに対応するための直接のルートができる。たとえ2つのサークルが遠く離れていても、通常のリードリンクとレプリンクのルートをたどる手間が省けるわけだ。

大抵の場合、クロスリンクは必要ない。なぜならどんな2つのサークルも、どこかのレベルで同じサークルに含まれているので、2つのサブサークルの関わり合いをめぐる問題は、その大きなサークルで解決できるからだ。

例えばホラクラシー・ワンでは、「サービス提供」サークルと「広報」サークルは、両方とも全社的な「ゼネラル・カンパニー」サークルに含まれている。時々この2つのサークルの関係やお互いに期待することなどについて、検討する必要が生じるが、その際クロスリンクは必要ない。「ゼネラル・カンパニー」サークルのガバナンス・ミーティングで問題に対応できるからだ。

ところが、2つのサブサークルのすり合わせがすんなりとはいかず、大きなサークルが本来のロールに集中できない場合には、2つのサークルを結ぶクロスリンクを指名したほうがいい。そうすれば大きなサークルを巻き込むことなく、直接問題を解決できるからだ。

また組織の中で、根本的に異なる部分が関係し合う場合にも、クロスリンクがあると便利だ。例えば私のクライアント企業は、セールスと、顧客に仕事を納品するチームとを結ぶクロスリンクを設けた。両者は、会社全体の組織構造の中で、数多くのサークルで遠く離れていたものの、両者間のテンションに対応する必要が自然と生じていた。なぜなら、セールスのロールは、対顧客関係全般において独自の視点を持っていて、納品時の顧客体験は、次の大きなセールスに直結すると考えていたからだ。

クロスリンクがあると、テンションにより速く、よりスムーズに対応することができる。繰り返しになるが、クロスリンクはめったに必要ないもので、ホラクラシー初心者の組織では特に使い方を間違えやすい。でも、実践を重ねて慣れてくると、特定のケースでクロスリンクが役に立つ。また、クロスリンクは取締役会にホラクラシーを実践する際にも重要なロールを果たすが、これについては8章で詳しく話そう。

ファシリテーターとセクレタリー

この後の章でも説明するが、ミーティングを実施するために、各サークルは**〈ファシリテーター（進行役）〉**と**〈セクレタリー（進行支援）〉**という2つのロールの担当者を決める必要がある。この2つのロールは、レプリンクと同じように選挙によって担当者が決められる。選挙は、憲章で詳しく定められた**〈統合的選挙プロセス〉**を使い、サークルのガバナンス・ミーティングで実施される。選出されたロールは、選出時に任期（概ね1年）が与えられるが、サークルメンバーはいつでも新たな選挙の実施を要求することができる。

選挙で選ばれるこの3つのロールを別にすれば、サークル内のロールはすべて、リードリンクが担当者を決め、組織のためにその仕事に適任と思われる人をアサインする。厳密に言えば、アサインされる人は組織において、社員や請負業者、ビジネスパートナー、その他のさまざまな法的関係にありうるが、ホラクラシー憲章では、みんなまとめて組織の**〈パートナー〉**と呼んでいる。

ロールにアサインされたパートナーはいつでも辞退することができる。ただし、組織と交わした労働契約の条件などで、別の合意がなされている場合は別だ。リードリンクのロールでさえ、同じようにして担当者が決まる。

先ほどの例を再び取り上げよう。マーケティング・サークルのリードリンクは、ソーシャルメディアア・サークルのリードリンクの担当者を決め、ソーシャルメディア・サークルのリードリンクは、サークル内のさまざまなロールの担当者をアサインする。ただし、サークルのレプリンク、ファシリテーター、セクレタリーだけは、必ず選挙によって選ばれる。

進化を促す2つのミーティング

サークルの活動はすべて、感知されたテンションを中心に回る。そのテンションを感知するのは、サークルのロールを担当し仕事をこなしている人たちで、**〈サークルメンバー〉**と呼ばれる。サークル内で何らかのロールを担当している人はみんなサークルメンバーで、リードリンクもレプリンクも含まれる。

サークルメンバーがテンションに対応する方法は、感知されたテンションによる。行動を起こすこと（オペレーション）によって解決する場合もあれば、サークルが機能する型や構造を変えること（ガバナンス）が必要な場合もある。違う方法でテンションを取り扱えるように、各サークルで少なくとも2種類のミーティングが定期的に開かれる。それぞれ独自のプロセスとルールを持つこれらのミーティング・プロセスの詳細については、次章以降で掘り下げていくが、ここではとりあえず、簡単な概略を述べておこう。

〈ガバナンス・ミーティング〉——サークルメンバーが、日々の仕事の中で得た新しい情報や経験に基づいて、サークルの構造を改善する場。アウトプットとして、ロールやその活動、ロール同士の関係の他、サークルのポリシーについても理解が深まる。ガバナンス・ミーティングは、成熟したサークルでは通常1、2カ月に一度開かれるが、新しいサークルや、ホラクラシーに馴染みがないメンバーが多いサークルでは、毎月2回開くことをお勧めする。

〈タクティカル・ミーティング〉——サークルメンバーが、進行中のオペレーションに取り組んだり、チームメンバーと最新の情報を共有したり、障害となっている問題に対応したりするために、テンポよく議論する場。アウトプットとして、プロジェクトと次に取るべきアクションについて理解が深まる。タクティカル・ミーティングは毎週行われるのが通常だが、サークルによっては隔週でよい場合もある。

まずはやってみよう！

冒頭からここまでの説明で、ホラクラシーがもたらすパラダイムシフトがどういうものか、イメージを捉えていただけただろうか？

私が一番伝えたいのは、ホラクラシーは、あなたの会社の既存の構造の上にボルトで締めて追加できるような手法ではなく、権力が行使されるやり方と会社を組織する方法を根本的に転換するということだ。

これは朗報だ。なぜなら、現代企業は工業化時代のデザインに縛られていて、その土台にあるソーシャルテクノロジーそのものが、企業が進化し適応していく上でのもっぱらの障害になっているからだ。これに気づいている人は多いが、古い構造の内部で権限移譲に励むよいリーダーになることぐらいしか道はない。ホラクラシーは、実行可能な代替案を提案するものだ。

この後の章では、ホラクラシーの実践と、パーパスに向かって邁進するダイナミックな組織になるためのユニークなルールについて説明しよう。私が「実践」という言葉を使うのは、ホラクラシーを完全に理解するには、運動したり外国語を話したり楽器を弾いたりするのと同じで、しょっちゅうやってみたり、使ってみたりしていないとダメだからだ。

ホラクラシーの恩恵を最大限に引き出すためには、習慣になるまで使い、実践していかなければならない。新しい習慣と同じで、最初はぎこちなく感じられるものだが、実践を重ねていけば、最終的には自然にこなせるようになるだろう。

Column 3

ロールを通じて創造的に仕事をする

ロールづくりやサークル構造のデザインは、まさに生命体的なホラクラシーの世界観を表すものですが、あまり、事前の学習や探究をしないまま始めようとすると、これまでに慣れ親しんだ役職階層からなる組織構造や上司部下の関係を前提とした管理型の職務内容に引っ張られて、ホラクラシーを実践し始めたものの、あまり代わり映えのしないものになってしまうことが起こります。

著者のブライアンが重視していることとして、「それぞれのロールが、まさに生命体として、創造性を最大限に発揮できていること」があり、それを実現するために意識したい2つのポイントをお伝えします。

①エボリューショナリーパーパスを起点とした　ロールの入れ子構造

ホラクラシーでは、最も大きな円である組織全体のエボリューショナリーパーパスを具現化していくために、必要となるロールを入れ子構造で生み出していきます。つまり、「役職の階層」ではなく「パーパスの階層」を選択しています。外側にある組織全体のエボリューショナリーパーパスと、内側にあるロール自身のパーパスの関係は、従来のような上司と部下の関係ではなく、「どれもが創造的で、重要なパーパスを持った、生命体としてのロールである」と捉えています。そのような観点でロールを生み出していくと、従来とは違った構造が見えてくるのではないでしょうか。

②最も創造性を発揮できるようなロールづくり

ロールづくりに取り組むときは、組織全体のエボリューショナリーパーパスとのつながりに耳を澄ましながら、まずはロール自体のパーパスを感じ、つくっていくことをお勧めします。

そのときのポイントは、「そのロールが最も深い意味で創造的な可能性を発揮できている状態を表現すること」です。本文の事例にもあったように「〜が実現している状態」のような表現で書いていきます。

また、ロールのパーパスは、一度つくって終わりではなく、テンションを感じたら、随時更新しながら、変化し続けていく性質のものです。

ロールのパーパスができたら、それを体現する名前をロール名として設定することをお勧めします。通常の部署名とは違って、クリエイティブなロール名にすることも可能です。例えば、単に「インフラ構築」とすることも可能ですが、「美しさ」が体現したいパーパスである場合、「ビューティフル・インフラストラクチャー」とすることも可能です。もちろん、無理に派手な名前をつける必要はないですが、よりパーパスに沿った名前をつけられれば、パーパスに込めたエネルギーを感じられる機会となり、エネルギーあふれる状態でロールに取り組むことが可能となります。

PART 2

日々の進化を楽しもう

ホラクラシーを実践する

Evolution at Play

Practicing Holacracy

Chapter 4

組織構造を扱うガバナンス

社会の経済で大きな問題は「いつ何時どこで起こるともしれない諸々の条件の変化に、たちどころに適応していくことだ」と言えるなら、当然、最終的な意思決定は、そういう諸条件を熟知し、関わりのある変化を直ちに見極め、適応するために即座に投入できる資源は何かをズバリ知る人たちに任せるべきだろう。

——フリードリヒ・ハイエク
「社会における知識の利用」

あなたはプロスポーツを観戦している時、チームがグラウンドを流れるように移動し、協力し合い、パスしたり、ディフェンスしたり、スコアを決めたりしているのを見ながら、ゲームのルールのことを考えるだろうか?

よく知っているスポーツなら、おそらく考えていないはずだ。プレーヤーにしても同じだ。ゲームを進行させている複雑なルールやプロセスは影を潜めている。もちろん、ルールやプロセスがなければ、ボールをむやみやたらと蹴り回すだけの大混乱に陥ってしまうだろう。ゲームに参加している全員がルールを受け入れて、ルールに従ってプレーすることに同意した場合、ルールは習慣に変わり、無意識に、暗黙のうちに、自動的に作用する。

ただし、それはルールが破られるまでのこと。プレーヤーがルールに違反した瞬間、ルールの存在が競技場にいる選手や、コーチや、レフェリーや、ファンの意識の中で生き生きと蘇る。ホイッスルが吹かれ、カードが振られ、適切な措置が取られる。その後、ゲームはスムーズな流れの中に戻っていき、ルールは再び身を隠すのだ。

ホラクラシーもほぼ同じように作用する。上意下達の指示系統をプロセスに置き換える時、そのプロセスは、みんなが日々の仕事の複雑な世界を航行している間、全員を連携させて1つにまとめておけるような、頑丈で精巧なものでなければならない。ホラクラシーの日々の活動を定めるミーティング・プロセスは、ゲームのプレーのようなもので、みんながルールを覚えてしまえば、ごく自然に行われるようになる。

しかし最初は、子供がスポーツのルールを覚える時と同じように、ルールを思い出しながらプレーし、ルールを何度も参照しなければならないだろう。めんどくさいとか、やりづらいと感じるかもしれないが、ルールが存在するのは理由がある。

もし7歳の息子に「サッカーをしてる時はどうしてボールを手で拾って走ったらダメなの？」と聞かれたら、「それはね、もしみんながそうやったら、ゲームが成り立たなくなっちゃうからだよ」などと説明するだろう。ホラクラシーも同じことだ。

この章と6章では、ガバナンス・ミーティングを実施するための、かなり込み入った細かいルールとプロセスを説明する。ホラクラシーを実践した人たちの多くは、ここまで細かい構造を持つミーティングに参加したことがそれまで一度もなかったので、いったい何の得があるのか最初はピンとこないことが多い。「ルール」とか「構造」という言葉を聞いただけで、拒否反応を表す人もいる。しかし、デビッド・アレンが言うように「規律のない自由はなく、形のないビジョンはない……。もし、道路に線が引かれていなければ、とりとめもない考え事をしたり、創造力を働かせたりしながら、のほほんと運転してはいられない。誰もぶつかって来ないでくれ！　と祈るので精一杯だからだ。逆に、車線や制限やルールが多すぎると、どこをどう運転すればいいんだろうと、みんなの運転が慎重になるので、車の流れが停滞してしまうのだ[10]」。

ホラクラシーを実践し始めると、以前よりも注意深くなる必要があるので、渋滞に巻き込まれたような感じがするだろう。でも安心してほしい。あなたと同僚たちがホラクラシーを実践し続け、子供のサッカーチームの練習のようにコツコツとルールに従っていけば、やがてルールやプロセスをすっかり意識しなくなり、チームが流れるように自発的かつ効果的にテンションに対応できる、驚くようなシステムになっていることに気づくだろう。そればかりか最終的には、そんな新しい状態が当たり前に感じられるようになるはずだ。

昔、私の会社で、2時間の予定でゼネラル・カンパニー・サークルのガバナンス・ミーティングが行われたことがあった。このミーティングでは、給与体系が抜本的に改正され、組織の部分が大規模に再編され、組織全体に影響する新しいポリシーがいくつか採用された。どのアジェンダについても、ミーティングに先立って話し合いどころか雑談さえしたこともなかった。サブサークルからのレプリンクとして出席していた最前線のスタッフも含め、参加者全員が今後の進路を全面的に受け入れて、予定より30分早くミーティングは終了した。

ミーティングを閉会する時、ファシリテーター（進行役）は、ちょっと手際が悪かったことを謝った。彼は、必要以上にミーティングが長引いたと思ったのだ。他の人たちも同意見だった。部屋を出る時になって、私は初めて気がついた――ほとんどの組織と比べて、これが尋常ではないことに。たった90分間でどれほど大きな成果を上げたことか。

しかし、ホラクラシーをマスターした組織にとっては、このような迅速な再編と統合は常識なのだ。

たった1人のリーダーに頼らないプロセス

私が研修でホラクラシーを紹介する時、ミーティング・プロセスを理屈で説明することにはあまり時間をかけない。その代わり、参加者をグループに分けて、仮想の会社におけるロールを割り当て、一連のシミュレーションを通じてガイドする。この過程で、参加者には質問や異議が自然と生じるが、そのすべてに答える。もっと重要なのは、ホラクラシーのルールと構造が何を実現するのかを体験できることだ。

この章では、ホラクラシー式のガバナンス・ミーティングの概要をお伝えするとともに、本という制約の中で、できるだけうまく読者にホラクラシーを体験してもらえるよう努力したい。あなたをロールにアサインし、ミーティングのシナリオを通じてステップごとにガイドしていく。直接参加してもらうのが一番だけれど、本書を通じてホラクラシーを知ってもらえば、自分自身で丸ごと体験する機会も楽しみになっていくだろう。

ホラクラシーが扱う2つの領域――ガバナンスとオペレーション――のうち、まずはガバナンスから始めよう。なぜなら、組織のオペレーションはすべて、ガバナンスを通して構築されるからだ。

ガバナンスは基礎である。組織の権力の在りかであり、すべての権限や期待はガバナンス・プロセスから流れてくる。ガバナンス・ミーティングのルールは、独特の言い回しが使われ、厳格で、最初は守るのに骨が折れることが多い。しかし、このルールは重要だ。ガバナンスは、たった1人のリーダーを仲裁者として頼るのではなく、みんなから情報収集して検討する「統合的」プロセスを用いて、組織の大元にある事柄に対応する。そのプロセスを機能させるためには、非常に特殊なフォーマットが必要なのだ。

ガバナンス・ミーティングはすべてのサークルで通常毎月1回行われ、サークルのオペレーティングの構造を改善させることを目的としている。

ガバナンス・ミーティングは大変特殊な機能を担っていて、憲章は、ガバナンス・ミーティングの「アウトプット」として認められるもの――どんな活動が含まれるか、どんな決定を行えるか――をはっきりと定めている。ファシリテーターが、この制約の理解と遵守を怠った場合には、ホラクラシーの全システムが損なわれることになる。具体的にガバナンス・ミーティングに認められている活動は、

- サークル内のロールを設けたり、修正したり、取り除いたりする。
- サークルのドメインを運用するポリシーを設けたり、修正したり、取り除い

ファシリテーターのロール定義

パーパス

サークルのガバナンスとオペレーションが憲章に沿って実践されている状態。

アカウンタビリティ

- 憲章でサークルに必要と定められたミーティングを進行している。
- 必要に応じて、サブサークルのミーティングと記録を確認している。また、プロセスの不備を発見したら、速やかに、憲章に規定された修復プロセスを実行している。

たりする。

- 選出されるべきロール（ファシリテーター、セクレタリー、レプリンク）を担当するサークルメンバーを選出する。
- サブサークルを設けたり、修正したり、解消したりする。

サークルメンバーは、実践を重ねていくうちに、ガバナンスの変更を通じてどんな種類の問題を解決できるのかがわかってくる。もし、重要な仕事がたびたび見落とされていて、それを特定のロールのアカウンタビリティとして追加する必要が明らかになっている場合には、おそらくガバナンス・ミーティングの対象となるだろう。また、2つのロールの間の関係が明確でなく、テンションや意思疎通の問題が生じている場合も、ガバナンス・ミーティングで明確にできる。ロールを担当している個人が、何らかの意思決定をする権限がほしい場合や、他のロールの権限を制限したい場合には、これもまたガバナンス・ミーティングにかけることができる。

ガバナンス・ミーティングの対象でないのは、マーケティング

セクレタリーのロール定義

パーパス

サークルの公式の記録と記録プロセスが維持され安定している状態。

ドメイン

憲章で必要と定められた、サークルの記録のすべて

アカウンタビリティ

- サークルに必要と定められたミーティングの予定を決め、サークルメンバー全員に時間と場所を告知している。
- サークルに必要と定められたミーティングの成果を記録し、サークルの現行のガバナンス、チェックリスト項目、メトリクス（指標）を図式に編集したものの維持を担っている。
- リクエストに応じて、ガバナンスと憲章を解釈している。

戦略や来年の製品提供などの業務の実行に関してチームが直面する決定だ。こういうものはオペレーションの問題で、ミーティングの外で日々取り組まれるべきものであり、時にはタクティカル・ミーティングにかけられることもある。そのタクティカル・ミーティングのプロセスについては、次章で説明しよう。

ガバナンス・ミーティングの進め方

いよいよ、あなたにもガバナンス・ミーティングのシミュレーションに参加してもらう時が来た。今回のものに似たシナリオを、私は入門編のワークショップでよく使っている。まずは、どんなふうにプロセスが進行するのか、わかりやすいように単純な例から始めよう。

これから行う仮想ミーティングの参加者は、ホラクラシー初心者ばかりなので、ホラクラシーの新しい実践者が、システム採用後の最初のガバナンス・ミーティングで遭遇しやすい困難や学習のポイントが浮き彫りになるだろう。

説明はこれくらいにして、始めよう。

サークルをリンクする

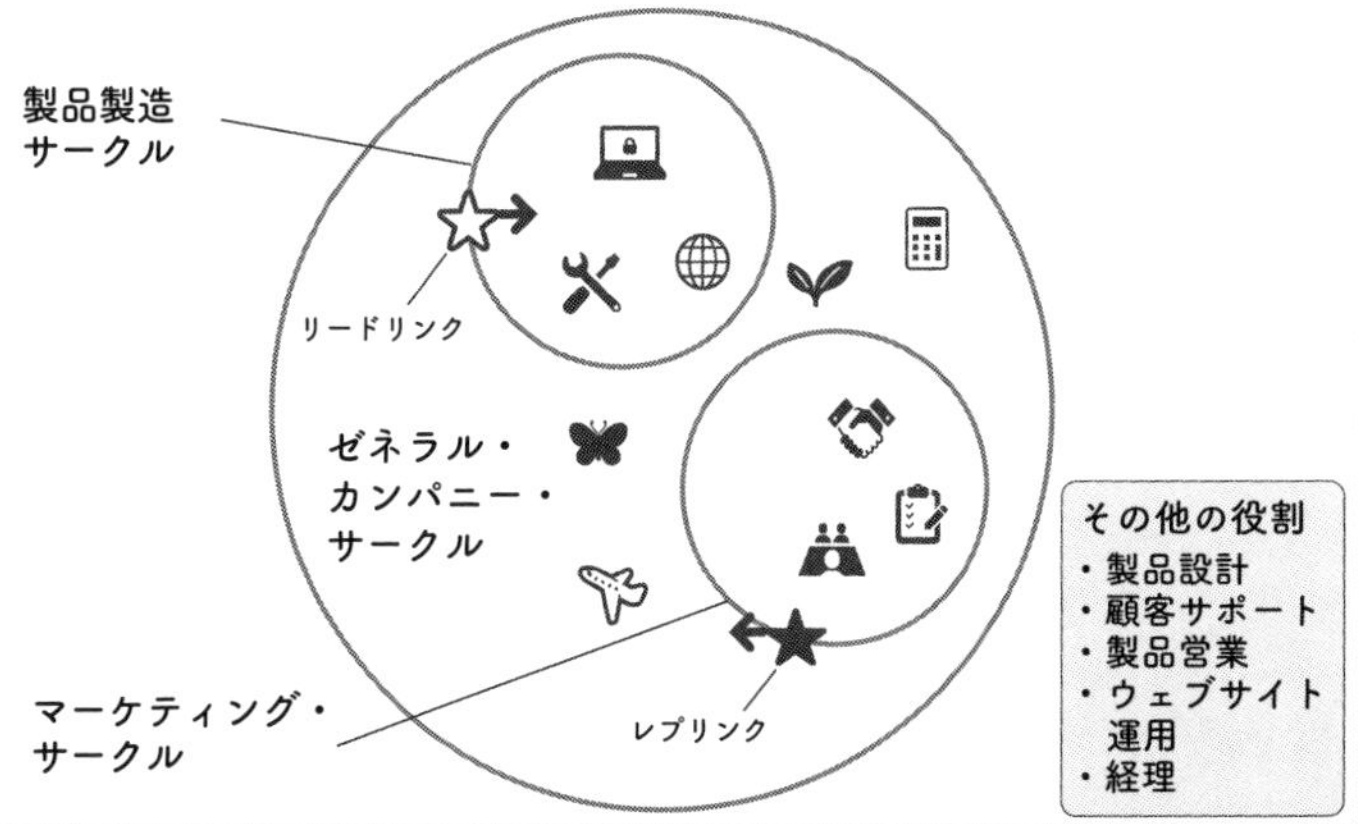

ようこそ、ベター・ウィジェット社へ。当社はお客様のあらゆるニーズに合うウィジェットを製造販売する小さな会社だ。ベター・ウィジェット社の組織は、「ゼネラル・カンパニー・サークル」と、その中に含まれる「製品製造サークル」と「マーケティング・サークル」という2つのサブサークルで構成されている。ゼネラル・カンパニー・サークルに含まれるロールには、2つのサブサークルそれぞれのリードリンクとレプリンクの他に、製品設計、顧客サポート、製品営業、ウェブサイト運用、経理があり、それぞれのロールは1名ずつで担当している。

なにしろ、小さな会社なので。

あなたがこれから参加するのは、ゼネラル・カンパニー・サークル（GCC）のガバナンス・ミーティングだ。このサークルでロールを担当する全員が、ミーティングに参加するよう連絡を受けていて、GCCと2つのサブサークルをそれぞれつなぐリードリンクとレプリンクも出席する。

このミーティングで、あなたには「製品販売」のロールを担当してもらおう。ガバナンス・ミーティングがどんなふうに進行するのか、まず、大まかな流れをざっと見ておこう。

ガバナンス・ミーティング・プロセス

1 チェックイン・ラウンド

1人ずつ、各参加者は気になっていることを共有して、ミーティングに臨む姿勢を整える。

2 会議運営上の連絡事項

ミーティングに割り当てられた時間や、休憩の予定など、会議運営に関わる事柄を手短かに連絡する。

3 アジェンダづくり

参加者は、項目ごとに1語か2語で、アジェンダの項目を追加する。各項目は対応する1つのテンションを表す。ファシリテーターはそれをリストにする。

4 統合的意思決定プロセス

各項目（テンション）は、「統合的意思決定プロセス」を通じて1つずつ取り組まれる。

5 クロージング・ラウンド

テンションにすべて対応するか、予定の終了時間が近づいてきたら、ファシリテーターは、各参加者にミーティングについての振り返りを共有してもらう。

①チェックイン・ラウンド

ミーティングはチェックイン・ラウンドで始まる。ここでは各メンバーが、自分が抱えている気がかりに目を向け、それを手短かに伝える。このラウンドの目標は、考えごとであれ、身体の不調であれ、気持ちの問題であれ、それを意識することによって、「今ここ」に集中できるようにすることだ。また、これによってチームメイトに自分の状況を伝えることにもなる。もしあなたの様子がいつもと違えば、何があったのか、何が原因なのか、チームメイトはだいたい把握できるのだ。

このラウンドではほとんど、何を言ってもいい。ある人は、体調があまりよくないと言う。サークルの顧客サポートロールの担当者は、出社する前に獣医に預けてきた愛犬のことを心配している。製品設計ロールの担当者は、翌日に迫り来る期限のことが気になっていて、ミーティングを早々に切り上げてしまいたいと思っている。他の人はいたって元気か、特に気がかりなことはないようだ。このラウンドでは、自分が言いたくないことまで詳しく話す必要はない。ただ、自分の心を占めているものに意識を向け、それをミーティングの場に出すことは、みんなの意識を今この瞬間に向けてもらうために、非常に有力な方法なのだ。

チェックインでは、話し合いは一切行わない。実際、ファシリテーターの仕事は、この「神聖な場」を守り、雑談やどんな反応も一切認めないことなのだ。これが難しいこともある。思わず共感したくなったり、アドバイスしたくなるのをぐっとこらえてほしい。今はそういう時ではない。また、このルールがあると、望ましくない反応をされることも、私生活に立ち入られることもないとわかっているので、参加者は安心して心を開くことができるのだ。

チェックイン・ラウンドが完了すると、チームはミーティングにもっと身が入り、集中できるはずだ。では、準備が整ったところで、次のステップに進もう。

② 会議運営上の連絡事項

ファシリテーターが、ごく手短かに、ミーティングに関する実務的な制約について述べる。例えば、このミーティングには90分しか与えられないことや、サークルメンバーの1人が早めにミーティングを抜けなければならない、といったことだ。このステップはできるだけ短く、会議運営上のことだけに限られる。それ以外のものは決して持ちこまないこと。

③ アジェンダづくり

ここで初めて、アジェンダがつくられる。ミーティングの前に具体的な項目が決められることはなく、項目はぶっつけ本番でつくられるのだ。テンションを取り扱い、サークルのためになるような形でガバナンスが修正されるよう、参加者の誰もが議題を追加できる。ただし、このステップは、テンションについて**説明する**場ではない。今必要なのは、項目として取り上げてもらうための1つか2つの言葉だけだ。それより長いとファシリテーターに割愛される。

例えば、マーケティングのリードリンクは、eメールのニュースレター送信に関してテンションを感知している。というのも、ニュースレターに会社のウェブサイトのリンクを載せても、新製品について最新情報が出ていないことが多いからだ。しかし、今はまだリードリンクがすべての事情を説明する時ではない。ただ「ウェブサイト更新」などと項目に加え、そのテンションのために場所取りするだけなのだ。

さて、製品営業のロールを担当するあなたは、会社の製品の価格についてテンションを感じている。顧客から高すぎると言われているからだ。そこであなたは項目に「製品価格」を追加する。アジェンダにしたい項目がすべて加えられたら、それらに1つずつ対応するため、ファシリテーターは一同を次のステップ「統合的意思決定プロセス」に進める。

4 統合的意思決定プロセス

先ほどあなたは製品営業として、アジェンダに「製品価格」を追加したが、いよいよそれに対応する。まず、**〈提案を共有する〉**。その際に、もし言いたければ、提案の原因となったテンションについても話してよい。案がなければ、提案の作成に協力してもらうために、テンションを共有して、自由な話し合いを求めることができる。

でも、今回のシナリオでは、あなたは解決策となるべきものについて、自分なりの考えがある。そこで、「ベーシックなウィジェットの価格を50％下げることを提案します」と発言する。さらに、事情を説明するためにテンションを共有する。

統合的意思決定プロセス

1 提案の共有

提案者

提案者はテンションを説明したり、それを解決するための提案を述べる機会を与えられるが、話し合いは行われない。提案者は話し合いを依頼することができるが、それは提案の作成に協力してもらうためだけに限られており、コンセンサスを築いたり、懸案事項を一本化したりするためではない。

2 提案を明確にするための質疑応答

誰でも

情報を求めたり、理解を深めたりするために、誰でも明確にするための質問をすることができる。提案者は質問に回答するか、あるいは「詳細は未定」と言うことができる。リアクションや対話はここでは行わない。

3 リアクション・ラウンド

全員

1人ずつ、提案に対して適当と思われる「リアクション(率直な反応)」を示すことができる。リアクションは、一人称または三人称のコメントとして行われなければならない。話し合いや回答は認められない。

4 修正と明確化

提案者

提案者は、提案の意図をさらに明確にしたり、リアクションに基づいて提案を修正したり、あるいはそのまま次に進むことを選ぶことができる。話し合いは認められない。

5 反対意見ラウンド

誰でも

ファシリテーターが「この提案を採用することにより、損失が生まれたり、サークルが後退したりする理由(反対意見)はありませんか?」と質問する。反対意見が述べられ、検証され、記録されるが、話し合いは行われない。反対意見が出ない場合、提案は採用される。

6 統合

主に提案者と反対者

反対意見の有効性を検証しながら統合案をつくっていく。有効な反対意見に応じた統合案をつくることを目指すが、その案も提案者のテンションに対応したものにする。すべての反対意見が統合されたら、統合案を再び反対意見ラウンドにかける。

「実は、お客様から価格が高すぎるという話をしょっちゅう聞いています。ベーシックなウィジェットは、当社のもっと高度な製品を販売するための足掛かりとなるはずなのに、それが高すぎて新規顧客を呼び込めないようでは、機能を果たしていません」

セクレタリーはあなたの提案を要約し、みんなに見えるよう記録する。

あなたの提案がアジェンダに上ると、ファシリテーターは次のステップに移る。質問したい人は誰でも**〈提案を明確にするための質問〉**をする機会が与えられる。あなたの提案や、その背後にあるテンションを理解することが唯一の目的であり、まだ話し合いやリアクションの時ではない。

経理ロールの担当者が「50%だって？　バカバカしい提案だ！」と叫ぼうとするも、ファシリテーターにビシッとさえぎられて言い終えることはできない。なぜなら、その口調から、これは明確にするための質問ではなく、リアクションや意見であることが瞬間的にわかるからだ。

今度は、リードリンクが「価格を下げると収益率を損なうと思いませんか？」と質問する。ファシリテーターはこれも認めず、却下するだろう。なぜなら、これは質問を巧みに装ったリアクションだからだ。提案者に意見を伝えようとするものは、ほぼすべてリアクションである。

明確にするための質問とは、提案者から情報を求めるものだけなのだ。製品設計ロールの担当者が「提案は製品の単品価格だけのことなのか、それとも大量購入の場合も含まれるのか」と尋ねるのは、妥当な質問だ。ただし、提案者であるあなたは、質問に対していつでも「提案では詳細は未定です」と答えることができるので、事前にあらゆる質問を想定して準備万端に整えておかなければ

▼POINT　ロールからのテンションに焦点を当てる

提案者として……

- 完璧な提案になっていなくても、まずは、テンションとして提案を挙げることから始めて、ガバナンスのプロセスを通じて学習していくことに重きを置いてください。
- 提案内容は、自分の担当しているロールに関わるリアルなテンションに焦点を当てて作成します。例えば「自分のロールのパーパスやアカウンタビリティを◯◯にしたい」、あるいは「他のロールのアカウンタビリティが自分のロールに具体的な損失を及ぼしているので◯◯に変えたい」というように。これをホラクラシーでは「グラウンディド（地に足のついた）テンション」と呼んでいます。
- 初期提案の内容を明確にするために、他のメンバーに協力を求めることはできます。ただし、サークルメンバーに承認をもらったり、コンセンサスを築いたりすることはできないので注意が必要です。

ファシリテーターとして……

- 次のようなときはプロセスを一旦中断します。「提案者が他のメンバーから承認やコンセンサスを得ようとするときや他のメンバーが提案内容を変えようとしたり、内容変更を暗に強制するような言動や振る舞いをするとき」です。他のメンバーとの話し合いはあくまで、提案者の初期提案の作成のために協力してもらう目的だけに限られています。
- 上記のような事態が生じた場合、提案者に対して以下のように説明すると、ホラクラシーの初期学習として有効です。「あなた（提案者）は既にロール担当者として必要な権限を持っています。だから、これまでのように、他のメンバーからの承認もコンセンサスも必要ありません。ロール担当者として感じているテンションに率直に向き合ってみてください。始めは慣れないかもしれませんが、これが私たちがチャレンジしている、『特定のリーダーではなく、誰もが持ち場で力を発揮できる新しい働き方のプロセス』となります。このプロセス自体をより深く理解したい場合は、初期提案の作成を一時的に止めて、プロセス自体の目的や内容をお伝えしますので、遠慮なく教えてください」

▼POINT　質疑応答ラウンドでは、質問の内容に注意する

本文にも書かれていますが、このラウンドでの質問内容には注意が必要です。本文記載の例以外にもよくあるのが、「提案内容では〇〇が満たされていないので不十分だと思います。再考したほうがいいと思うのですが、どう考えていますか?」のような、反対意見を暗に伝える質問です。

こういった発言が出たらファシリテーターはすぐにプロセスを止める必要がありますが、反対意見を述べる機会は次の「リアクション・ラウンド」で確保されていることも添えておくと、発言者も安心できます。

ば、というプレッシャーを感じなくて済む。

質問が出なくなるとファシリテーターは次のステップ、**〈リアクション・ラウンド〉**に進む。ここで各参加者は提案に対する反応を公にすることができる。ほぼどんなリアクションでも許されるが、雑談や意見交換は行わない。リアクションとは「全面的に賛成――いいアイデアですね！」とか「無茶だと思う！」とかいうものだ。値下げはバカげているという先ほどの経理のコメントは、明確にするための質問としては認められなかったが、このラウンドでは歓迎される。

あなたとは違う考えを持つ人がいるかもしれないし、この提案が生まれる原因となったテンションに対応するために値下げという手段をとることを批判する人もいるだろう。今までのステップと同じように、どんなリアクションであれ、それについて議論することも返答することもない。リアクション・ラウンドは、1人ずつ、部屋を一巡するように進み、提案者を除く全員が、リアクションを共有する順番をただ一度だけ与えられる。

リアクション・ラウンドが完了すると、ファシリテーターは提案者であるあなたに対して、質問やリアクションに基づいて、提案を適宜**〈修正し明確化する〉**機会を与える。また、自分が納得できないリアクションは無視し、自分のロールに「利己的」になるよう働きかける。

▼POINT　自分のロールに「利己的」になろう

ここで「自分が納得できないリアクションは無視し、自分のロールに『利己的』になる」と書かれていますが、とくに他者の意見を尊重する日本人にとっては難しいと感じることもあるようです。提案者が迷っているようであれば、ファシリテーターのほうから「自分のテンションを解消するために必要な意見や情報のみ採用してください。不要だと思われる情報や助言は採用する必要はありません」と明確に伝えます。

このステップの目標はみんなのリアクションを一本化することではなく、あなたの感知したテンションによりよく取り組めるような変更を加えること、ただそれだけなのだ。またあなたはこの場を利用して、誤解を解いたり、提案内容や提案理由について、みんなの理解が深まるように新たなデータを追加してもよい。最終的にあなたは、価格変更の意図をもっと明確にするために、「単価に限る」と明記するよう、提案の表現を修正することにする。

あなたの修正案をセクレタリーが記録すると、ファシリテーターは**〈反対意見ラウンド〉**に移り、提案に対する「反対意見」がないか各参加者に1人ずつ尋ねる。「反対意見」とは、**提案を採用すると、なぜ損失が生じるのか、サークルのパーパス実現に向けて、後退してしまうことになるのかという具体的な理由**である。述べられた反対意見は、ファシリテーターが取り上げるが、話し合いや質問は行わない。反対意見が出なければ、提案は採用される。

このシナリオでは、経理から「製品の価格が半額になると採算が合わないから、損失が生まれる」という反対意見が出る。ファシリテーターは反対意見を取り上げ、次に進む。顧客サポートも反対意見を出す。「長期のサポートサービスも料金が高すぎるので、価格設定を見直す必要がある。価格戦略を幅広く検討する必要がある」

このコメントを受けてファシリテーターはしばし沈黙して考える。「これは関連した事柄

▼POINT　脱線しないように進める

リアクションは必ず1人ずつ順番に行います。ここでは、テンションと関係ない雑談や話し合いは認められていません。特定の人物や見解が、提案者のテンションに関する話題を乗っ取ってしまわないように、ファシリテーターは注意します。

として合わせて取り組むべきものかもしれないが、『製品価格』に関する提案がサークルを後退させる理由を表しているわけではないようだ」と。そこで「それは、本提案が損失を及ぼす理由ですか、それとも、ただ単に、サークルが検討すべき別の事項ということでしょうか？」と尋ねる。自分のコメントが後者に当たることに気づいた顧客サポートは、反対意見を取り下げ、自分の感知したテンションが後で扱われるよう、アジェンダに追加してもらう。この理由については6章でもっと詳しく検討しよう。

ファシリテーターは反対ラウンドを続けるが、他に反対意見はないようだ。そこで、ファシリテーター自身の反対意見を述べる。「この提案は、ガバナンスの有効なアウトプットではないようです」

いったい、これはどういう意味だろう？　実は、憲章の条項によると、提案は現状の形式では、ガバナンス・ミーティングで決定できる種類のものではない、ということなのだ。思い出してほしい、ガバナンスとはロールを規定したり修正したりすることと、ポリシーを決めることだ。サービスに対する具体的な価格設定を決めることは、オペレーションの問題なのである。多分あなたはこの点にとっくに気づいていて、なぜ私がこのような無効な提案を例に選んだのか、不可解に思っていたことだろう。私がこの例を選んだ理由は、これが、ホラクラシーを採用した後、いの一番に習うべき最重要ポイントの1つを示しているからだ。

それは「何がガバナンスであり、何がそうでないか」を見極めることだ。また、ホラクラシー初心者がファシリテーターを務めていると、こういう状況はしょっちゅう起こるし、新任のファシリテーターが最初に対応法を学ぶべき課題の1つでもある。

　このミーティングはどうなってしまうのか。ファシリテーターは、さっさと提案を却下してしまうのだろうか？　それは絶対ない。ファシリテーターにはその権限はないので、そんなことをすればプロセスが台無しだ。

　実は、提案はガバナンス・プロセスを進行させるインプットとしてはまったく問題はなく、ただ、アウトプットとして有効でないだけなのだ。ガバナンスに有効でない形の提案が行われた場合、もっと深く検討する機会が生じる。だからこそ、ファシリテーターは最初の段階で提案を制止して、オペレーションのミーティングにかけるよう促さなかったのである。そんなことをすれば、あなたの感知したテンションにガバナンスの問題が潜んでいないかどうかを見極める機会を逃してしまう。そして、ガバナンスの問題はほぼ確実に存在するのだ。

　価格決定ロールの担当者は誰か、価格変更の権限を持っているのは誰か、それがはっきりわかっていたら、そもそもグループ全体にこの提案をする必要性を感じなかったはずだ。しかし、サークルのガバナンスの記録をざっと確認したところ、これを明確なアカウンタビリティとしている人はおらず、ガバナンスの明確化が必要であることがわかった。「価格を決定する権限を持つのはどのロールで、このロールに必要なアカウンタビリティは何か？」。**これこそガバナンスの問題**である。

　ミーティングに戻ろう。ファシリテーターの反対意見が記録に示されると、ファシリテーターは

〈統合〉のステップを開始する。まず、自分の反対意見を取り上げて、「この反対意見に対応するために、どのような追加や変更を本提案に加えたらよいでしょう?」と質問する。それをきっかけに自由な話し合いが始まる。この際、反対者は、必要に応じて反対意見を明確にしたり、反対意見が解消されるような修正案を提示したりする。

一方、提案者は、そういう修正案が元のテンションに対応することになるかどうか検討する。このシナリオの場合、「価格設定はガバナンスで取り組む問題ではない」という反対意見は明白な事実だ。そこであなたは一同の協力を得て、ガバナンスの範囲内で、自分の感知したテンションに対応するような統合案を作成する。

「プライシング」のロールを新設する。
アカウンタビリティ――マーケティングが定めるターゲット市場に届く、収益性の高いプライシング(価格設定)モデルをリサーチして選択している。

この新しい提案は、「価格を50%引き下げる」というオペレーション上の決定を支持するものではなくなった。その代わり、正しい決定を行うために目下必要とされている、アカウンタビリティと権限を規定している。したがって、これはガバナンスのアウトプットとして有効であり、反対者であるファシリテーターは、修正案により反対理由が解消されることを認める。

次に、ファシリテーターはもう1つの反対意見に対応する。それは経理ロールが提起した「採算が合わない」というものだが、統合案はもう具体的な決定は行わない。プライシングのロールに対して、収益性の高い適正なプライシングモデルを決めるという権限を与えることは何ら問題を生じないので、反対者は満足し、すぐに反対意見を取り下げる。

すべての反対意見が解決したか、取り下げられた時点で、ファシリテーターは統合案に反対がないかどうかを確認するために、統合のステップを打ち切って再び反対ラウンドに戻る。反対意見が出なくなったら、提案はサークルの正式なガバナンスとして採用され、新しいロールが設置されることになる。

あなたの感知したテンションが、意義のある、新しい明確なロールとしてガバナンスに生かされたので、あなたはリラックスできるようになる。もし、別の提案事項によって、せっかく進展した動きが取り消される恐れが生じたら、反対意見を出せばいいのだから。

他のアジェンダが対応され、予定のミーティング終了時間が近

ガバナンスの記録は組織のDNAになる

ガバナンスの記録は、組織全体の構造を詳細に表し、各ロールが担う期待と権限を確認するのに便利だ。ホラクラシーを上手に実践している組織では、多くの人たちが記録をたびたび参照し、1日に何度も参照することさえある。もし、ガバナンスの記録が明確でなかったり、誰もがアクセスしやすいものでなければ、ホラクラシーのシステム全体が蝕まれてしまう。

自分たちで慎重に設定できるなら、一般的なウィキ・システムや、それと類似した企業内ネットワークのプラットフォームを利用してもいいが、通常はもっと体系化されたツールのほうが使い勝手がいい。ホラクラシー・ワンでは、ウェブブラウザを利用したソフトウエア・プラットフォームの「GlassFrog」を提供している（詳しくはglassfrog.comを参照）。最終的にあなたが他のツールを使うことになるとしても、GlassFrogに目を通し、ホラクラシーをがっちり支えるプラットフォームには何が必要かを理解しておくとよいだろう。

づくと、ファシリテーターは**〈クロージング・ラウンド〉**に移り、各参加者はミーティングの感想を分かち合う機会を与えられる。この時もまた、1人ずつ順番に発言し、話し合いや返答は認められない。最後の1人が感想を述べた後、ミーティングは終了する。

以上、仮想ガバナンス・ミーティングに参加して、通常は目に触れないが、組織の屋台骨であるガバナンスの役割を垣間見ていただけたと思う。また、ホラクラシーのガバナンス・ミーティング・プロセスがどんなものか、感触を掴んでいただけただろう。

ガバナンス・ミーティングで想定される提案や統合のうちで、これはかなり単純な例だ。テンションを解決するためにもっと複雑な提案が必要なこともあって、そういう場合は、複数のロールとポリシーにいくつもの変更が提案される。その過程で、有効なものも無効なものも含めて、反対意見もたくさん出る。

6章で、反対意見の有効性を検証する方法や、ガバナンス・プロセスを脱線させ、秩序を乱す恐れのある行動の扱い方についても検討しよう。今のところは、次のことだけ心に刻んでもらいたい。「ガバナンス・ミーティングとは、特定の仕事を実行したり、具体的な事柄を決定したりすることではなく、組織の型と構造を進化させ、どんなふうにみんなが一緒に働くかを決めるもの」

そうは言っても、ガバナンス・ミーティングでオペレーション上の事柄について一切話さないというわけではない。ガバナンスの提案は、前述の例のように、通常は特定のオペレーション上のニーズや出来事が発端となっている。

何かがうまくいっていなくて気になる場合、そこには、ガバナンス・ミーティングで明らかにされるべき改善の可能性が潜んでいるものだ。オペレーション上の事柄が提案された時に、ガバナンスとして有効な成果を生み出すポイントは、特定の事柄だけに注目するのではなく、根底にある構造へと——関係するロールや、それぞれのロールのパーパス、アカウンタビリティ、ドメインへと——視点を移すことにある。

ガバナンス・ミーティングでは価格自体は決められないが、「価格設定のアカウンタビリティを担うのはどのロールか」「プライシングモデルを運用するのはどのロールか」「価格変更にあたり、相談すべき他のロールは何か」といったことは決められる。組織がスムーズに回るためには、そういう事柄を明確にすることが不可欠だ。

ガバナンスの問題に集中的に取り組むためにきちんと確保された場がなければ、日々のオペレーションで手いっぱいで、ガバナンスにまで手が回らないという状況に陥りやすい。そうなると、組織は昔通りの型から一向に抜け出せない。定期的なガバナンス・ミーティングはこの型を打ち破り、組織の明確さと迅速な柔軟性を劇的に向上することができるのだ。

ガバナンスによって物事が明確になる

ガバナンス・ミーティング・プロセスは、さまざまなモノの見方を統合し、明確さを追求するのに役立つ一方、このプロセスがもたらす真の変化は、その成果によって、ミーティング後の日々の活動が形づくられる点にある。ガバナンスから生まれるロールとポリシーは、ホラクラシーの権力分配型システムの鍵であり、組織のデザインのDNAなのだ。

ところが、当事者が自分のロールに与えられた権限が何かを完璧に理解していないと、すべてが台無しになってしまう。そんなことにならないよう、ロールを定義することの根本的な意味を再確認して、ロールに明確さをもたせるために、次に挙げるシンプルなルールを活用してほしい。

あなたが何らかのロールを担う場合、手持ちのリソースを使ってできるだけうまく、ロールの**〈パーパス〉**を実現したり、**〈アカウンタビリティ〉**を実行に移したりするために、あなた自身が有益だと判断する行動を取る**〈権限〉**を獲得する。ただし、他のロールの**〈ドメイン〉**を侵害してはならない。

具体例を使って、このルールを説明しよう。以前、ホラクラシー・ワンの広報サークルには、「インターネットにホラクラシーの花粉を運ぶこと」というパーパスを持ち、親しみを込めて「ソーシャルメディア・バタフライ」と名付けられたロールがあった。そのアカウンタビリティの1つは「当社の製品に関心を持ってもらえるような、すばやく視聴できるコンテンツを製作あるいは調達し、ソーシャルメディアとユーザー参加型ウェブサイトに投稿している」というもの。

このロールは、広報サークルのガバナンス・ミーティングで新設され、リードリンクはパートナーのオリビエをこの担当にアサインした。そこでオリビエは、「バタフライ」のパーパスに一番ふさわしく、そのアカウンタビリティを最もよく実現できる活動とは何かを自分で判断できることになった。と同時に、彼の活動が他のロールのドメインを「干渉」しない限り、そういう活動を実行に移す全権限（誰の許可も必要ないということ）を与えられたのである。

例えば、「ソーシャルメディア・バタフライ」のオリビエは、ホラクラシーに関する誰かのブログにコメントを投稿することに関しては、自由に意思決定できる。でも、会社のフェイスブック

ルールの例

ソーシャルメディア・バタフライ

パーパス
インターネットにホラクラシーの花粉を運ぶこと

ドメイン
ホラクラシー・ワンのソーシャルメディア・アカウント

アカウンタビリティ
- ホラクラシー・ワンの市場の興味を引くような、すばやく吸収できる面白いコンテンツを創作あるいは調達し、ソーシャルメディアに投稿している。
- ソーシャルメディアと、ホラクラシー・ワン以外のウェブサイトにおける、ホラクラシーについての誤解に対応している。
- ソーシャルメディアを確認し、投稿されたコンテンツに関するフォロワーのコメントを適切な担当者に回すか直接対応している。

担当者

オリビエ

に、当社の認定研修のためのスライドのリンクを投稿することはできない。なぜなら、「認定研修のスライド」というドメインは、プログラム・デザインのロールに属しているからだ。このスライドに関して、ソーシャルメディア・バタフライのオリビエの権限には制約がある。つまり、予めプログラム・デザインの許可を得ないと、スライドのリンクを投稿するという行動を取ることができないのだ。

逆に、広報サークルの他の人たちは、自分のロールのパーパスとアカウンタビリティを実現するために役立つと判断する行動を取れるが、会社のフェイスブックのページに何かを追加したい場合には、ソーシャルメディア・バタフライであるオリビエの許可が必要だ。なぜなら、「ホラクラシー・ワンのソーシャルメディア・アカウント」というドメインはオリビエの担うロールに属しているからである。

このように、ドメインとは所有権のようなものだと考えればいい。そうすると、ホラクラシーを実践するための大まかなルールがもう1つ見えてくる。

「自分の所有物（ロールのドメイン）を使って、何をどうしようとも本人の自由だが、隣人の所有物に許可なく干渉してはならない」

このルールを拡大してサークルにも適用できる。

「あるドメインがサークルの運用対象として認められている場合、なおかつそのドメインがサークル内のロールに移譲されていない場合、そのドメインはサークル内のすべてのロールの『共有の所有物』とみなされ、サークル内の誰もが使用できる」

この場合、ドメインは家族共有の自家用車みたいなもので、家族の誰もが自由に使えるが、隣人は許可なしには使えないということだ。

権限の定義と範囲を決める――ポリシー

サークルの仕組みを決めるガバナンスの主たる構成要素には、ロールの他、ロールを定義するパーパス、ドメイン、アカウンタビリティがあるということをここまで話してきた。ここで、もう1つ、ガバナンスのアウトプットとして定義すべきものがある。それは**〈ポリシー〉**だ。

ホラクラシー憲章では、この言葉に特別な意味が与えられていて、誰もが「ポリシー」と聞いて思い浮かべるものが除外されている。ホラクラシーでは、ポリシーとは「サークルやロールのドメインに影響を与える権限を認めたり制限したりするもの」と定義する。

つまり、サークルの管理下にあるドメイン（所有物）において、サークルはガバナンス・ミーティングでポリシーを設定して、サークル外部のロールがその所有物に影響を与えることを認めたり、あるいはサークル内部のロールに対して、その所有物に影響を与えることを何らかの方法で制限したりできるのだ。

例を挙げてみよう。私の顧客だったコンテンツ発行会社では、マーケティング・サークルに「会社のウェブサイト」というドメインが与えられていた。この場合、通常なら、マーケティング・サークル以外のロールは、ウェブサイトに影響を与えることができない。しかし、マーケティング・サークルは、ガバナンスを通じて、サークル外部のいくつかのロールに対して、特定のコンテンツを編集することを認めるポリシーを採用した。その結果、イベントを主催するサークルは、ウェブサイトでイベント情報を自由に更新できることになったのだ。

また、マーケティング・サークルは、ウェブサイトに影響を与える方法を制限したほうがいいと思うなら、そういうポリシーを採用することもできる。例えば、ウェブサイト・エディターの承認なしには誰もコンテンツを掲載できないように、ポリシーを使って制限すればいい。ただし、ドメインに影響を与える権限を認めたり制限したりすることを除けば、ポリシーは決定に適したツールではない。価格設定など特定のオペレーション上の事柄や、みんなが向かうべき方向性を指示するような形でポリシーを使ってはならない。

大抵、こういうものはホラクラシーのポリシーの定義に合わないし、ガバナンス・ミーティングの有効なアウトプットではない。また、本来はアカウンタビリティとして定められるべきものをポリシーとして採用しないよう、注意が必要だ。ポリシーは、上述の例のように、特定のどのロールが行ってもよいことや、そのやり方を制限できる。しかし、誰かが何かを絶対にやるべきだと期待されることなら、それはポリシーでなく、アカウンタビリティとするべきだ。

サークルがガバナンス・ミーティングでポリシーを定められるのと同様に、ロールも運用下のドメインに対してポリシーを定めることができる。

例えば、先ほどのコンテンツ発行会社のマーケティング・サークルが、ウェブサイト・ディレクターのロールに「会社のウェブサイト」というドメインを設定した場合、そのドメインに対するガバナンスの権限は、サークル全体からウェブサイト・ディレクターという特定のロールへ、正式に移譲される。そこで、ウェブサイト・ディレクターは、サークルのガバナンス・ミーティングの枠外で（というより、ただ1名で構成される、ロール自体のガバナンス・ミーティングの枠内で）、ウェブサイトに関するポリシーの作成や変更の権限を持つことになる。

サークルは後でそのドメインをウェブサイト・ディレクターから取り上げて、移譲を解消することができるが、それまでは、ウェブサイトを運用し、誰がどのようにウェブサイトに影響を与えられるかに関してポリシーを決めるのは、ウェブサイト・ディレクターの役目である。

パーパスに沿っていれば個別対応もOK

ガバナンスを通じて組織をどれほど明確にしようとも、自分のロールに認められた権限外で、緊急の対応を要する状況が発生することがある。そういう場合、あなたならどう対応するだろう？ミーティングを招集するどころか、他の人に相談する暇さえなかったら？

例えば、昔こういうことがあった。私は、他社に先を越される前に、あるウェブサイトのドメイン名を登録しなければならない、という差し迫った状況にあった。当時私が働いていた会社では、ドメイン名の取得はすべてＩＴのロールが行わなければならないという決まりがあった。しかし、これは週末に発生したことで、もし私が月曜まで待っていたら、重要なチャンスを逃してしまったはずだ。

もっと最近の話では、同僚がオフィスに飛び込んできて、会社主催のイベントで使う部屋割りを変更したのを目撃した。彼女が担うロールにはそれを行う権限はなかったが、土壇場になって、ゲストがもっと快適になるように配慮したのだ。同僚は、他人のロールを侵害していることを自覚していたが、テンションを感知し、正式な担当者が捕まらなかったので、部屋の変更は会社のために正しいことだと決断したのだった。

このようなケースでは、ホラクラシー憲章で**〈インディビジュアル・イニシアチブ（個別の緊急対応）〉**が認められている。要は、ルールを破るためのルールがあるのだ。インディビジュアル・イニシアチブのルールによると、正式な権限の範囲外で行動することは、次の条件を満たす場合に限って認められ、憲章違反だとはみなされない。

1　その行動を取ることにより、組織のために解決されるテンションのほうが、放置した場合に生まれるテンションよりも大きいと判断できること。

2　通常の手続きで必要とされる、他のロールからの許可を取る時間がないこと。

3 その行動により、組織のリソースや資産が、通常あなたが費やす権限のある範囲を超えて費やされないこと。

以上は要約されたバージョンなので、すべての条項と詳細は憲章を参照してほしい。ルールを超えた行動が認められるには、必然的に満たされるべき条件がある。もし個別対応を取るなら、影響を受けるロールに知らせること。また、彼らの要求に応じて、個別対応によって生じたテンションに対応するよう、修復対応を取ること。さらに、同じ個別対応を繰り返す場合は、組織の構造にそのパターンがしかるべく取り込まれるように、その対応を何らかのロールのアカウンタビリティとして追加することをガバナンス・ミーティングで提案するか、正式な構造の枠外で行動することがなくなるような、別の方法を見つけなければならない。

仕事はロールに奉仕する神聖な活動

ここまでの話をまとめると、ホラクラシー憲章は、人間社会全体の根底にある2つの要素を組織に取り入れている。1つは、明確なガバナンス・プロセスを通じた**〈法の支配〉**。もう1つは、明確に定義され、さまざまなロールに分配されたドメインに関わる**〈所有権〉**。

こうした特徴により、日々の社会生活で馴染んでいる相互に連結された自律性が実現するのだが、重要な違いが存在する。それは「ドメインは**あなたのロール**に所有権を認めるのであって、**あなた自身**に所有権を認めるのではない」という点だ。

ホラクラシーを実践した組織で何らかのロールを引き受ける場合、あなたが負う責任は世話役のようなものだ。ロールを運用するのは自分のためではなく、あくまでも役目のためである。あなたの仕事は、ロールの所有物を運用し、ロールのパーパスのためにロールの持つ権限を使うことで、ひいては、それがサークルのパーパスにも、結局は組織全体のパーパスにも役に立つ。

ロールの担当者としてのあなたの責任は、親が子供を養育する責任のように、自分以外の存在がこの世界で歩んでいけるように尽くすという、神聖な務めになる。あなた自身の自由意思で行われる、利他的な愛と奉仕の行動なのだ。

Chapter 5

日々の活動を進めよう

口説き落とされたらそれでもうお終い。
喜びは事の最中にあるものだから。

——ウィリアム・シェイクスピア
『トロイラスとクレシダ』

私がソフトウエアのリーン開発の世界で学んだ教訓の1つは、「スピードアップの鍵は減速にあり」だ。

ガバナンスを行うことは減速に当たる。日々の仕事からしばし離れ、組織の型を向上させることに時間を割いて、さまざまなモノの見方を尊重し、それらを統合する。しかし、仕事を離れるのはオペレーションをスピードアップするためであり、優れたガバナンスが実現するものはまさに、より一層効果的に、効率的に、生産的に仕事を毎日こなすことなのだ。

ガバナンスによって、自分のアカウンタビリティと権限を明確に理解できるようになるので、自分に期待されることや他の人に期待してよいことがわかり、自分のロールをよりうまく担えるようになる。トップダウンの、予測と管理方式の従来型の組織では、不明確さが原因で数え切れない時間が失われるが、優れたガバナンスを持つ組織ではそういう無駄がない。

また、働く人たちはそれぞれにやりがいを見つけ、それを追求する自律性と権限を与えられる。こうして、正真正銘、権限を移譲された人材は、仕事を進める力を存分に発揮できるようになる。明確なガバナンスがあれば、他人の指示を待つ必要はないし、プロジェクトを進めるために根回ししたりコンセンサスを得る必要もない。自分のアカウンタビリティは何か、誰から情報を得る必要があるかが、はっきりわかっているからだ。明確なガバナンスによって、あなた自身が最良の判断を下しながらロールに生命を吹き込み、仕事を行う権限が与えられる。

また、これらの要素があまり明確でないと感じた場合には、あなたの判断で一時的にギャップを埋めることができる。その後、次のガバナンス・ミーティングでチームのみんなとガバナンスを改善し、明確さを高めればいいのだ。

ホラクラシーでは、ガバナンスの枠外で発生することすべてが〈**オペレーション**〉の領域に入る。オペレーションとは、与えられたロールを担い仕事をこなすためにガバナンスで規定された構造を使うこと。また、ガバナンスが描いた〈**ロールレーションシップ**（**ロール同士の関係**）〉に基づき、他のチームメンバーと仕事を効果的に協調させることでもある。

もし、他の誰かが何かを怠ったためにあなたが仕事を進められないなら、彼らのアカウンタビリティや彼らに期待できることを、ガバナンスの記録で確認すればよい。もし、行動を起こしていいかどうかよくわからない場合も、ガバナンスの記録を見れば、自分だけで判断できる権限があるのはどんな行動か、守るべき制約は何かが書かれている。

また、確かに権限はあるが、誰かにテンションを生じさせるかもしれないと心配になることもあるだろう。しかし、どんなテンションが生じても、次のガバナンス・ミーティングで、組織の学びに置き換わることがわかっているし、そもそもチームの意見であなたにその権限が与えられたのだから、安心して行動を起こすことができる。

ホラクラシーでは、ガバナンスを通じて生み出された基礎的な構造に、さらにオペレーション上の区別や、ルールや、手軽なプロセスが含まれているので、チームが協力して仕事を進め、ロールを実現することを支えている。ある程度の経験を積めば、驚くほどの生産性を実現できるだろう。

アレクシス・ゴンザレス＝ブラックは、このことを見事に明らかにしてくれた。ザッポスがホラクラシーを本格的に実践し始めた時、彼女は「ホラクラシー推進サークル」で複数のロールを担当していたが、このサークルは、社内のファシリテーターの研修や、４００を超える新しいサークルの立ち上げをサポートする、かなり大掛かりなプロジェクトに取り組んでいた。ゴンザレス＝ブラックは次のように話してくれた。

「このサークルは膨大な成果を挙げています。認定ファシリテーターの数を8カ月足らずでゼロから63人にまで押し上げたし、品質管理のプログラムとポリシーを新たに作成して実践しました。さらに、年末までに会社全体をホラクラシーで回すことを目指すため、部門規模のホラクラシー実践の推進者をサークルに受け入れました。意表を突かれたこと？　それは、サークル内でロールを担当する人のほとんどが、自分の時間の5％程度しかこのサークルの仕事に費やしていないことですね。みんなが自分の時間をほんの少しずつ出し合って、こんなに大きなことを成し遂げる能力は、まさにホラクラシーの証しです」

ホラクラシー流のオペレーションの世界をさらに探索しつつ、いったいどうやったらこんなにすごい生産性が実現できるのか、それを支える主要なプロセスとルールをさっそく紹介していこう。

なかなか進まない状況を打開する

できるだけ回り道せずに仕事を進めるには、達成したい成果と、そこに到達するための次のステップは何かを明確にすることだ。ホラクラシー憲章では、達成すべき成果を**〈プロジェクト〉**、そして少なくとも競合する優先事項が存在せず、今すぐ実施できる具体的な現実の行動を**〈次のアクション〉**と定めている。

この定義は、『ストレスフリーの整理術』著者のデビッド・アレンに拝借させてもらった。効率のよい個人の整理術について、私が知っていることはほとんど彼に教わったものだし、ホラクラシーの開発にあたっては彼の業績が重要な影響を与えている。デビッドは次のように説明する。「実際にはプロジェクトそのものを『実行する』のではなく、それに関わる段階的なアクションをこなしていくだけなのだ。適切なアクションを次々に取っていくと、ある時点で、あなたが最初にイメージした成果に匹敵するものが生まれているだろう。その状況がイメージに十分近ければ、プロジェクトの『完了』になるのだ[11]」

例えば、以前、自宅のガレージが散らかり放題だったことがあり、私は「ガレージを片付ける」という次のアクションを取ることにした。ところが、いざ時間が空いて、ガレージの片付けに取りかかれるチャンスが来ると、心が回れ右してしまう。ただもうやる気が萎えて、ガレージ以外のことに注意が向いてしまうのだった。

私の問題は、「ガレージを片付ける」というのが、次のアクションではないことだった。それは、達成したい成果であり、いくつもの具体的なアクションを取らないと完成できないもの、つまり、プロジェクトだったのだ。やる気が出なかった理由は、プロジェクトを進めるための具体的な次のアクションは何かを検討して、きちっと決めておかなかったことにある。その辺を明確にすることを人の心は頑なに拒むもので、意識して無理やりやらないとダメなのだ。私は散らかったガレージを見つめるだけでは、そんなに強い意志を保てなかった。

デビッドも釘を刺している。「人は、プロジェクトリストをつくることを毛嫌いする。優れたビジョンを持つ人たちは、立派なアイデアを具体的な要素に落とし込んで明確にすることが苦手だし、忙しい人たちは、それだけ活動して実際に何を達成しようとしているのかを明確にしたがらない。でも、これは最も機能的で最も重要なリストであり、これがないと、細々とした実務的な物事であふれた人生の現実にのまれてしまうのだ[12]

「ガレージの片付け」をプロジェクトとして捉えた途端、本当の次のアクションが見つかった。そこに至る思考回路はこんな感じだった。「ガレージの段ボール箱はリサイクルしたいが、ゴミ収集車で回収してもらえないほど量があるから、リサイクルセンターを探さないといけない。街のどこかにあったはずだ。きっと街のウェブサイトに出ているぞ」。そこで、私の次のアクションは「リサイクルセンターを検索して受付時間と所在地を確認すること」となった。

プロジェクトと次のアクションを明確に区別したら、ぐずぐずと後回しにしたい気分が吹き飛んだ。実際、次のアクションは簡単にできることだったし、すぐに達成感が得られそうだった。これを済ませてから、また次のアクションを見つけ、その後また別のものを、と続けていったら、いつしかガレージはかなりきれいに片付き、しかも途中でくじけそうになることもなかったのである。

プロジェクトと次のアクションを切り離して考えたのがよかった。おかげで、最終的なゴールを見失わずに、やるべきことを1つずつこなしていけた。そればかりでなく、やるべき仕事をすべて頭の中で保留しておく必要がないので、ストレスと精神的なエネルギーの無駄が省かれた。その分、一瞬一瞬に完全に身を入れて集中できたのである。

プロジェクトとアクションのリストを別々に管理していると、もっと大事なことに頭を使うことができる。こんなに簡単なことだけれど、私が出会う経営者たちの中には、不必要に仕事にのまれている人や、実力以下の生産性しか発揮できない人たちがなんとも多いのだ。その一因はプロジェクトと次のアクションとを区別していないことにある。

ホラクラシー憲章は、その基本的な区別を取り入れている。ホラクラシーの初心者にとって違いが際立つように、特定の形式でプロジェクトを書き表すことをお勧めする。**それは○×式に書いた場合、現在は×だがプロジェクト完了時には○になる形で書き表すこと**。

こうすると、実際の成果は何かを明確にせざるを得なくなり、みんなが「プロジェクト完了」の状態をイメージしやすくなる。例えば、プロジェクトをただ「新しいウェブサイト」という名前でリストアップするよりも、実際に目指している成果に即して「新しいウェブサイトの完成」「新しいウェブサイトの立ち上げ」などと表したほうがいい。「顧客のトレーニング」の代わりに「すべての顧客が新しいツールを習得すること」と表してみよう。前者の表現は曖昧になりがちで明確さに欠ける。後者なら次の単純な質問をすることができる。「このプロジェクトはもう完了したか？　まだなら、完了させるための次のステップは何か？」

プロジェクトと次のアクション

- プロジェクトとは「望まれる成果であり、複数のアクションを段階的に行うことを必要とするもの」
- 次のアクションとは「現状を完成に向かわせるために必要な、次に取り組むべき、現実の、目に見える活動」

出典：デビッド・アレン『ストレスフリーの整理術』

誰もが自律的に動く

ホラクラシーによる真の権限分配により、断固たる行動を取る明確な自律性が組織中の人々に与えられ、オペレーションの舞台が様変わりする。ただし、その自律性に伴って自己を管理する責任も増す。実際、ホラクラシー憲章の下では、アサインされたロールを引き受ける人は、特定の約束事も担うことが明示されている。例えば以下のようなものだ。

- **テンションの感知と対応**——利用可能なさまざまなチャネルを通じて、ロールのパーパスとアカウンタビリティの周辺でテンションを感知し対応する。
- **アカウンタビリティの実行**——ロールのアカウンタビリティを果たすために、取りうる具体的な次のアクションを定期的に見直したり、取り組みうるプロジェクトを策定したりしながら、アカウンタビリティを実行する。
- **プロジェクトの進行**——ロールの各プロジェクトを進めるための次のアクションを定期的に見直す。
- **プロジェクトと次のアクションの記録**——ロールのプロジェクトと次のアクションのすべてを、あなた自身の頭の中だけでなく、データベースのような目に見える形に記録し、他の人も参照できるようにする。

● **注目先とリソースの活用**——総合的に考えて、注意を向け、リソースを活用するのに最も値する次のアクションやその他の行動を、意識的かつ継続的に選択し、その行動を実行する。

誰もがこうした責任を果たせるようになるには、個人の自己組織化が必要になる。手の届くあらゆる選択肢の中から、どんな時も最も適切な行動を意識して選べるようになる、手軽で柔軟な習慣を身につけることが必要だ。頭の中も未対応箱も「いろんなもの」でぱんぱんで、どうにかしなきゃならないとわかっちゃいるけど一向に片付かない、という毎日を過ごしていたのではむずかしくなってしまう。

そういう仕事の中から、次にやるべきことをさくさくと自信を持って選べるようなシステムを使って、現実の一覧表に、対応できたすべての仕事が着実に加えられていく必要がある。ホラクラシーでは上述の基本的な要件を満たすような、特定のシステムを指定せず、自分で見つける必要があるとしている。いずれにせよ、優れたシステムと、それに沿った新しい習慣がともに必要になるだろう。

サークルメンバーの約束事

個人はロールの担当者としての基本的な責任に加えて、同じサークルのメンバーに対して特定の約束事も担っている。例えば、プロジェクトやワークフローについての〈**透明性**〉を保つこと。サークル内の他のメンバーに依頼された場合、リクエストやアカウンタビリティやプロジェクトに〈**対応**〉すること。自分の時間、労力、その他のリソースに〈**優先順位**〉をつける特定のルールを受け入れること。全詳細は憲章に書かれているが、概要は以下の通りだ。

〈透明性に関する約束事〉

「透明性に関する約束事」は、チームの連携のために特に重要だ。各サークルメンバーは、他のメンバーに対し、リクエストに応じて以下の事柄に関する透明性を確保することが期待されている。

1　**プロジェクトと次のアクション**——サークル内で担うロールに関して、進めているプロジェクトと次のアクションを共有している。

2　**相対的な優先順位**——他の活動と比較して、進めているプロジェクトや次のアクションの相対的な優先順位について自分の判断を共有している。

3 **展望**――現在与えられている情報から見て、プロジェクトや次のアクションをいつ完了できそうか、大まかな見積もりを共有している。

4 **チェックリスト項目とメトリクス（指標）**――リードリンクからリクエストされたメトリクスと、他のサークルメンバーからリクエストされたチェックリスト項目について、タクティカル・ミーティングの場で共有している。これに関しては、後ほどこの章で詳しく検討しよう。

〔対応に関する約束事〕

「対応に関する約束事」とは、ロールに対する約束事に加えて、他のサークルメンバーからのメッセージやリクエストを対応するアカウンタビリティもある、というものだ。具体的には、

1 **アカウンタビリティとプロジェクトの対応**――アカウンタビリティやプロジェクトに対応するようリクエストを受けたら、それを対応して次のアクションを取るか、アクションが取れない場合は、その前に何がなされるべきなのかを明確にする必要がある。

2 **プロジェクトと次のアクションのリクエスト**――具体的なプロジェクトや次のアクションを引き受けるようリクエストを受けたら、そのリクエストを検討し、それが自分のアカウンタビリティのいずれかに適合するならば、その仕事を引き受ける必要がある。

3　**ドメインに影響するリクエスト**――同じサークルのメンバーから、あなたが運用するドメインに影響を与えるようなリクエストを受けたら、そのリクエストを検討し、もし却下する場合は、提案された行為が損失を生む理由を説明する必要がある。

〔優先順位づけに関する約束事〕

「優先順位づけに関する約束事」は、あなたの時間や労力、その他のリソースの配分方法を、次に挙げるルールを使って制約するものだ。

1　**割り込み対応**――同じサークルのメンバーから入ってきたメッセージやリクエストの対応を、あなた自身のロールが持つ次のアクションを実行することよりも優先する必要がある。ただし、時間の制約がある仕事を除く。この義務の範囲は、明確な次のステップに落とし込むところまでであり、そのステップを実行することまでは含まない。

2　**ミーティングのリクエスト**――同じサークルのメンバーから、ガバナンス・ミーティングまたはタクティカル・ミーティングへの出席を求められた場合、ミーティングへの出席を、仕事を終わらせることよりも優先する（1同様、時間の制約がある仕事を除く）。

3　**個人のゴールよりサークルのニーズ**――リードリンクが設定する「戦略《ストラテジー》」に沿って優先順位を決める必要がある。この件については後の章で取り上げよう。

タクティカル・ミーティングの進め方

私のビジネスパートナーの1人が言うように、「ホラクラシーがあれば、何ものにも仕事を邪魔されない」。この言葉は**ミーティングにかけるべきでないもの**を検討する時に有効な呪文だ。もし、自分が次にやるべきことがわかっていて、邪魔するものがないなら、それをやればよい。もし、プロジェクトを進めるために相談すべき人物がわかっているなら、その人と話せばいい。

しかし、自分が何をすべきかよくわからなくて助けが必要な場合や、多忙な週で、適切な人たちと連携するチャンスがなかった場合、頼みの綱は**〈タクティカル・ミーティング〉**だ。これは、その週に起こったことをチームメンバーで同期したり、前進を妨げている問題について次のアクションを決めたりするために、テンポよく進められる話し合いの場である。

タクティカル・ミーティングでは、オペレーション上の問題を話し合ったり、他のロールが取り組んでいるプロジェクトの最新情報を得たり、自分のプロジェクトの最新情報を報告したり、必要な時は協力を求めたりすることができる。

タクティカル・ミーティングでは、**〈チェックイン〉**が済むと、まず、サークルの現状を把握するため、情報を引き出すことを狙いとしたいくつかの手順を踏む。それがチェックリストとメトリクスの確認、およびプロジェクトの進捗状況の共有で、私はこれをミーティングの前置きと呼んでいる。次に、アジェンダがぶっつけ本番でつくられる。アジェンダは、ミーティングで取り組むべき具体的なテンションで構成される。サークルのゴールはアジェンダを1つずつ順番に対応し、リストアップされた項目に所定の時間内にすべて対応し終えることだ。

このミーティング・プロセスを使うと、それほど熟練していないサークルでも、かなり確実に十分な成果を上げることができる。

タクティカル・ミーティングがどんなふうに進んでいくか、先ほどのベター・ウィジェット社のプロセスを追ってみよう。**〈チェックイン〉**はガバナンス・ミーティングと同じ形式だ。その後、タクティカル・ミーティングでは**〈チェックリストの確認〉**に進む。

「チェックリスト」とは、チームメンバーが定期的に実行することになっている行動のリストだ。その頻度は、毎週、毎月、その他さまざまだが、このステップの目的は、定期的なアクションが、ミーティング直前の期間に完了しているかどうかを知らせることにある。チェックリストの項目はロールの担当者本人が自分で決めてもいいし、他のサークルメンバーがロールの担当者にリクエストすることもできる。

チェックリストはシンプルだが、定期的なアクションが一定期間ごとに完了されたことを確認するための強力なツールだ。少なくとも、チェックリストに追加するよう

情報の視覚化

ホラクラシーでオペレーションの能率を高める鍵の1つが、現状のプロジェクトや、チェックリスト、最新のメトリクスが簡単に確認できるように、共有スペースを作成して表示することだ。ホラクラシーではこれを「ビジュアル・マネジメント・システム」と呼んでいる。壁にコルクボードを掛けて物理的なスペースを作ってもいいし、企業内ネットワーク、共有された表計算ソフト、プロジェクトのトラッキング機能を持つウェブアプリなど、仮想のスペースを使ってもいい。

タクティカル・ミーティング・プロセス

1	**チェックイン** 神聖な場であり、雑談はNG。今この時この場に集中し、ミーティングの土台を築く。	GOAL	**気になっていることに意識を向けて共有し、今ここに集中する**
2	**チェックリストの確認** ロールが繰り返し行う行動のチェックリストをファシリテーターが読み上げる。参加者はミーティングに先立つ期間（前週など）に関して、各項目のそれぞれに「チェック」または「ノーチェック」と回答する。	GOAL	**定期的なアクションに透明性をもたらす**
3	**メトリクス（指標）の確認** メトリクス（指標）を担当しているロールが順に、最新のデータを手短に報告する。	GOAL	**現状のイメージを固める**
4	**進捗状況の共有** ファシリテーターは、各プロジェクトを読み上げ、「何か進展はありましたか?」と質問する。プロジェクトの担当ロールは「進展なし」と答えるか、前回のミーティングから、進展したことを共有する。質問は認められるが、話し合いは行わない。	GOAL	**サークルの主要なプロジェクトの進展を共有する**
5	**アジェンダづくり** 参加者は、対応したいテンションのアジェンダ項目を1語か2語で追加する。	GOAL	**箇条書きでアジェンダをつくる**
6	**テンションのトリアージ** 次の手順でアジェンダに1つずつ対応する。 1 ファシリテーターが「何が必要ですか?」と質問する。 2 アジェンダの提案者は、必要があれば他の出席者に意見を仰ぐ。 3 リクエストされたり承諾されたりした次のアクションやプロジェクトがあれば記録する。 4 ファシリテーターが「必要なものは得られましたか?」と質問する。	GOAL	**すべてのアジェンダに所定の時間内に対応し終える**
7	**クロージング・ラウンド** 各参加者はミーティングの振り返りを共有する。話し合いはNG。	GOAL	**ミーティングで学んだことを確認する**

依頼された行動については確認できる。このミーティングの例では、マーケティング・サークルには「毎月メーリングリストの送付先にｅメールでニュースレターを送付する」というチェックリスト項目がある。ファシリテーターがそれを読み上げると、リードリンクが「チェック」と答える。

これは、前月分の行動が完了しているという意味だ。ウェブサイト運用のロールには「毎週ウェブサイトとデータベースのバックアップをとる」というチェックリスト項目がある。ファシリテーターがこれを読み上げると、ウェブサイト運用が「ノーチェック」と言って、手短に説明する。「ウェブサイトのバックアップシステムに問題があり、プロバイダーと対応中です」

別のサークルメンバーがコメントを挟む。「あのシステムはしょっちゅう問題が起きているから、いっそのこと……」。この時点で自由な話し合いは認められないので、ファシリテーターはすかさずさえぎって、「話し合いたいことがあれば、この場ではなく、トリアージのステップでテンションとして提案するように」と指示する。今は、すばやくデータを得ることが目的であり、そのデータに関するテンションを共有したり扱ったりする場ではないのだ。

次に**〈メトリクスの確認〉**に移る。ここで、チームメンバーは、サークルの現状がイメージできるように、最新のデータを速やかに提供する。各ロールが担当するメトリクスは、サークルのリードリンクが最終決定する。毎週報告するものもあれば、毎月や、四半期ごとに共有するものもある。

ベター・ウィジェット社のゼネラル・カンパニー・サークルの場合、月次のメトリクスには、ウェブサイトのヒット数、製品の販売数、収益、サポート契約に至った顧客数、サポート対応件数などが含まれる。このステップでは、メトリクスについてさらなるデータを引き出すような、明確にするための質問が認められている。しかしここでは、話し合いや、「こうしたらよいのでは」などの意見は控え、トリアージのステップでテンションとして提起することになっている。

例えば、製品営業のロールが製品の販売数を報告すると、マーケティングのリードリンクが「その販売数は、実施したばかりのeメールキャンペーンの成果ですか？」と尋ね、製品営業のロールが「ええ、そうだと思います」と答える。これはまともな質問だ。でもこのやりとりを踏まえて経理が「同様のキャンペーンを毎月実施することを検討したらどうでしょう」と提案しようとすると、ファシリテーターはさえぎって「トリアージのステップで提案してください」と伝える。

メトリクスの確認が済むと、ミーティングのプロセスは**〈進捗状況の共有〉**に移る。このステップでは、チームが進めている各プロジェクトをファシリテーターが読み上げる。ベター・ウィジェット社のプロジェクトには、マーケティングが担当する「新しいブログの公開」、製品設計が担当する「新しいスーパー・ウィジェットの設計」、顧客サポートが担当する「新規顧客による製品メンテナンス技術の完全習

情報の視覚化の例

チェックリスト

- □ ウェブサイトとデータベースのバックアップ（ウェブサイト運用ロール、毎週）
- □ 請求書の支払い（経理ロール、毎月）
- □ メーリングリストの送付先にeメールニュースレターを送付（マーケティングロール、毎月）

メトリクス

	3月	4月	5月
ウェブサイトのヒット数 ウェブサイト運用ロール	8,500	9,000	
製品の販売数 製品営業ロール	912	943	
製品のデザイン変更 製品設計ロール	7	6	
対応されたサポート事例 顧客サポートロール	49	51	
収益 経理ロール	18万$	15万$	

プロジェクト

- 法人税申告申告書の提出と支払　経理ロール
- 新しいブログの公開　マーケティングロール
- 新規顧客による製品メンテナンスの完全習得　顧客サポートロール
- 新しいベター・ウィジェットの設計　製品設計ロール
- 新しい設備の設置を完了　製品製造ロール

得」などがある。

1件ずつ、ファシリテーターは各プロジェクトの担当ロールに「何か進展はありましたか？」と質問する。そこで担当ロールは、前回のタクティカル・ミーティングから進展したことを共有する。ただし、一般的な現状報告をしてはいけない。私が思うに、一般的な現状報告を求められると、実際の進展具合に反比例して話が長くなるものだ。というのも、プロジェクトの現状について語れば語るほど、進展の乏しさからうまく注意をそらすことができるからなのだ。

そこで、このステップでは**変化した**ことだけに注目してもらう。プロジェクトに何も変化がなければ、担当ロールはただ「進展なし」と回答する。マーケティングのリードリンクは、「新しいブログはほぼ完成した」と言い、レプリンクがそれを補足する。「最初の数件の投稿をちょうど校正し終えたところで、もうすぐ投稿されるはずです」。製品設計は新しいスーパー・ウィジェットを設計するプロジェクトに関し、「進展なし」と報告した。顧客サポートは「新規顧客の中には休暇中の人たちがいる」と説明した後、彼らのための研修計画を詳細に述べようとするが、ファシリテーターはぴしゃりとさえぎって「それは進展がないということですか？」と尋ねる。顧客サポートはそれを認め「ええ、進展はありませんが、研修セッションのスケジュールを管理するシステムを改善したほうがいいと思います」と答える。

ファシリテーターは「その件はトリアージのステップで提案するように」と伝える。以上の「前置き」のステップは一様に、ただ情報を引き出すことだけが目標だ。さらなる情報を得るために、明確にする質問は認められるが、分析したり、解決したりする試みはトリアージまで待たなければならない。

前置き部分が終わると、チームはいよいよ次のステップに移る準備が整った。

〈アジェンダづくり〉では、アジェンダは例のごとくぶっつけ本番で構築される。ウェブサイト運用は「バックアップ・サービス」を議題に加える。マーケティングのリードリンクは「eメール・キャンペーン」を、顧客サポートは「研修の必要条件」を提議する。

前置きの段階で浮上したこういう項目に加え、通常は、前もって気がついて、ミーティングにかけたいと思っていた項目もある。経理は「価格の割引」を議題に加える。マーケティングのリードリンクは「ウェブサイトの停止時間」、ウェブサイト運用は「マーケティングの表現」を追加する。ガバナンス・ミーティングと同じように、アジェンダは話し合うべきトピックを表すのではなく、対応すべき具体的なテンションを表している。

また、テンションが全員のために解決されることを目指すのではなく、それを提起したサークルメンバーにとって解決されればそれでいい。もし、さらなる措置を取る必要があるなら、他の人たちは自分でアジェンダに加えればいいのだ。

次は**〈テンションのトリアージ〉**だ。個々のアジェンダは次の要領で対応される。提案者（アジェンダのオーナー）はみんなに意見を仰ぐ場を与えられ、テンションが解決するか、少なくとも前進するような、次のアクションやプロジェクトが割り当てられると終了する。こうして集中的に案件に取り組むので、タクティカル・ミーティングはすばやく効率的に進んでいく。まず、ファシリテーターはアジェンダの提案者に「何が必要ですか?」と質問する。そこで提案者は自由に協力を求めることができる。その間、ファシリテーターは、次のアクションやプロジェクトが受け入れられたかどうかに注意し、そういう成果が出たら、セクレタリーに記録するよう求める。

それでは、ミーティングのシミュレーションに戻り、一足飛びに、顧客サポートのアジェンダ「研修の必要条件」を取り上げることにしよう。ファシリテーターに何が必要かと尋ねられ、提案者は次のように説明した。「当社製品『スーパー・ウィジェット』の使用に関する応用研修にたくさんのお客様が申し込んでいますが、実は、必要条件となる基礎研修を受けていない人が多く、応用研修に十分な準備ができていないのです」

ファシリテーターは「何が必要ですか?」と質問すると、顧客サポートは次のように答えた。「次回の研修の前に、こういう方たちに基礎的な知識を身につけてもらう手段が必要です。本当に大切なお客様なので、既に申し込みが済んでいる以上、お断りするわけにはいきません。また、今後のために、参加者が研修に申し込む前に、必要条件を満たしているかどうかを確認できるシステムに改良することが必要です」

顧客サポートの最初のニーズに製品設計が対応する。「スーパー・ウィジェットについて基本設計情報をまとめたビデオはどうでしょう。私がさっと作りますよ。お客様にそれを見てもらえば、応用研修の下準備として役に立つはずです」。顧客サポートが激しくうなずいたので、ファシリテーターはそれを製品設計のプロジェクト「スーパー・ウィジェット基本設計ビデオの公開」として記録するようセクレタリーに伝えた。

顧客サポートの第二のニーズはもっと複雑だ。ウェブサイト運用によると、オンラインの研修申し込みシステムの設計を変更し、必要条件の確認を追加するためのリソースが現時点ではない。「とりあえず、手作業で確認するしかないと思います」とウェブサイト運用が提案すると、顧客サポートが「ではさっそく始めていただけますか」と返した。

困惑した表情のウェブサイト運用が反論しようと口を開くが、すかさずファシリテーターが割って入り、顧客サポートに質問を投げかける。「その活動は、

▼POINT　テンションが伝えられたとき

本文ではファシリテーターから提案者に対して「何が必要ですか？」と問いかけるようにしていますが、実践の初期段階では次のように促すと整理しやすくなります。

「そのテンションには次の4つのうちどれが必要ですか？

①次のアクションやプロジェクトのリクエスト
②情報収集やサポートのリクエスト
③情報を共有したい
④新しいアカウンタビリティやロールを作りたい」

④の場合は内容を聞き、記録をして、次回のガバナンス・ミーティングで扱うことができる旨を伝えます。①～③の場合は次のように問いかけます。

「そのテンションは、あなたが担当するどのロールから、他のどのロールへのテンションになりますか？」

このように、常に「そのテンションが関係するロール」を明確にしながら、テンションを挙げたメンバーのニーズが満たされていくように意識します。初期段階では、ロール名が不明確で、人の名前が挙がることもよくあります。そういう場合には、セクレタリーにロールの一覧表（よく使われる「GlassFrog」というツールではすぐに確認できるようになっています）を参照してもらい、テンションを挙げたメンバーが意識できるように誘うことが必要です。

少なくとも当面はウェブサイト運用に継続的にやってもらいたい、とあなたは考えるのですか？」

顧客サポートが肯定するとファシリテーターは話を続ける。「それなら、あなたは新しいアカウンタビリティを求めているようです。『誰かが実行することを期待できる継続的な活動』に当たるので。アカウンタビリティの追加はガバナンス・ミーティングでないとできないため、『ガバナンスに提案する』という次のアクションを引き受けていただけますか？」

顧客サポートは同意し、「この件を解決するために提案を作成し、次回のガバナンス・ミーティングにかける」というアクションが彼女に割り当てられた。

そこでウェブサイト運用が口を挟む。「ウェブサイト運用のアカウンタビリティにすべきかどうかはガバナンスで解決するとして、とりあえず次のガバナンス・ミーティングまでの間、私が力を貸しますよ」

ファシリテーターが顧客サポートに「必要なものが得られましたか」と尋ねると、肯定する返事が返ってきた。つまり、次のアジェンダに移る時が来た、ということだ。

次のアジェンダ「ウェブサイトの停止時間」の提案者はマーケティングのリードリンクだ。彼女はこう説明する。「先週、eメールのキャンペーンを開始した直後に、ウェブサイトがメンテナンスのために停止しました」

ファシリテーターは「何が必要ですか？」と尋ね、リードリンクは「ウェブサイト運用ロールは、ウェブサイトを停止する前に私に知らせてもらいたい」と答える。再びファシリテーターは、「それは、あなたがウェブサイト運用に期待していることですか?」と尋ね、「はい」と即答されたので、今度はセクレタリーにガバナンスの記録を出すよう依頼する。

もちろん、ウェブサイト運用に、現在そのようなアカウンタビリティが与えられているかどうかを確認するためだ。ファシリテーターは続ける。「記録によるとそのアカウンタビリティはありません。それをアカウンタビリティにしてほしいですか?」という問いに対して「はい」の返事を得たので、ファシリテーターはセクレタリーに依頼し、「そのアカウンタビリティを次回のガバナンス・ミーティングで提案する」ことが、マーケティング・リードリンクのアクションとして記録された。

ガバナンス・ミーティングが開かれれば、この問題をきっちり解決する機会が与えられるだろう。しかし、ファシリテーターはその前に何かしなければと感じて質問する。「ガバナンスで長期的に解決することとは別に、タクティカル・ミーティングの範囲で、当面の間あなたの感知したテンションの解決に役立つことはありませんか?」

リードリンクはウェブサイト運用に「現在計画されているウェブサイトのメンテナンスの予定を、マーケティング・リードリンクに送る」という次のアクションを引き受けるよう依頼する。ウェブサイト運用は同意し、セクレタリーはそのアクションを記録する。「必要なものは得られましたか?」とファシリテーターが尋ねるとすぐに「はい」の返事が返ってきた。

次のアジェンダはウェブサイト運用からの「マーケティングの記述」だ。最近、会社の製品ラインナップに新タイプの製品が加わり、彼はその製品を紹介するウェブページを製作中だが、製品について記述した原稿がないという。「何が必要ですか？」とファシリテーター。「製品の概要とユニークな特徴を数百字で記述したものが必要です」とウェブサイト運用。マーケティング・レプリンクが解決策を提案する。「その製品を取り上げた新しい記事をブログ用に書いたばかりなので、その原稿を利用したらどうですか？」。ウェブサイト運用がその解決策に満足したので、マーケティング・レプリンクは「ブログ記事をeメールで送る」というアクションを引き受け、ミーティングは続いていく。

▼POINT　議論の途中で次のような状況になったら

- もし、分析や議論が出尽くしたようなら……
  (提案者に対して)「ここで必要な次のアクションは何ですか？」

  「では、何が必要ですか？」と質問してください。
- もし、コンセンサスや同意を求めている雰囲気があるなら……
  「ここで意思決定する権限があるのはどのロールですか？」

  「ガバナンスで権限を明確にする必要がありますか？」

  と質問してください。
- もし、「上司」を探す人がいたら……
  「どのロールのことを言っているのですか？」

  と質問してください。
- もし、より幅広いパターンや定期的なパターンを変更する必要があれば……
  「これはガバナンスで取り組むべき問題ですか？」

  と質問してください。
- もし、既存のロールに新しく期待したいことが出てきたら……
  「それは継続的に期待したいことでしょうか？　もし、そうであれば、そのテンションをガバナンスミーティングで共有しますか？」と質問してください。
- もし、テンションを取り扱っている対話の最中に、他のメンバーが別のテンションを挙げて、最初のテンションが乗っ取られてしまうことが起こったら……
  ファシリテーターはすぐにプロセスを中断して、他のメンバーに、「そのテンションは後で扱うことができるので、アジェンダボックスに今、加えておいてください」と促してください。

このシミュレーションは、ホラクラシーの経験が比較的浅いチームの例だ。もっと熟練したチームメンバーだと、彼らの感知したテンションが、新しいアカウンタビリティの決定などのガバナンスの事項を指していることに大抵は気づいて、タクティカル・ミーティングにふさわしい事項に集中するだろう。

いずれにせよ、このプロセスを使うと、新しいチームでも、かなりテンポの速い集中的なミーティングが行える。単純明快なアウトプットを出すことが重視されながら、タクティカル・ミーティングはどんどん進行していく。また、アジェンダの提案者だけを満足させることを目標に、テンションに1つずつ取り組むアプローチなので、ミーティングが横道にそれることがない。ガバナンスの問題を切り離して進むので、ますますスピーディに、実務上のニーズにぐっと焦点が絞り込まれる。

ホラクラシー憲章の下では、ガバナンスに変更を加えるには、ガバナンス・プロセスを通すしかない。そこで、運用中の組織の型に関してテンションが表面化した場合や、継続的な期待を新たに設定したい場合には、優れたファシリテーターは必ず、次のアクションとして「その件をガバナンス・ミーティングにかける」ことを当事者に提案するだろう。ガバナンス・ミーティングなら、統合的プロセスがきちんと対応してくれるので、組織の構造に関わる深い問題に安心して変更を求められるのだ。

このように、タクティカル・ミーティングは、ガバナンス・ミーティング同様、選任

▼POINT　挙げられたテンションへの対応が完了したら

ファシリテーターは、「必要なものは得られましたか？」と問いかけて、テンションを挙げたメンバーのニーズが満たされているかどうかを確認します。必要なものが得られていない場合、テンションが未解決であるため、もう一度、「テンションが伝えられたとき」のプロセスを行います。

されたファシリテーターによって、ホラクラシーのルールに則って順調に進められていく。ファシリテーターのロールは「プロセスをしっかり守ること」。言いかえると、アジェンダの提案者の感知したテンションから実務的なアウトプットを出す、ただこの一点のみに集中するという決意を貫くことである。

また、必要に応じて、ガバナンスの記録や、ガバナンスで認められた期待や権限にも注意を払う。優れたファシリテーターは、アジェンダに対応している間、提案者に何度も戻り、「必要なものは得られましたか?」と確認するだろう。「はい」の答えが得られたら、すぐに次のアジェンダに移っていく。もし、話し合いをきっかけに、誰かが新しい課題を抱えることになった場合は、本人がアジェンダに追加すれば、そのテンションも平等に対応してもらえる。

ミーティングが終了すると、セクレタリーは記録されたプロジェクトと次のアクションのリストを全サークルメンバーと共有する。これはeメールでも、記録すると自動的にお知らせが送付されるようなツールでもいい。

仕事の期限はもういらない

オペレーションや仕事をこなすことに関して、最後に言っておきたい大切なこ

▼POINT　日々の活動のなかでテンションに対応していく

ホラクラシーの実践に慣れてくると、オペレーション上のテンションの取り扱いをタクティカル・ミーティングの開催まで待つ必要はなく、テンションに関係するロールを確認して、ローレーションシップ（ロール同士の関係）においてテンションを伝えて解決策を探っていけるようになります。結果、より迅速にテンションに対応することが可能となっていきます。

とがある。それは、仕事の期限を約束する習慣はもはや時代遅れだということ。ホラクラシーでは、日常レベルで、特定のプロジェクトや行動の期限を「切らない」のが常識なのだ。例えば、タクティカル・ミーティングでは次のアクションを決めるが、期限を切ることはない。なぜだろう？今日のビジネスの世界では、仕事の期限を約束する習慣をつけるようアドバイスするのがごく一般的だが、私はまったく逆の見方を披露しよう。期限の約束には重大なマイナス面があり、期限に頼ると、もっとダイナミックで、現実に根ざしたアプローチが覆い隠されてしまうのだ。

取るべき行動を決める際、必ず期限を聞いたり、提示したりすることのメリットだと考えられているのは、単純に次のようなことだ。それによって、「この人は本当にやるだろう」と他の人が安心感を増すし、当人のほうは「期日までにやらなくては」という意識が強まる。また、そういう約束を守れることを他の人に示していくと、時間とともに信頼が構築される。それは素晴らしいことだし、実際、いつ何時でもみんながただ、風の吹くまま気の向くままに仕事をして、誰も何も頼りにならない環境よりは、はるかにましだ。だから、あなたに仕事の期限を放棄させて、混沌の世界に引きずり込もうとしているわけではない。

ホラクラシーが機能している組織では、タクティカル・ミーティングやその他の状況で、あなたが担うロールの1つが次のアクションを引き受けた場合、定義上、以下の事柄を約束することになる。

1　その行動を着実に進めていく。

2　あなたの注意とエネルギーをどこに向けるべきか、絶えず分析しながら、引き受けた次のアクションと、あなたが取りうる他の行動とをきちんと比較検討する。

3　総合的に考えて、その行動があなたの取るべき行動の中で最も重要な事項になったらすぐ、意識的に実行する。

次にやるべき仕事を期日に従って選ぶと、ホラクラシー憲章の必要条件と相容れない場合が生じるが、憲章の定めは、あなたが約束する期限にどんな時も勝る。したがって、あなたの注意とエネルギーをより価値の高いものに費やそうと、絶えず意識を働かせながら選択した結果、約束の期限が守れないこともありえる。

憲章は、強く意識して優先順位を付けるよう高い要求水準を設定しているので、さっさと期限を切ってただひたすら期限内に仕事を終わらせるだけでは不十分なのだ。仕事の優先順位を付ける際に社外の期日を主要なデータとして参考にしても構わないが、それだけでなく、周りの状況やあなたが抱えている他のすべての仕事を考慮して、絶えず意識して考えることが求められるのである。

言い方を変えよう。現実は、よくよく練られた計画をぶち壊すことがままある。ワイルドで気まぐれな現実を、たとえなんとか一時的に手なずけたとしても、期日に頼るアプローチではまだ大きなコストとリスクを伴う。

例えば、私がミーティングである行動を取ることに同意したとしよう。あなたは私に「いつまでにできますか？」と尋ねる。私がちょっと考えて「火曜日まで」と答えると、あなたは満足し、こうして簡易の社会契約が成立する。ところが問題は、火曜日までにその行動を取ると同意した瞬間に、私の1日が24時間よりも長くなるわけじゃない、という点だ（そうだったらどんなにいいことか）。そこで、私の限られた時間の中で行うはずの、他のやるべき事柄のリストの中に、この行動がうまく収まる場所を見つけなくてはならない。

それは、他のさまざまなアクションを後回しにする判断を下したことを意味する。しかも、私がやるべきすべての行動を秤にかけて相対的な優先順位を決めたのならまだしも、そういう行動にちらりと目をやることさえしなかった。つまり、意識的に期限を約束すると同時に、無意識のうちに優先順位を決めていたのだ。

それだけではなく、私は新たなリスクも招いてしまった。組織全体のパーパスから見て、私にとって今この瞬間に取り組むべき最も重要なことかどうかにかかわらず、実質的に意味のない約束でも、約束を守るためにやらなければならないという状況に陥ってしまうかもしれない。

期限が飛び交っていると、ただなんとなく約束を追いかける状態に陥りやすく、いつでも最重要の行動は何かを意識して選択し、それに取り組むことができない。期限を切ったからといって、その行動がやるべき最重要なことだとは限らない。場合によっては仕事を中断して、最初に約束した時点では予期していなかったもっと重要な別の仕事に対応したほうがいいこともある。

もちろん期待を再設定して対応することもできるが、そうすると余計な手間がかかるし、その分コストがかさむ。期限を約束すると柔軟性が失われ、維持するために絶えずエネルギーを食う。さらに、油断ならないもう1つのコストが、迫り来る締め切りの重圧だ。精神的なストレス要因が増えるし、ふと気づけば自分で決めた「やるべきこと」と戦うべき現実との板挟みになっている。時には、締め切りを死守しなければと、限られた1日の時間の中から、仕事の時間をひねり出そうとすることがある。しかし、私たちにとって本当に貴重な休息時間を差し引いてしまうことは、負担が大きすぎて、長期的には続かない。

期限を切る習慣が楽なのは、現実が実際よりも予測可能で制御可能だと装うことができるからだ。これは一種の自己欺瞞であり、私たち人間にとってこの上なく心が安らぐものなのだ。そういう仕事のやり方が築く信頼も、この自己欺瞞を基盤としている。偽りの世界に他人を誘い込み、相手もまた、確実性が高いという感覚を抱いて安心する。これは少なくともある時点まではうまくいくが、ひどく危うい前提に立っている。

私は、ただ単に期限を約束するのをやめようと言っているわけではなく、その習慣に代わる効果的な方法を提案している。私生活でも職場でも生かせる効果的な方法だ。それは自分にできうるすべてのことを確実に把握できて、いつどの瞬間においても、あらゆる可能性の中から最も重要なことに取り組んでいる最中だと、常に自信を持って言えるだけでなく、あらゆることを意識して、何も見失うことのない方法だ。これを取り入れると、もはや自分が現実をコントロールしているという幻想にしがみつく必要はない。

まずは、意識を働かせることとフロー体験（目標だけに心が集中し、自分の能力を最大限に発揮して活動に没頭している状態。例えば仕事が波に乗っていて高揚感を感じる時のこと）を支える優れた個人の組織化のシステムを取り入れることが大切だ。そうすれば、透明性や、確かな展望（約束ではなく）や、自分の優先順位に影響を与える方法を他の人に提供することにより、信頼を築くことができる。予測可能だという幻想を同僚に与える代わりに（いっぱいいっぱいで仕事をしている時に限って安請け合いしがちなのだ）、現実から一瞬たりとも目を逸らさず、必ず最も重要なことに最初に取り組むプロセスに引き入れるのだ。

では、本当に予定に入れるべき、間違いなく存在する社外の期限についてはどうしたらいいだろう？　世間にはそういう期限がゴマンと存在し、いくらホラクラシーといえども魔法のようにその事実を曲げることはできない。だが、そういう期限に合わせて仕事をやりくりする方法や、あなたが期限に間に合うよう、他の人たちに協力させるやり方を変えることになるだろう。

ホラクラシーのルールでは、たとえ自分の仕事に期限があっても、誰かに対して将来の期日を約束させることはできない。したがって、あなた自身の期限に合わせるには、あなたのほうで当事者意識を強く持って、積極的に関与することが求められるのだ。あなたに時間的制約がある場合、「いつまでにやってほしい」と期限を切って他人任せにしてはいけない。そうではなく、あなたが必要とする成果を相手が出してくれるまでの間、彼らが持つさまざまな選択肢について質問し、例えば、あなたが関心を持つ行動の優先順位を上げてもらうなど、どれを選択するかに働きかけるのだ。

　またホラクラシーは、そういう選択や優先順位にあなたが影響を与えられるようにたくさんの道を用意している。例えば、この章で先ほど説明した、サークルメンバーの約束事を利用すればいい。「透明性に関する約束事」を利用すれば、主たる情報を入手し、進捗状況を確認することができる。「対応に関する約束事」を利用して、特定の重要な行動やプロジェクトを引き受けてもらえるかもしれない。「優先順位づけに関する約束事」とは、優先順位の問題をリードリンクに検討してもらい、リードリンクの決定に他の人が従うことを期待できるということだ。

　期限が迫っている場合、こういうルールやホラクラシーの他のプロセスを利用すれば、最終的には、しっかり責任を持ってあなた自身のニーズをコントロールできるだろう。また、対応が後手に回ると、他人の仕事にケチをつけたくなるものだが、同僚と早めに関わり合えば、仕事のパートナーとして働きかけることができるだろう。

　期限を切らない習慣への転換は、ホラクラシー全体のスタイルにも通じている。それは、**「人は具体的な成果を出すことに責任を持つのではなく、選択を行うことに責任を持つ」**というものだ。具体的な成果は、自分でコントロールできない多くの要素に影響される。でも、選択なら自分でコントロールできる。だから、具体的な成果を目指して努力している間に行われる**「選択」のほうに責任を持ってもらおう**、というのがホラクラシーの考え方なのだ。それだけでなく、ホラクラシーは、そういう選択に早めに関与して影響を与える方法を他にもたくさん用意して、誰かがまずい選択をしてしまうことを未然に防いでいる。

55分で33議題！

個人のアカウンタビリティ、チームの透明性、柔軟で迅速なタクティカル・ミーティングの3つが相乗的な効果を発揮し、効率的で、順応性のある、生産的なオペレーションが実現する。先日、当社のクライアントが、ホラクラシーのタクティカル・ミーティングの後に受信したという、次の短いメッセージをシェアしてくれた。「55分で33議題。#ホラクラシーの勝利！」。ホラクラシーを実践している多くの人たちから、これと同じような話を聞く。以前なら到底無理だと思われたハイペースで、アジェンダを次々とこなしていけるばかりか、はるかにスローペースでミーティングをしていた時よりも、理解が本当に深まり、やる気も高まっているという。

もし、これが実現していなければ、いつでもガバナンス・ミーティングに戻って、仕事を妨げたり遅くしたりしているテンションを扱えばいい。それを続けているうちに、仕事をただこなすだけでなく、迅速にこなしていくために必要な権限と自由が手に入るのだ。

▼POINT　ミーティングを「ホラクラシーの学習機会」と捉える

タクティカル・ミーティングは、ホラクラシーのなかでも最も実施頻度が高く、最初のうちはファシリテーターとしての振る舞い方に戸惑いを覚えるかもしれませんが、ホラクラシーの仕組みや物事の進め方について学ぶよい機会となっています。最初から完璧にこなそうとせず、チームメンバーと共に学習しながらホラクラシーに慣れていく、という意識で臨んでみてください。

Chapter 6 ファシリテーターの役割

自由を求める者は己の欲望の虜となり、
自制心を求める者は自由を手に入れる。

――フランク・ハーバート
『デューン／砂丘の大聖堂』

ここまでのところで、簡単な例を使ってガバナンス・ミーティングの基本的なプロセスを一通り見てきたし、ガバナンスの成果が日々のオペレーションにどのように生かされるのかもわかった。そこで本章では、もっと複雑な状況にどう立ち向かうかを見ていく。特に、サークル内の個人による、プロセスを壊すような行動への対応方法や、反対意見の有効性を検証する方法について検討しよう。

この章では、こうした事柄にファシリテーターの立場で臨み、ガバナンス・ミーティングを進行させるための上級テクニックを説明する。それと同時に、ホラクラシーで運営する会社におけるガバナンスとは何か、どんな仕組みで機能するのかについて、さらに詳しく説明することになる。ファシリテーターの、このようにもっと複雑な状況にもきちんと対応できる能力は、ホラクラシーの実践が成功するために不可欠であり、他の人たちがまだゲームのプレー方法を学んでいる最中には特に大切だ。

前に使った比喩に付け加えれば、ファシリテーターは、**ホラクラシーという新しいスポーツのレフェリー**のようなものである。プロセスを保護し、ゲームのルールを守るために作られた、中立で公平なロールなのである。

もし、あなたが既に従来のミーティングで進行役やプロセスのコーチとして経験を積んでいたら、覚悟しておいたほうがいい。その経験をファシリテーターのロールに生かすことはおそらくできないし、実際は邪魔になることのほうが多いからだ。

従来型組織の権力構造では、優秀なファシリテーターは、グループ内のすべての人たちに気を配り、彼らをサポートして異なる見解を引き出すことができる。つまりみんなに発言権を与えることに努めるわけだ。ある意味、従来のファシリテーターは、ミーティングの間、英雄的なリーダーや親の代わりのような存在だ。

ホラクラシーではファシリテーターのロールはまるっきり違うし、あんまり違いすぎてピンとこないかもしれない。ファシリテーターとしてのあなたの責任は、みんなをサポートすることでも、みんなの世話を焼くことでもない。それは**プロセスを守ること**であり、そうすれば、後はみんなが自分のことは自分でするようになっているのだ。ファシリテーターのロールに求められるのは、「礼儀正しく」とか「感じよく」ありたいという本能を押し殺すこと、そして、順番を守らず発言する人たちの話を容赦なくさえぎることである。それも、彼らが自分の意見をすっかり公にした後ではダメ、最初に息継ぎをした瞬間を狙うのだ。

そりゃひどい？　まったくその通りだが、これには理由がある。このプロセスは、提案者の持つ「テンションに対応する能力」を保護している。また、他の人たちにとっても、テンションに対応した結果、他のどこかで新たな問題が生まれないことを保証するものでもある。プロセスを侵害することは、安全にテンションに対応するために提案者に与えられた場を侵害することである。これを未然に防ぐことが、ファシリテーターの仕事なのだ。このルールは、窮屈で、厳格すぎるように見えるかもしれないが、その成果として自由がもたらされる。このルールが生み出す神聖な場で、ドラマチックなリアクションに行く手を阻まれることなく、私たちの一人ひとりが、組織のセンサーとして思う存分行動できるのだ。

ミーティング・プロセスが心底人間味なく感じられたら、うまく進行できている証拠だ。ファシリテーターとして、あなたは何らかの成果に向かってミーティングを押し進めるのではなく、プロセスそれ自体が本分を全うするための場を保持すればいい。情報提供を求めることもしなければ、同意を得ようともしない。プロセスが尊重されている限り、誰がどんな気持ちであろうがお構いなし――少なくとも、ファシリテーターのロールとしては。あなたは中立だ。順番を守らず発言し、プロセスを侵害する人がいれば、感情や判断を挟むことなく、ただ単にプロセス外の行為をやめさせるまでのこと。しかも、心地よいタイミングを待たず、直ちに実施しなければならない。

あなたに関する限り、大事なのはプロセスがすべてであり、それ以外のことはプロセスに任せればいい。先ほど言った通り、あなたのロールはスポーツのレフェリーに似ていて、プレーヤーではなく、ゲームに仕えているのだ。レフェリーがファウルを取る時、特定の選手に対して怒っているわけではない。あなたがプロセス外の行為をやめさせる時も同じで、本人に対して怒っているからではない。レフェリーはただ単にゲームを守っているだけで、あなたはプロセスを守っているのだ。

この非情なプロセスを進行させることは、参加者全員にとって、まるで別世界にやってきたかのような変化をもたらすとともに、組織構造を絶えず進化させる場が確保される。このプロセスのパワーを一度体験したら、ほとんどの人は、以前のような、コンセンサスを尊重する人間味あふれるアプローチに戻ることは難しいとか無理そうだ、と考える。

とはいえ、身体に馴染んだ古い習慣を捨て、一筋縄では行かない新しい習慣に乗り換えるわけだから、そこに至るまでの学習の道のりはかなり骨が折れるはずだ。私がホラクラシー・コーチや、初期のファシリテーターを務める時、私の仕事は、とにかくチームに新しいルールを守らせることだ。最初は新しいルールを嫌うメンバーがいるのは珍しいことではなく、私に敵意が示されることもある。このヘンテコな新しいミーティングのやり方、意思決定の方法を守らせようとしている張本人として、時には怒りの矛先が私に向けられる。

だが、ありがたいことに怒りはすぐに消える。一度は私の存在を軽んじた人たちも、ホラクラシーの実践から数カ月経った頃には、私に感謝の気持ちを伝えてくれるようになり、目を潤ませる人だっているくらいだ。大抵はこんなふうに態度が逆転する。テンションの対応と意思決定を一緒に行う、この新しいやり方のインパクトを経験し、最初は不愉快でも、この新しいルールが組織の変革にどれほど重要かということを実感するからだ。

停滞を防ぐ「非情さ」

ホラクラシーのガバナンス・プロセスの「非情さ」はどこから来るのか。

ある程度、その源は、そもそもガバナンスで取り組むテンションの性質と、それに取り組んでいる理由から来ている。ガバナンス・ミーティングで対応する有効な提案とは、その背景にあるテンションが提案者のロールを何らかの形で制限しているものだ。また、ゴールは、その制限を取り除くことだ。提案者のロールに役立つという**理由**がある限り、提案は他のロールを**修正**することが認められている。例えば、ある提案者のアカウンタビリティがやりやすくなる、あるいはロールのパーパスをよりよく実現する機会を活かすため、といった理由だ。

この制約を徹底するために、提案を扱う際に、「過去または現在に直面する実際の状況の中で、提案者のロールのパーパスやアカウンタビリティを実現する能力がその提案によってどのように向上されるかを、具体的な例を挙げて示すこと」が提案者に求められている。もしできない場合には、ファシリテーターはその提案を破棄することができる。1つの小さな例外は、自分の担当でない他のロールに役立つ提案もできるという点だ。ただし、実際にそのロールを担当する人が、その提案を行うことを予めはっきりと許可していなければならない。

このルールによって、一見望ましいように見えて実は邪魔になる次の2種類の提案が、最終的に取り除かれるだろう。1つ目は、根拠なく、手当たり次第に「何もかも」改善しようとする試みで、もともと提案者の役目ではないことまで改善しようとしている場合が多い。アイデア豊富で頼りがいのある人々にこの傾向が強く、これといった改善の必要性がまだ実際に感じられないのに、ガバナンスをいじくりまわしたり、必要以上に複雑に設計したりするのに忙しくて、仕事をこなすことがおろそかになってしまう。また、自分のロールが勝手に改善されたら、担当する人にしてみれば、ありがた迷惑だという場合もある。

もう1つの提案は、提案者が組織のために担っているロールを助けるのではなく、提案者を個人的に利する試みだ。例えば、休暇制度、給与体系、出張規定などを改善する提案がこのカテゴリーに当たる。ただし、提案者が担当するロールのパーパスまたはアカウンタビリティが、これらによって実際に制限されている場合を除く。

どんな関係についても言えるように、自分の個人的なニーズを満たす方法を見つけ出すのは、私たちにとって大切なことだが、この場合、有益で適切な境界がある。親子関係を例にすれば、親は、子供の人生と人生におけるプロセスを、親自身の個人的なニーズを満たすためだけに濫用してはならない。同様に、組織とその奉仕者である私たちとの間に健全な関係を築きたければ、自分の個人的なニーズを満たすためだけに組織の空間とプロセスを濫用してはならないのだ。

ホラクラシーで運営する組織において、ロールを担当する人の仕事は、組織の育成に役立つことであり、その逆ではない。**私たちは自分のロールと、組織そのものの奉仕者または受託者**なのである。したがって、組織内のガバナンス・プロセスを個人的なニーズで乱すのではなく、個人的なニーズに取り組むための、もっと適切な方法を見つける必要がある。該当するロールとの雇用契約（またはそれに相当するもの）について再交渉して、具体的な合意に達してもいいし、あるいは、組織の人々に何らかの形で奉仕するという明確なアカウンタビリティを持つロールに、望ましい変更を加えてもいいだろう。

組織と私たちとの関係において、個人的なニーズを満たす多くの方法があるが、ガバナンスはその1つではない。ガバナンスとは、私たちが担当するロールのためにテンションに対応することであり、それを通じて最終的に組織のパーパスをかなえることなのだ。

反対意見を見極めよう

ガバナンス・プロセスの仕組みを円滑に動かすことについて、もっとじっくり検討するために、ベター・ウィジェット社のゼネラル・カンパニー・サークル（GCC）に話を戻そう。あなたは今、サークルでファシリテーターに選出されたと想定しよう。ファシリテーター役を務めるつもりはこれっぽっちもなかったかもしれないが、私と一緒にやり遂げよう。

なぜなら、ファシリテーターの基本を学ぶと、どうしてこういうルールがあるのか、背景にある理由がよく理解できるので、あなたがどんなロールを担当しようとも、ホラクラシーをうまく実践できるようになるからだ。

あなたは今、GCCのガバナンス・ミーティングでチェックインを終え、サークルメンバーにアジェンダ項目を追加するよう促しているところだ。この段階では、提案が有効かどうかを心配する必要はない。通常は、明確にする質問や統合の段階でそれが明白になるからだ。アジェンダをつくっている時は、とりあえずすべての項目が有効だと仮定しよう。アジェンダづくりが完了して準備が整ったら、さっそくテンションを対応するステップに移ろう。

アジェンダ項目を対応している時、ファシリテーターとしてあなたが肝に銘じておかなければならないのは、**テンションを1つずつ扱う**という点だ。1人が問題を提起した途端、みんながそれに食らいつき、その問題にまつわる自分自身が感じたテンションを解決しようとする、そんなミーティングに参加した経験はないだろうか？　誰もが自分のほうにみんなの注意を引こうとして、あっという間に綱引き合戦が始まる。みんなが自分の問題を解決しようと躍起になるものだから、つまらないミーティングがだらだらと長引くばかりで、実際には何一つきちんと解決できなくなる。だから、**テンションを1つずつ**、を守ろう。

今回のミーティングでは、製品設計のロールから上がってきた具体的なテンションに取り組むことにする。あなたは「統合的意思決定プロセス」に入り、第一のステップ**〈提案の共有〉**を開始する。製品設計のロールの担当者が、まず、テンションについて説明する。「マーケティングはいつも、製品の設計上、実現できないことまで宣伝している」と不満を述べた。マーケティングのリードリンクが返答しようと口を開くが、その決定的な息継ぎを目撃した瞬間にあなたは彼女を制止する。今はリアクションの時ではない、というより、実のところ、テンションを提案した製品設計以外の人は発言できないのだ。

あなたは製品設計に、提案を示せるか、それとも提案の作成に協力が必要かどうか尋ねる。製品設計は前者を選び、「マーケティング・サークルの既存のアカウンタビリティである『会社とその製品を宣伝する』という項目を拡大して、『製品の種類ごとに規定された使用目的との整合性を図りながら』という表現を含めるべきだ」と提案した。

次に、あなたは「明確にするために質問する」よう促す。マーケティングのリードリンクが間髪入れずに発言する。「その『使用目的』とやらは、具体的にどこから来ることになるか、考えました？　ああいうのはすごくわかりにくいし、それに――」

すかさずあなたは再び制止する。なぜなら、彼女の口調からも、言い回しからも、ただの明確にするための質問ではなく、むしろ質問の姿を借りたリアクションであることが明らかだからだ。あなたはファシリテーターとして、このようなよくあるシナリオに備えていなければならない。もし質問者が、何らかの見解を提案者に伝えようとしているようなら、質問者をさえぎり、リアクション・ラウンドまで我慢するよう指示しなくてはならない。

提案者から見解を求めているのではなく、何らかの判断であれ、ただの有益な情報であれ、提案者に対して見解を伝えようとしていれば、リアクションだとみなされる。

今度は、別のサークルメンバーがほぼ同じ質問をするが、明確にしたいという率直な気持ちが表れている。「使用目的はどこから来ると想定していますか？」。この質問は有効だが、提案者は必ずしも答えを用意しておく必要はないので、ただ「詳細は未定」と答えることができる。もちろん、答えてもよい。今回の場合、提案者は「設計ミーティングで使用目的を決定しているので、誰でも出席を歓迎します」と回答する。

さて、明確にする質問が出尽くしたようなので、リアクション・ラウンドに移ろう。あなたは、参加者を一巡するように、1人ずつリアクションを求めていく。マーケティング・リードリンクのロールを担うあなたの同僚は、自分の順番が回ってきたら、提案に対するリアクションを自由に発言してよいわけで、もちろんその機会を逃さない。

ファシリテーターとして、あなたはリアクションの中身や口調を気にかける必要はない。ただし、発言はミーティングの場に対して行われるべきもので、直接提案者と意見交換させないように注意してほしい。また、一度に発言するのは1人だけで、一人ひとりが順番に発言するという点も確実に守らせよう。雑談もリアクションへの回答も一切認めてはならない。

うっかり誘いに乗って、ミーティングを中断し、グループ内でどんな事情が渦巻いているのか共有する場を与えたり、特定の人物や見解を弁護しようとしてはならない。完全に中立なあなたの立場を守り、淡々と、1人ずつ順番にリアクションを共有させていけばよい。

すべてのリアクションが発言されたら、**〈修正と明確化〉**のステップに進む。ここであなたは、提案者に対し、明確にしたいことはないか、あるいは提案に何か修正を加えたいかどうかを尋ねる。この時点で提案者は、同僚の考え方を尊重しようとして、すぐ前のステップで聞いたことをすべて採り入れなければならないというプレッシャーを感じていることが多い。しかしそんな心配は無用だ。なぜなら、同僚の感知したテンションは同僚が自分でアジェンダとして提起すればいいのだから。そこであなたが気をつけるべきことは、提案者が自分の感知したテンションを見失わないようにすることだ。提案者が自分自身の立場に立ち「利己的になること」を勧め、自分が取り組もうとしている特定のテンションに役立たない発言は、すべて無視するようにアドバイスしよう。製品設計は、この提案に至った背景がわかるよう、明確にするための1つのコメントを追加した。また、現時点では提案に満足なので、提案に対する修正は行わないと述べた。

反対意見の検証

次に、あなたは一人ひとり順番に質問する。「この提案を採用することにより、損失が生じたり、サークルが後退したりする理由はありませんか?」。つまりこれは「反対意見」の簡単な定義だ。単に「反対」か「反対意見なし」と答えてもらい、前者の場合は、その理由を述べてもらう。

ここでもまた、「損失」から守るべきものとは、パーパスとアカウンタビリティを実現するサークルの能力であり、サークルメンバーの個人的な好みやアイデアではないことを、しっかり認識しよう。したがって、反対意見とは、反対者が担当する特定のロールに関わることでなければならない。また、そのロールのパーパスを実現したり、アカウンタビリティを実行したりする能力が、

▼ POINT　反対意見は学習のための貴重な情報源

「反対意見」という表現から、声を上げづらいと感じたり、「有効な意見を出さなければ」と思ったりするかもしれません。しかし、ここでは「まずは思いつく反対意見を場に出すこと」のほうが大切です。そのため、本文に書いてあるように感情的なものでも構いません。

反対意見としての有効性はそのあとの判定プロセスにおいて判断していきますが、一見もっともらしい反対意見が有効でなかったり、感情的な意見からも改善点が見出せたりします。こういったプロセスを通じてチームメンバーが、反対意見を統合するという新しい物事の進め方を学習していくことにこそ意味があります。

つまり、ホラクラシーで重視しているのは、自然と反対意見を出せるような「心理的安全性の高い関係性づくり」と、反対意見を統合しながら解決策を更新していく「弁証法的な考え方」となります。弁証法的な考え方とは、「AかBか」ではなく「AもBも」統合するというアプローチで、私たちの認知的発達を育んでいく際にとても重要な思考となります。

提案によってどのように低下するのかを説明しなければならない。こうすると、反対者の仕事に直接関係のない個人的な感情や意見によって、組織が過度の影響を受けることが避けられる。

このプロセスを上手に進行できると、もっと淡々と取り組むべき組織のガバナンスという領域に、みんなが移行しやすくなる。**〈リアクション・ラウンド〉**は、湧き起こっていた個人的な感情がどんなものであれ、それを認識し尊重する機会を生み出したが、**〈反対意見ラウンド〉**が始まる頃には、そういう感情を超えたところに焦点が移っている。とは言ったものの、**感情を役立てることもできる**。感情をヒントにして、提案が私たちのロールに本当に損失を及ぼすかもしれない理由を探ることができるのだ。このように、個人的な感情は貴重な情報源となるが、それ自体意思決定の基準ではない。誰も発言を禁じられることはないが、エゴがまかり通ることは許されないのだ。

反対意見ラウンドは簡単なように見えて、実は難しい。ここがファシリテーターとしてのあなたの腕の見せ所となる。なぜなら、述べられた反対意見が有効性の基準を満たしているかどうかを見極めるために、反対意見を検証するのがあなたの仕事だからだ。ホラクラシー憲章はこのために4つの基準を定めている。この基準が実践でどのように使われるのか、わかりやすいように、シミュレーションを通じて1つずつ検討していこう。

有効な反対意見とは、提案を採用することにより生じると思われる新たなテンションについて述べていて、以下に挙げる**すべて**を満たさなければならない。

Ⓐ もし、反対意見に取り組まなかった場合、提案はサークルを向上させられないだけでなく、損失を与えることになる（つまり、サークルのパーパスを実現するための現在の能力を低下させることになる）。

Ⓑ 反対意見は、提案を採用する場合に限って生じるものであり、したがって、提案が取り下げられれば存在しなくなるものである（つまり、既存のテンションではない）。

Ⓒ 反対意見は、既知のデータから生じているか、あるいは、予測の場合には、重大な損失を及ぼさずに採用できる見込みはないと思われる（つまり、提案をとりあえず試してみて、必要だったら採用する、というやり方に十分な安全性がない）。

Ⓓ 提案は、反対者の担当するロールのパーパスやアカウンタビリティを制限するものである。

また、憲章では、「提案は違憲だ」とする反対意見も認めていて（例えば「ガバナンスのアウトプットとして有効ではない」など）、この場合、4つの基準を考慮する必要はない。この特別なケースを別にすれば、質問をするだけで、反対意見が基準を満たしているかどうかを検証できる。

このプロセスに慣れるにはしばらく時間がかかるが、基準について理解が深まれば、かなりスムーズにできるようになるはずだ。また、反対意見を検証するために何を質問すればいいか、直感的にわかるようになる。それまでの間は、反対意見が浮上したら、ただ単に、191ページの図から質問を一つひとつ読み上げるだけでいい。バカバカしいように思われるかもしれないが、かなりうまくいくし、チーム全体の学習にも役立つだろう。

さしあたって今は、ミーティングを続け、反対意見ラウンドのステップでどのように反対意見を検証していくかを見ていこう。

検討中の提案は、マーケティング・サークルの既存のアカウンタビリティ「会社とその製品を宣伝する」に、「製品の種類ごとに規定された使用目的との整合性を図りながら」という必要条件を追加するというものだ。最初に反対意見を出したのはウェブサイト運用だ。

「マーケティングが書いている宣伝用のコンテンツは、印刷用の広告としてはすごくよかったのですが、ウェブサイトで使うには、スタイルも長さも不適切です。だから、ウェブサイト用コンテンツのニーズに合わせたスタイルにしてもらうことも必要です」

この反対意見は上述の基準Ⓐに照らして検証するといいだろう。ファシリテーターのあなたは、こう質問すればいい。「その反対意見は、**提案がなぜ、どのように損失を生じさせているか**を述べていますか？　それとも、提案が不必要であったり、不完全であることを述べていますか？」

この質問の言い回しに注意してほしい。選択肢を与えると、反対者は、反対意見と別のテンションとを区別しやすくなるのだ。もし、前半部分の質問だけを尋ねたとしたら、おそらく単純に「イエス」の答えを得たことだろう。それではいずれの当事者にとっても、主張された反対意見の有効性を判別する助けにはならない。

しかし選択肢を与えられたおかげで、ウェブサイト運用は「後者です」と答え、自分の反対意見

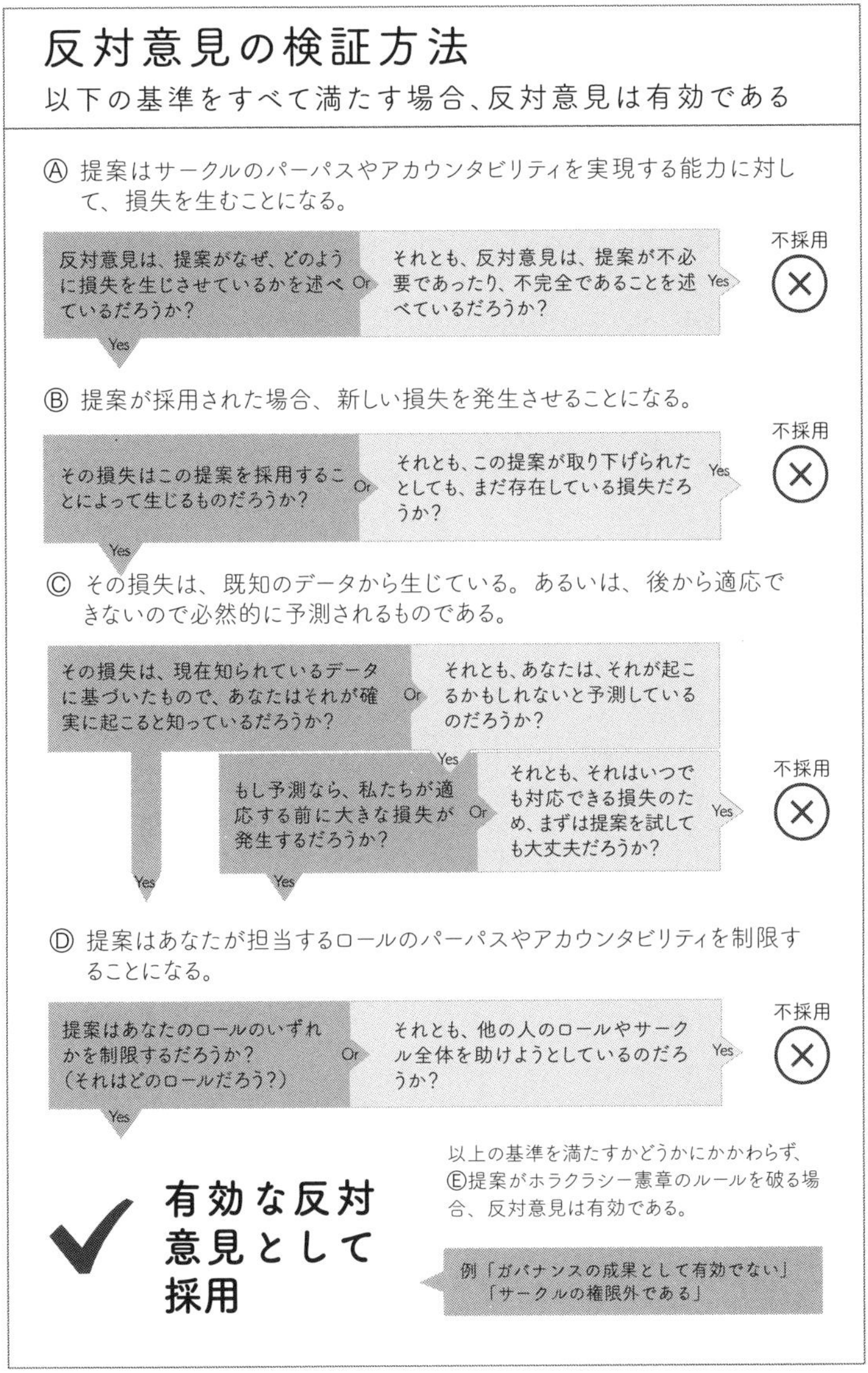
反対意見の検証方法
以下の基準をすべて満たす場合、反対意見は有効である
Ⓐ 提案はサークルのパーパスやアカウンタビリティを実現する能力に対して、損失を生むことになる。
反対意見は、提案がなぜ、どのように損失を生じさせているかを述べているだろうか?
Or
それとも、反対意見は、提案が不必要であったり、不完全であることを述べているだろうか?
Yes
不採用
Yes
Ⓑ 提案が採用された場合、新しい損失を発生させることになる。
その損失はこの提案を採用することによって生じるものだろうか?
Or
それとも、この提案が取り下げられたとしても、まだ存在している損失だろうか?
Yes
不採用
Yes
Ⓒ その損失は、既知のデータから生じている。あるいは、後から適応できないので必然的に予測されるものである。
その損失は、現在知られているデータに基づいたもので、あなたはそれが確実に起こると知っているだろうか?
Or
それとも、あなたは、それが起こるかもしれないと予測しているのだろうか?
Yes
もし予測なら、私たちが適応する前に大きな損失が発生するだろうか?
Or
それとも、それはいつでも対応できる損失のため、まずは提案を試しても大丈夫だろうか?
Yes
不採用
Yes
Yes
Ⓓ 提案はあなたが担当するロールのパーパスやアカウンタビリティを制限することになる。
提案はあなたのロールのいずれかを制限するだろうか?
(それはどのロールだろう?)
Or
それとも、他の人のロールやサークル全体を助けようとしているのだろうか?
Yes
不採用
Yes
有効な反対意見として採用
以上の基準を満たすかどうかにかかわらず、Ⓔ提案がホラクラシー憲章のルールを破る場合、反対意見は有効である。
例「ガバナンスの成果として有効でない」
「サークルの権限外である」

は有効ではないとあなたに告げることができた。この提案を採用することが損失を生じさせる理由でもないからだ。あなたはこれを説明し、ウェブサイト運用に「あなたの感知したテンションを別件として扱いたい場合、アジェンダに追加しましょう」と促す（現在の提案が終わり次第、新しいアジェンダを追加できる）。

さきほどの質問で、反対意見が解消されない場合もある。提案が損失を生む理由が存在するかもしれないからだ。もしかしたら、ウェブサイト運用は次のように答えるかもしれない。「はい、損失があります。なぜなら、ウェブサイトで使えないコンテンツが既に山のように溜まっていて、この提案もそれを増やすだけだからです」

こういう展開になったら、上述の基準Ⓑに照らして検証するために、別の質問をしてみるといいだろう——こんなふうに。「それでは、もしこの提案が完全に取り下げられたとしても、あなたの反対意見に出ている損失はまだ存在していると思いますか？」

もし反対者が「ええ、もちろんです！」と答えたら、彼は反対意見が有効ではないことを明らかにしたわけだ。なぜなら、この提案によって、新たなテンションが特別に生じるわけではなく、むしろ、別のテンションがシステムの中に既に存在しているからだ。

この反対意見は別件のアジェンダ項目としては完璧に有効のようだが、目下検討中の提案に対する反対意見としては有効ではない。少なくとも、使えないコンテンツが増えるという潜在的な問題に関しては、提案を採用することによりサークルを**後退させる**わけではなく、ただ単に、その問題については取り組むことができないので、**前進**させることができない、ということなのだ。しかし、サークルを前進させるために私たちが取り組もうとしているテンションはただ一つ、提案者のものだけである。

次の反対意見は妥当に思われる。「マーケティングは、使用目的の理解が不十分なので、きちんと伝えられないかもしれない」

しかし、ここでもまた、言葉の中にヒントが隠れている。この場合は、「かもしれない」という部分が問題だ。反対意見は現在の知識に基づくものではなく、予測ではないかとファシリテーターにはピンとくる。上述の基準Ⓒに照らして検証する必要があるので、こう質問しよう。「それは既知のデータに基づくもので、あなたはそれが確実に起こると知っているものですか？　それとも、それが起こるかもしれないというあなたの予測でしょうか？」

反対者は自分の予測だと答えるが、それは特に問題ではないので、重ねて次の質問をしよう。「私たちがその損失に適応する前に大きな損失が発生しますか？　それとも、いつでも対応できる損失のため、まずは提案を試しても大丈夫ですか？」。思った通り反対者は「試してみても大丈夫だ」と答えたので、この反対意見は有効性の基準に満たないことがわかった。

反対意見と思しきものが続いて上がってくる。発言者は製品製造サークルの、いつも頼りになるリードリンクだ。「反対。マーケティングは既に非常に多くの要求に対応しているので、この提案を彼らがこなすのは現実的に難しいのではないでしょうか」

あなたはこの反対意見を基準Ⓓに照らして検証する。「提案は、あなたのロールのいずれかを制限するでしょうか？　それとも、あなたは他の人のロールやサークル全体を助けようとして言っていますか？」

リードリンクは、提案が自分のロールを脅かすものではなく、役に立ちたかっただけだと認めた。つまり、反対意見は有効ではないということだ。ただし、マーケティングを代表する誰かがこのような意見を述べていて、他の基準も満たしていれば、反対意見は有効だった可能性がある。

以上の例が示すように、反対者に質問を投げかけていけば、反対意見が基準を満たしているかどうかを検証できる。では、反対ラウンドを続けよう。

「私はこの提案は必要ないと思います。マーケティングの記述は今のままで十分ですから」と誰かが発言する。この反対意見は基準Ⓐを満たさない。反対者は変化が必要ではないと思ったとしても、提案の結果生じると思われる何らかの損失を述べられないのなら、その意見は的外れだ。それに、提案では、記述が十分かどうかについてまったく取り上げていない。ただ、使用目的との整合性を図ることについて継続的な期待を設定しているだけなのだ。

前述の基準を満たさない場合だけでなく、反対意見が根本的にホラクラシーのルールについて誤解していて、そのため実際に提案されているものについても誤解がある場合、反対意見は無効になることがある。例えば、マーケティングのレプリンクが次の反対意見を発言したと仮定しよう。

「それを行うためのリソースがありません」

この反対意見には、無効であるヒントが含まれている。それは「リソース」という言葉だ。今はガバナンス・ミーティングの最中であり、リソースの配分を決定しないし、そもそもできないのだ。アカウンタビリティの追加とは、期待を追加するということだけを意味する。その期待は、ロールの担当者（この場合のようにサブサークルのこともある）が、活動を実行するために行ったほうがいいプロジェクトや行動を定めた上で、限られた時間とリソースを、抱えている数多くの潜在的なプロジェクトや行動の間で、どのように配分するかを意識して決定する、ということだ。

別の言い方をしてみよう。「使用目的と整合性の取れたマーケティングを行っていく」というアカウンタビリティを実行するには、例えば、そういう使用目的をマーケティング資料に直接書き写すといった60秒で完了する行動を取るかもしれないし、あるいは60分かけて使用目的を検討し編集することかもしれないし、6カ月と数百万ドルをかけて、マッキンゼーに依頼してこの件を研究することかもしれず、さまざまな選択肢がある。あなたがどれを選ぼうとも、同じアカウンタビリティを実行していることになる。

ガバナンスでは、**リソースではなく意識を配分しているのだ**。あなたはその仕事の居場所を定め、リソースの配分を考える人を決めているのである。そしてその人が、リソースを分かち合うべきあらゆるものを勘案して、限られたリソースの中から、その仕事にどのくらい費やすべきかを考え出すのである。あなたはこの事実を説明し、提案が実際にリソースを配分するものではないことを踏まえて、提案が損失を生じたり、サークルを後退させたりする理由があるかどうかを再び尋ね、マーケティング・レプリンクの反対意見を解消する。

今度は、マーケティングのリードリンクが別の反対意見を述べる。「反対。使用目的とはいったい何なのかも、使用目的を誰に定めてもらえばいいかもわかりません」。これはどこから見ても有効な反対意見のようである。もし、自信が持てなかったら、前述のような質問を使って検証すればいい。有効なら検証に堪えるはずだ。

最終的に、この反対意見は有効だと証明され、あなたはホワイトボード上に、解決すべき反対意見の1つとして追加する。でも、今はまだ、反対意見について何もしなくていい。サークルメンバー全員が、反対意見を発表する機会を与えられ、ラウンドが終了するまで待たねばならない。さて、次は製品営業の番だ。「反対。問題を生じている他の要因があるため、提案はテンションに対応することになりません」

そう言われても、提案者の立場からテンションを解決しようとしているだけなので、他の人が解決したと考えるかは関係ない。もし、未解決のテンションを感知してそれを解決したいなら、自分自身のアジェンダ項目として追加すればいいのだ。

そこであなたは「この提案を採用することにより、実際に損失が生じる理由がありますか、それとも提案はテンションを解決しないとあなたが思っているだけですか?」と尋ねる。答えは後者だったので、反対意見は提案が損失を生じる理由ではなく、有効ではないとわかった。

すべての反対意見が発表され、検証されるまで、あなたは反対意見ラウンドを続けていく。反対意見を検証するプロセスをすばやく行うこと、それがファシリテーターとしての務めだとしっかり認識してもらいたい。あなたのロールは、提示された論拠の有効性について結論を引き出すことではない。ただ、反対意見と思しきものに対し、科学的好奇心を持って臨み、有効性の有無が明らかになるまで検証するだけだ。反対意見が有効かどうかは、反対者の口から明らかにしてもらうのである。なぜ反対意見が規定の各基準を満たすと言えるのか、具体的で妥当な論拠が示される場合は、あなたがその論拠に賛成であろうとなかろうと、憲章はその反対意見を有効とみなす。ファシリテーターとして、各基準が満たされることを実証するような、**具体的で妥当な論拠**が示されているかどうか、それだけを判断すればいい。そういう論拠の有効性を判断する権限は、あなたにはない。

すべての反対意見が発表され検証されたら、さっそく、有効な反対意見として残ったものを統合して、修正案を作成するプロセスに移ろう。

統合と修正のプロセス

この例では、有効性が確認され、ホワイトボードに記された反対意見は1つ、「使用目的とは何か、また、誰がそれを決めるのかがわからない」。まず、あなたは一同をその反対意見に注目させ、こう尋ねる。

「元のテンションに取り組みつつ、この反対意見を解消するためには、どんな追加や修正を提案に加えたらいいでしょうか?」

すぐに意見が出ないので、あなたは糸口を掴むため、反対者であるマーケティング・リードリンクを指名して、この質問を向ける。というのも、反対者には、統合案を見つけるよう、少なくとも努力する必要があるからだ。「そうですね、使用目的を規定するのは誰の仕事かを明確にすればいいと思います」とリードリンクは答える。さらに誰かが「製品設計の仕事にすべきです。また、社内に公開すべきだと思います」と付け加えた。

それはアカウンタビリティとして定義できそうなので、あなたはリードリンクにこう質問する。「製品設計に『製品の種類ごとに使用目的を定義し公開する』というアカウンタビリティを加えたら、使用目的は製品設計に期待すべきことだとわかるので、あなたの反対意見は解消されますか？」

「はい」と即答が返ってきたので、今度は提案者に確認する。「このように追加された統合案になっても、あなたの元のテンションに対応できているでしょうか？」

再び「はい」と返事を得たので、あなたは反対意見に対応済みの印を付け、セクレタリーが統合案をきちんと記録したことを確認する。統合案には、マーケティングのアカウンタビリティの拡大と、製品設計の新しいアカウンタビリティという、２点が盛り込まれることになった。

すべての反対意見が対応済みになると、統合を終えて次のステップへ進む。統合の

▼POINT　協力を得ながら統合案をつくることも可能

統合案は、まずは反対意見を出した人が提案するよう促されますが、もしその人がよい案を思いつかない場合、他のメンバーに協力してもらうこともできます。時間的な制約で、どうしてもその場で作成できない場合は、一旦プロセスを中断して、次のガバナンス・ミーティングで扱うことも可能です。

ステップが終了したら必ず、反対意見ラウンドに戻り、修正案を検証するとともに、新しい反対意見が出ないかどうかを確認しよう。反対意見ラウンドで反対意見が1つも発生しなかった時点で、提案は採用される。

社内政治もコンセンサスも必要ない

以上の例からわかるように、ホラクラシーのガバナンス・ミーティングでは、チームのメンバー全員が自分の感知したテンションが統合され解決されることを確信して、自分の観点から提案をしたり、反対意見を述べたりできる。これは、組織が「低電圧ランプを多数決で否決する」事態を避けるのに役立つ。

なぜなら、重要なテンションを解決したり、誰かの提案による損失を防止するためには、たった1人の人間がセンサーを務めるだけで十分なのだ。ただし、これはコンセンサスに基づくプロセスではない。見過ごすことのできないテンションとして扱われるためには、たった1人の人間がそれを感知すれば、たとえ他の誰も感知していなくても構わないからだ。

また、テンションの解決策を模索している時も、みんなの個人的な合意や賛同を求めているのではない。それぞれ担当するロールの見地から、提案が損失を生じたりサークルを後退させたりするか（つまりサークルのパーパスを実現する能力を低下させるかどうか）というデータを集めているにすぎない。あらゆるテンションに対応できる本物の統合性を求めることは、コンセンサスを必要とするプロセスとは対極の方向を目指している。また、コンセンサスに基づくプロセスと違い、エゴや恐れや集団思考に、組織のパーパスを妨害されることもない。

ただし、いくらペースの速い統合プロセスだとはいえ、逐一このプロセスを使えばとんでもない時間の無駄になるだろう。日々の仕事の中で直面するほとんどの意思決定は比較的シンプルで、リスクはほとんどないからだ。

だから、「統合的意思決定プロセス」は、基礎的なガバナンスの領域においてのみ使用され、オペレーション上の決定には使われない（ただし、ガバナンスの決定が明らかに必要な場合を除く）。

したがって、ホラクラシーの統合的意思決定プロセスは、特定の分野を独占的に運用するための空間と、その運用が及ぶ適切な境界を定めるものだ。例えば、製品ラインを担当するサークルが、製品の価格設定に関する分析や決定全般を担当するロールを設置したとしよう。そのロールに「製品の価格設定モデルを決定している」というアカウンタビリティが割り当てられた場合、ロールを担当する人が誰であれ、その仕事を遂行する権限が付与されることになる。

ただし、サークルはその権限に伴う制限や、別の期待を設定することもできる。例えばロールの担当者に対し、ターゲットとする消費者プロファイルに合わせた価格設定をするように求める場合、このプロファイル自体は他のロールが決めるものなので、ロールの権限が制限される。また、望ましい価格設定モデルとは、採算性の高いものだと期待できるよう経理の評価を得ることを求める場合もあるだろう。そのような制約は、追加のアカウンタビリティの形を取ることもあれば、「価格設定モデルを決定している」というアカウンタビリティに表現をつけ加える形も取れる。あるいは、別のポリシーとして表現することも考えられる。

統合的プロセスを使って、ロールのアカウンタビリティと権限が具体的に規定されると、その担当者としてガバナンス・ミーティングの外でサークルの仕事をこなし、具体的な決定を行う権限がサークルメンバーに移譲される。それと同時に、統合的意思決定プロセスを拠り所にして、サークルメンバー全員が日々の仕事の中で自然に発生するテンションに応じて、そういった権限の許可や制限をさらに洗練させていくことができる。

こうしたプロセスの構造とルールを通じて、テンションは確実に対応され、サークルのパーパスの実現にしっかり役立てられる。また、プロセスを破壊する隙も与えないし、そんな行為が行われたとしてもビクともしないのだ。

人間のレベルで言えば、定期的なガバナンス・ミーティングによって、チームの感情表現がガラリと変わる。ガバナンスが不明確だと、誰が何をどんな方法ですべきかについて、みんなが暗黙の期待を持ったままだ。はっきりと定義されたガバナンス・プロセスがないと、暗黙の了解が衝突した場合、他人のことを悪いほうに解釈したり、責任を押しつけあったり、という状況に陥りやすい。

あるいは、そういう問題を避けるために、もっぱら社内政治で丸め込んだり、コンセンサスを築いたりして、暗黙の期待に沿うようみんなにプレッシャーをかける。しかし、ひとたびガバナンス・ミーティングが実践されれば、チームメンバーが期待の食い違いから抱く不満を、組織の学びへ、継続的な改善へと昇華させる場ができる。

また、チームで仕事をする場合には共有の決まりごとが必要だが、それを定めるはるかに効果的なプロセスが手に入る。政治ゲームは価値を失い、個人的なドラマは影を潜める。その代わり、組織のゴールと、この世界における組織全体のパーパスに照らして、意識的に組織が進化していく方法について、本格的な議論が始まるのだ。

Chapter 7
ホラクラシー流の戦略《ストラテジー》とは

現象学的な複雑系において、未来に影響する要因があまりにも多いと、科学的手法はほとんど役に立たない。天気について考えてみればわかる。たかだか2、3日先の天気さえ正確に予測することは不可能なのだ。
——アルベルト・アインシュタイン
『アインシュタイン選集3　アインシュタインとその思想』

ここまで説明してきたオペレーション上の考え方は、個人個人が自分の仕事と責任を管理し、優先順位をつけられるかどうかが大きな鍵となる。だが、組織全体はもちろん、まずはチーム内できちんと整合性を取るにはどうしたらいいだろう？

ホラクラシーで運営する組織では、権限が本当に分配され、英雄的な究極のリーダーが存在しないので、お互いの活動だけでなく、**みんなの活動との整合性を図ることと、組織のパーパスを実現するために今必要とされるもの**が不可欠だ。その方法の1つとして、タクティカル・ミーティングはもちろん役に立つが、それとは別に、意思決定の指針となり、みんなを同じ方向に引っ張ってくれる重要な要素がある。

それは戦略《ストラテジー》だ。優れた戦略があれば、何を優先すべきか、オペレーションにおいてどの道を進むべきかに関し、私たちは日々の仕事でよりよい選択ができるようになる。

この戦略という概念と切り離せないのが、未来を見据えることだ。しかし、未来に働きかけようとする時はいつも、私たちは危うい立場に立っている。非常によくあることだが、企業戦略は「未来は確実に予測できる」という誤った考え方の上に築かれている。

予測可能性の幻想について説得力にあふれた本を書いたナシーム・ニコラス・タレブは、次のように述べている。「未来のことはわからないので、本当の意味で計画することは不可能だ。だが、これは必ずしも悪い知らせとは言えない。それなら、そういう限界があることを肝に銘じて計画すればいいのだ。ただしこれには度胸がいる」[13]

公共政策の専門家であるエリック・バインホッカーも、同じように指摘している。「企業のリーダーに期待されているのは、勇敢な将軍として未来を予測し、壮大なる戦略を立案し、部隊を栄光の勝利へと導くことであり、ただの小競り合いでも負けた途端にクビになる。よほど勇気のある経営者でない限り、この考え方に異を唱え、未来はそもそも不確かであることを認め、予測と計画よりも学習と適応を重視することはできない」[14]

タレブとバインホッカーの指摘の通り、従来型の組織を取り巻く状況では、戦略とは予測とコントロールの発想の本質そのものだ。戦略を策定する場合、私たちはまず正しいゴールを定め、次にそこに至る道を設計する。そのアプローチ全体が思い込みに立脚しているのだ。予測できる可能性のあるものも存在するが、絶対に予測不可能なもののほうが断然多い。

経済や特定の業界が未来にどんな状況に置かれているかを知ることはできないし、将来どんな発明が市場を分裂させることになるのかも、どんな機会が生じるのかも予見することはできない。わかるはずのないものを予測しようとして、たびたび虚しい努力が注がれていることを指摘するよりも、確実に予測できることを至極短いリストにまとめるほうが、実際のところよっぽど簡単なのだ。

予測不可能な世界の中で、未来を予測しようとする時、私たちは自分自身を欺いているだけではない。もっと厄介なのは、現実を感知し、それに対応する能力を抑制することだ。「私は5年後にXになっているはずだ」のように、「はず」という言葉を強調する場合、あなたはその成果に執着を生じている。執着があると、現実がその方向に向かっていない場合や、達成しようと最初に設定したものと矛盾する機会が生じた場合、現実を感知する能力が十分に発揮されない。

こういう窮状をわかりやすく説明するために、私のお気に入りのメタファー（比喩）を使おう。このメタファーは、何年も前に、ソフトウエアのアジャイル開発手法を使う仕事で入手したもので、従来の戦略に比べ、ホラクラシーのアプローチがいかに画期的か、両者の違いを際立たせてくれるはずだ。その後で、ホラクラシー憲章で定める「戦略」とは何か、また、戦略をどのように仕事に生かせばよいか、基本的なポイントを説明したい。

大多数の現代組織が経営されているやり方で、自転車に乗ることを想像してもらいたい。あなたはまず、大きな会議を招集して、ハンドルをどの角度に保つべきかを決める。また、できる限り詳しく行程を表した地図をつくるだろう。既知のすべての障害物や、それらを避けるためのコース変更に必要な、正確なタイミングと角度も考慮に入れるだろう。

それが済むとあなたは自転車にまたがり、計算された角度を厳守してハンドルを持ち、目を閉じ、計画通りに進路を取る。たとえかろうじて転倒することなく旅を終えたとしても、目標地点に到達する見込みはないだろう。転倒したら「なんで1回でちゃんとできなかったんだろう?」「ヘマをしたのは誰だ?」などと思うかもしれない。

多くの組織が戦略の策定に用いているアプローチも、このおかしなやり方と似たり寄ったりなのだ。それとは対照的に、ホラクラシーを使えば組織は、ダイナミック・ステアリング（動的な舵取り）の世界観に則って、ごく普通に自転車に乗るやり方に近い感覚で運営できるようになる。ダイナミック・ステアリングとは、**現実のフィードバックに照らして、絶えず調整すること**であり、より有機的で突発的な道を走行するのに役立つ。

サイクリストを観察してみると、一流のサイクリストでさえ、微妙ながらも絶えず進路をうねらせているのがわかるだろう。乗り手は、自分の現在の状態と環境について感覚的なフィードバックを絶えず取り込み、方向、スピード、バランス、空気力学にわずかな修正を加えているのだ。進路にうねりが生じるのは、環境や装備からくる多くの制約を守るために、乗り手が迅速なフィードバックを利用して、前進しながら動的平衡を保っているからだ。「正しい」道を前もって正確に予測することに大量の時間とエネルギーを浪費するのではなく、サイクリストは自分の目的を念頭に置き、一瞬一瞬に身を入れて、前進しながら最も自然な道を見つけていく。

とは言っても、プランがないわけでも、少なくともある程度ルートを想定していないわけでもない。ただ、刻々と変わる現実に絶えず身を委ね、自分が持つ「今この瞬間において、感知し対応する能力」を信頼することにより動的に舵取りする力は高まるのであって、決して弱まることはない。同様に組織においても、もっと執拗に現実に向き合い、絶えず適応すれば、動的に舵取りする力を高める機会が手に入るのだ。

予測された具体的な成果に執着すると、現実が予測と一致しない場合、現実と真っ向からぶつかりあって身動きが取れなくなる恐れがある。自分自身で設定した道を歩んでいないことに気づくと、時には無意識のうちに、「こんなはずはない」と結論づけることがある。

そういうふうに現実を捉えると、現実の変化に対応する私たちの能力が発揮できなくなるばかりか、望ましくない現実に歯向かいたい気分に駆られて、自分が予測したビジョンに現実のほうを無理やり合わせようとする。今日のビジネス界の目まぐるしく変化する複雑な環境を航海するには、この戦略はあまりに効果的ではない。私たちが練りに練ったプランと現実とが衝突する時、勝つのはいつも現実のほうなのだ。

注意しておくべきなのは、「ハンドルを操作をしない」と自転車に乗れないのと同じで、動的に舵取りする力を高めるもっとダイナミックなアプローチを取り入れることは、単に「予測をしない」こととはまったく違うものだ。それは、予測と計画に対する関わり方を変えるという意味で、予測や計画は思い込みだが有益な場合もあると捉え、組織を動的に舵取りするための第一の手段ではないという認識を持つことだ。また、現実に反応しながら絶えずハンドルをさばけるように、今この時この場所に完全に身を入れることである。ダイナミック・ステアリングが首尾よく行けば、組織とその内部の人々は、道を究めた武道家や禅の導師のように、日々何が起ころうとも動じることなく、今としっかり向き合って行動できるようになる。

ホラクラシーの基本的なルールとプロセスには、動的に舵取りするプロセスが取り込まれている。既にお気づきかもしれないが、ガバナンス・ミーティングやタクティカル・ミーティングで常に焦点を当てているのは、**実行可能な意思決定にすばやく到達すること**であり、その後は現実が次のステップを知らせてくれるのを待つ。理論的に最善の意思決定を魔法のように呼び出そうとしても、結局どれもいまいちで、ああでもない、こうでもないと思い悩むだけだから、現実に任せるのが一番なのだ。

ガバナンスの基本ルールでは、どんな意思決定でも、いつでも再検討できる。このため、チームは議論とプランニングをすばやく終えて、決まったことを現実の世界で実際に検証し、結果から学ぶことができる。現実と向き合い、フィードバックを統合する絶え間ないプロセスを通じて、最初は未完成だった構造も、たちまち実際のニーズにぴったり合うようになる。多くのプロジェクトをはじめとして、オペレーション上の他の事柄についても同じことが言える。

これだけ忠告してもまだ、従来型の戦略策定をやりたいと言うなら、ホラクラシー憲章は確かにそれを禁じてはいない。ただし、ホラクラシーのルールとプロセスの下では、他人の行動を予め定められた目標へと向かわせることは非常に難しい。未来を予測したり、コントロールしたりすることが、誰にも義務付けられていないからだ。

実は、憲章は代替的なツールをいくつか用意していて、それらを利用すれば、戦略に沿ってもっとダイナミックにチーム全体の整合性を取ったり、優先順位を統一したりすることができる。それが次に取り上げるテーマだ。

精緻な予測よりも、意思決定に役立つ指針を決める

理想の未来へ至る完璧なルートを地図に記すのは無理かもしれないが、航行上の方向を決める指針をいくつか見つけることならできそうだ。私たちの行く手にあるのはどんな分岐点かを正確に予測しようとするのではなく、実際に分岐点にやってきた時に、最善の意思決定を行うために役立つのは何かを考えればいい。

少し引いてより広い視野に立ち、目の前の状況と全体的な地形と選択肢を眺めれば、たいていは、「だいたい東へ向かえ」とか「近道よりも楽な道を選べ」などのガイドラインを考え出せるものだ。私たちが何らかの選択に迫られて、かつて得た知恵を生かしたい場合、このような経験則があると本当に役に立つ。その知恵は、一歩引いて大局的な状況を分析する余裕があった時に、生み出されたものだ。それを凝縮して、覚えやすいガイドラインを作っておけば、日々の仕事に追われる慌ただしい毎日の中でも、楽々と繰り返し適用できる。

そこで、ホラクラシーにおける戦略もこういう形を取る。つまり、戦略とは「刻々と行われる意思決定や優先順位づけに役立つ、覚えやすい経験則」である（そういうルールを専門用語では「発見的《ヒューリスティックス》問題解決法」という）。

意思決定をサポートするこういうルールは、「Xを、Yよりもさらに重視せよ」のような単純な言い回しで表現すると便利だ。ここでXとYにはそれぞれ、潜在的価値のある活動や、重視するもの、焦点、ゴールなどが入る。

役に立つルールをつくるには、もし、Xに「ポジティブなこと」を、Yに「ネガティブなこと」を入れたら、当たり前すぎて役に立つルールにはならない。「顧客サービスを、顧客を怒らせることよりも重視せよ」というのは、役に立つアドバイスとは言えない。あなたの現在の状況を考えて、当面はどちらを優先すべきかの判断を仰ぐのだから、XもYもともにポジティブなことでないと、戦略として意味がないのだ。

例えば以前、ホラクラシー・ワンの成長期に、「記録と標準化を、新しいイベントの自社企画や共同企画よりも重視せよ」という戦略があった。どちらの活動も、組織が取り組むべきポジティブなものであるが、それだけでなく、2つは対極的な位置にあり、互いにテンションを生じ合う関係であることに注目してほしい。

この戦略は、普遍的な価値を持つものではない。実際のところ、無期限に適用しようとしたら、最終的に深刻な損失を生じることは間違いない。記録や標準化よりも、新しいイベントの自社企画や共同企画のほうを重視することが必要不可欠になる時期もあるだろう。

しかし、ホラクラシー・ワンにとって、当時の会社の状況やそれ以前の直近の経緯、果たそうとしていたパーパスを考慮して、少なくともしばらくの間優先すべきものは何かを考えた時、「ワクワクするような新しい機会を追求することを犠牲にしても、標準化を進めなければならない」というのが、私たちの出した最善の答えだったのだ。

もちろん、新規事業に反対する人は1人もいなかった。私にはそれが最も自然な運営方法のように感じられる。

当社が成長し始めた最初の数年間、開催したどのイベントもトレーニングも他に類のない特別なもので、私たちを歓迎して販促協力を申し出てくれたさまざまなパートナーと、共同で企画したものだった。

これは、私たちが足を踏み入れようとしていた新しい分野の開拓に役立ち、そこからたくさんの動きや、いくつかの大切な関係が生まれた。しかしやがて、ワクワクするような新しいイベントを次々と企画していくことは、当社の成長期におけるある特定の局面では、持続不可能になったのである。新しいイベントがどれもみな手づくりで、どのパートナーともユニークな企画を練り上げる必要があると、コストが高くなる。

そこで、バランスを正し、効率性と持続性を高めて組織を安定させるため、先ほど述べた戦略にたどり着いた。当社の一人ひとりが直面した、日々のさまざまな意思決定をこなしていく上で、この戦略は使いやすいガイドラインとなり、ポイントが絞られていたので効果的だった。最終的には、この二極をかなりうまく統合して調和点を見つけたため、この戦略は不要になり、他のことに焦点を移す時期を迎えた。

標準化優先の戦略が役立てられた例を示そう。当社のホラクラシー教育サークル内にある、私のロール「プログラム・デザイン」において、ホラクラシーのことをどこかで聞いて、感銘を受けた人からeメールをもらうことが時々ある。その人が属する特定の業界に合わせた、新しいタイプのイベントを共同で企画したいという趣旨のものだ。

こういうチャンスが来ると私はワクワクするが、この時は戦略を思い出し、「当社の成長期における今のこの時期には、たとえこの新しい機会を逃すことになっても、既存のプログラムとイベントの標準化に私の時間とエネルギーを投入しなければならない」と判断して、はやる気持ちを抑えることができた。

「カスタマー・リレーション」のロールは、以前に答えたことのない質問を受けた時に、標準化優先の戦略を役立てた。さっさと返事のメールを打つ代わりに、次に同様の質問を受けた時に一から始めなくて済むように、わざわざ時間をかけて回答を標準化して記録し、場合によってはウェブサイトの「よくある質問（FAQ）」のコーナーに追加したのである。

ストラテジー・ミーティング・プロセスの例

ホラクラシー憲章では「個人は、サークルのリードリンクが設定する戦略に沿って、オペレーション上の意思決定を行う必要がある」と定めている。有益な戦略を考え出すためにどんなプロセスを使うのかは、各リードリンクに一任されている。

状況によっては、単にリードリンクの個人的な判断に基づいて戦略を設定すれば十分で、そうしたほうがいい場合もあるだろう。もちろんこうすると、他の重要な観点や有益な洞察を見落としてしまう恐れがあるし、サークルの中で日々仕事に励むみんなの集合知を活用することも

予測と展望の違い

ホラクラシーの戦略（ストラテジー）の捉え方は、予測に頼るものではないが、将来の見通しを立てたり、先を読んで考えることがすべて無意味だと言っているわけではない。この点に関しては、prediction（予測）とprojection（展望）の違いを理解しておくといい。「predict」の語源は、ラテン語の「prae-（前）＋dicere（言う）」であり、文字通りには「前もって言う」や「予言する」という意味だ。一方、「project」の語源は、ラテン語の「pro-（前へ）＋jacere（投げる）」であり、「前方へ投げる」という意味だ。前方へ投げるためには、スタート地点である今の現実にしっかり立脚していなければならない。出来事がどこへ向かっているのかを大まかに把握するために、現実のデータを入手し「それを前方へ投げる」と、自分の置かれた状況への理解が深まることが多い。それは、将来、現実がどうなっているかを「予言する」こととは別物なのだ。

できない。

そこで、リードリンクは、戦略を発表する前に、ブレインストーミングのようなプロセスを利用して情報収集してもいい。あるいはホラクラシー流の戦略を定義するために特別に設計された、もっと本格的な対話のプロセスもある。

私が支援したサークルや組織の中で、リードリンクが専制的に戦略を設定できる権限を制限するために、そういうプロセスを義務付けるポリシーを採用したことがある。

憲章では戦略策定のためのプロセスを一切指定していないが、当社では、自分の組織の中で長年にわたりさまざまなプロセスを実験してきたし、クライアントの試みも手伝ってきた。その結果考え出されたのが、汎用性の高い「ストラテジー・ミーティング・プロセス」である。

私の経験では大抵のサークルでかなりうまく機能するので、情報収集して戦略を策定するための効果的な方法を探しているなら、選択肢として検討してみてほしい。

ストラテジー・ミーティングはサークルごとにほぼ6カ月に一度開かれ、だいたい4時間くらい、場合によっては5、6時間かかることもある。このミーティングの目標は、全員がサークルの現在地を見定められるように、サークルの最近の経緯と現在の状況を描き出すこと、その上で、チームが未来に向かって舵取りをするの

▼POINT　戦略の決め方は柔軟に考える

ストラテジー・ミーティング・プロセスがあとのページで紹介されますが、本文に「有益な戦略を考え出すためにどんなプロセスを使うのかは、各リードリンクに一任されている」とあるように、これを採用するかどうかはリードリンクに委ねられています。もっといえば、リードリンク以外のロールに「戦略を定める」というアカウンタビリティを追加することもできます。組織の状況に合わせて、柔軟に運用していくことが可能です。

に役立つ戦略を見極めることだ。一般的な戦略策定プロセスが、具体的なプランを模索するのに対して、このストラテジー・ミーティングは、日々の意思決定の支えとなるような、役に立つ経験則を見つけようとするものだ。つまり具体的な「正しい航路」を地図に描くのではなく、旅の間チームを導く、適切なコンパスを得ることを目指す。以下はこのプロセスの概要だ。

1 チェックイン・ラウンド

ガバナンス・ミーティングとタクティカル・ミーティングと同じように、ストラテジー・ミーティングもチェックイン・ラウンドで始まる。

2 オリエンテーション

チェックイン・ラウンドが終わると、ファシリテーターはサークルのパーパス、ドメイン、アカウンタビリティの他、サークルの外側のスーパーサークルで定められた戦略を改めて確認する。この短いオリエンテーションは、これがどういうサークルなのか、達成しようとしていることは何か、また、サークルの置かれた状況と関連する戦略について、全員を注目させる効果がある。

3 振り返り

振り返りの目的は、あなたがどうやって現在地に到達したか、現在どのような風景が見えるかに考えをめぐらせることだ。関連性のある項目をまとめながら壁に貼り出されるが、この段階では、湧き上がるイメージを評価したり、何をすべきかを話し合ったりしてはいけない。ただ、現状がしっかりとイメージできるまで、いろいろな事柄を拾い上げてポイントを押さえること。

このステップの進行にとても役立つ方法がある。チームメンバーに特大の付箋を配って、1枚に1つずつ、大きな文字で書いてもらうのだ。参加者はみんなに見えるよう付箋を壁に貼り、その後、すべての付箋を分類して整理し、関連するポイントを自然なまとまりのあるグループに分ける。ファシリテーターは付箋のまとまりごとに、1つずつ、コメントや明確化や考察を求め、この間に表明されたテンションを記録する。

④ 戦略の生成

次のステップでは、一人ひとりが「これらのテンショ

▼POINT　エボリューショナリー・パーパスと戦略をつなぐ

ホラクラシーの戦略（ストラテジー）においても、従来型の「予測と管理」のパラダイムではなく、「感じ取って対応する（Sense & Respond）」パラダイムで考えられています。

そのなかで大切なのが「組織のエボリューショナリーパーパスに耳を傾ける」ことです。上記の「オリエンテーション」と「振り返り」のステップの間に、次のようなワークを行ってみることも有益です。

まず、組織のエボリューショナリーパーパスに耳を澄まします。冷静さを保ちながら、「今ここ」の瞬間に意識を向けて、「組織を通じて現れたがっていること」や「組織が自然と行きたがっている方向性」をそれぞれで感じていきます。

次に、それぞれが感じたことを共有して、エボリューショナリー・パーパスとして、大まかな組織が向かいたがっている方向性を表現します。

このようにして、エボリューショナリー・パーパスが表現されていると、この後に指針としての戦略を作成するときに「何をより重視するのか」を考えやすくなります。

ンの解決に役立つような、日々重視する価値のあるものとは何だろう?」という問いをじっくり考え、自分の持つアイデアをメモする。ここで注意してもらいたいのは、問われているのは、具体的な行動やプロジェクトや新しいガバナンスを使ってテンションに対応することではなく、組織の中で普遍的に大切にしたいことは何か、どんな経験則が適用できるかを考えることだ。

通常は、1人当たり2、3件のアイデアが出て、直前のステップ同様、大型の付箋に書いて貼る。ホラクラシー・ワンの初期の戦略を確立したミーティングでは、こういう付箋が最初に貼られた時、標準化を重視するために何らかの対策を取る必要があることが明らかになった。なぜなら、言い方は違っても、多くの提案が標準化に触れていたからだ。

提案が貼り出されたら、提案をまとめていくための話し合いが始まる。具体的な戦略を考え出すため、「重視すべきものは何か?」「意思決定の指針とすべきはどんな戦略か?」を徹底的に話し合う。この時、戦略の形式として私がお勧めした形式を思い出してもらいたい。

「Xを、Yよりもさらに重視せよ」

この公式の**「Yよりも」**の部分にかなりのパワーが秘められている。この部分がないと、ある事柄を強調しようとしても、大して意味合いが強まらないし、役に立たないのだ。

「記録・標準化する」だけでは、いまいちインパクトに欠けるが、「新しいイベントの自社企画や共同企画よりも」と並べられた途端に、やるべきことが見えてくる。対極にあるものを明確に表現すると、意思決定を助けるパワフルなツールが突如現れるのだ。

当社の仕事先のサークルでは、セールスとマーケティングのやり方を変更したいと考えた。そこで、「誠実に共感を得ることを、追いかけることよりも重視せよ」という戦略を設定した。単なる心得としてなら前半部分だけでもよかったかもしれないが、後半部分があるおかげで、優先順位の変更に関して、はるかにインパクトが強くなった。

話し合いが自然にまとまって結論が出たら、あるいは、戦略がほぼ完成して、細かな言い回しをこれ以上推敲に時間とエネルギーをかける価値は低いとリードリンクが判断したら、リードリンクは話し合いを終了させ、具体的な戦略を提案する。この提案は、ガバナンス・ミーティングと同様の、統合的意思決定プロセス（122ページ参照）にかけられる。

5 戦略を実践に落とし込む

新しい戦略が確立したら、一人ひとりが「私のロールにおいて、新しい戦略をよりよく実行するために何ができるだろう?」としばらく考え、その結果生じたアイデアを記録する。全員が熟考を終えたら、参加者は1人ずつ自分のアイデアを共有し、他の人たちは情報提供や、さらなる提案をしてもよい。この結果、数々の新しいプロジェクトや取るべき行動が生まれ、さらに、次のガバナンス・ミーティングにかけるべきアジェンダも浮上する。

ストラテジー・ミーティング・プロセス

1 チェックイン・ラウンド

2 オリエンテーション

サークルのパーパス、ドメイン、アカウンタビリティ、全体サークルの戦略の確認

3 振り返り

- 各参加者は静かに内省し、注目すべき事実、データ、出来事、経緯がないか考える。
- それをメモに書いて壁に貼り、関係するものをグループ化しながら共同で整理する。
- 主要なメモを説明して明確化し、内省を共有する。その間に提起された主要なテンションをファシリテーターがリストにまとめる。

4 戦略の生成

- 各人が個別にアイデアを考え、壁に貼る。「これらのテンションを考慮した時、重視すべきものは何か?」
- 話し合う。「将来的に考えて、どんな戦略を指針とすべきか?」
- リードリンクが戦略を提案する。これは統合的意思決定プロセスで取り扱う。

5 戦略を実践に落とし込む

- 各参加者は個別に内省し、自分のロールで取り組みたいプロジェクトと次のアクションを考える。
- 各参加者は1人ずつ自分の考えを共有し、情報やアイデアを求める。

6 クロージング・ラウンド

⑥クロージング・ラウンド

ガバナンス・ミーティングやタクティカル・ミーティングと同様に、ストラテジー・ミーティングも、最終的な内省のためのクロージングで終了する。

このようなミーティング・プロセスを使うと、新しいやり方で戦略と関わる習慣を身につけやすくなる。また、静的な予測と管理方式から、動的な舵取りの方法へと、チームが移行しやすくなる。これは、新しい原則やリーダーのやる気だけで実現するものではなく、組織の中核的なプロセスを大転換させるホラクラシーのようなシステムの中で、懸命に実践を重ねなければならない。このように、システムとプロセスがアップグレードされると、ほとんどの組織は、現代の複雑な世界を航行するための能力を飛躍的に成長させることができる。

そして、往来の激しい道をステアリングする一流のサイクリストのように、優雅に、流れるように、意識して、大胆に舵を取っていく。

進化を宿すとはどういうことか

本書の冒頭の章で、ホラクラシーで運営する組織とは、単に進化を経たというだけでなく、**進化し続ける**組織だと述べた。それは、人間の意識が持つ、感知する能力の途轍もないパワーを発揮することにより、適応し学び統合することができる組織だ。また、経済学者のエリック・バインホッカーがビジネスにおけるたゆまぬ改善の鍵と言っているもの「『進化を宿すこと』、分化、淘汰、増幅の車輪を企業の**内部**で回し続けること」を、ホラクラシーが実現することも説明させてもらった。

ここまで、ガバナンスの機構についても、ダイナミック・ステアリングの基本原理についても取り上げてきたので、今度はこの本質的なポイントに戻り、テンションを柱とする定期的なガバナンスが、企業の内部でどのように進化のパワーを解き放つのかを探ってみよう。

「進化はデザインを創造する。もっと的確に言うと、試行錯誤のプロセスを通じてデザインを見つけ出すのだ」とバインホッカーは述べている。「進化とは、可能性のあるデザインが詰め込まれたほぼ無限大の果てしなく広い空間の中から、ほぼ無限小のわずかな割合で存在する、それぞれの特定の目的と環境に『適応する』デザインを探索する手法である」。つまりバインホッカーは進化を「探索アルゴリズム」として説明している。[15] 現代の進化論は、この探索アルゴリズムの魔法で進化のデザイン力が解き放たれるために必要な、次の4つの要素を特定している。

- デザインのコード化
- そのコードを実現させる方法
- そのコードを変化させる方法
- デザインの「適応度」を検証する方法と、適応するデザインを増殖させる方法私たちが進化と聞いてごく普通に連想する生物学の領域で、これらの要素がどのように現れるのかをざっと確認してみよう。

第一の要素はコード化だ。DNAにはデザインがコード化されている。第二にそのコードを具現化する方法が必要だ。それは私たちの細胞のロールであり、細胞はDNAを解読し、DNAが示すデザインを具体的な形で世界に現す。第三に、そのコードを多様化させる方法がいる。哺乳類では有性生殖と突然変異がそれに当たる。第四に、デザインの「適応度」を検証し、適応するデザインを選択する方法。適応したデザインが、受け継がれ増殖する一方で、不適応のデザインは間引かれて取り残される。生物学の分野では、これは自然淘汰として知られている。それぞれの環境に適応したデザインが生き残り、それが再生され増殖される。それに対し、適応度の低い近縁種は数が減り、やがて絶滅する。

これら4つの要素が出現し、連携して機能する時、クリエイティブなプロセスが解き放たれる。一見奇跡のような「デザイナーなきデザイン」は、この地球上の実に多様な生命を生み出した。進化はコードを受け取り、それを具現化する。結果を検証して、適応するデザインを増殖させ、それ以外のものを間引いていく。それだけでなく、さらに優れたデザインを見つけるため、コードに変異を起こしていく。

このプロセスは、より一層デザインを洗練させたり、クリエイティブなデザインを出現させたりしながら、反復的に続けられていく。私がホラクラシーを「進化的だ」と言うのは、進化と同じ4つの要素を通じて、組織の中にこのアルゴリズムをもたらすからである。

私が「ホラクラシーの原動力は進化だ」と言う時、それは単なるメタファーではない。組織のガバナンスの成果は、組織のデザイン――ロール、アカウンタビリティ、ドメイン、ポリシー――をコード化したものだ。

ホラクラシーで運営する企業のオペレーションでは、私たち「ロールの担当者」がそのコードを解読して、それを具体的な形で世界に現す。その結果は、適応度関数（子孫を残す能力を判定するために用いられる関数）を使って検証されるが、ホラクラシーの場合、適応度とは、無駄を最小限に抑えて組織のパーパスを実現させる能力のことだ。

適応したデザインは選択され保持される。それぞれのパーパスにとって、デザインが理想に満たない分だけテンションが表面化するだろう。そこでコードに変異を起こす方法を与えてくれるのが、私たち人間が持つ「テンションを感知しガバナンス・ミーティングで対応する能力」だ。

私たちは、ガバナンス・プロセスを通じて感知されたテンションを一つずつ対応しながら、組織のデザインを進化させていく。ガバナンスの度に取り入れられるデザインの変更の一つひとつが、私たちの組織のコードに新しい変異をもたらしてくれるのだ。

さらに、変異はそれぞれ具体的な形で具現化され、同時進行するプロセスの中で検証される。その間、進化を原動力とする革新的な組織は前進を止めることはない。ホラクラシーでは、たった1人の人間が組織をデザインするのでも、たった1つのグループが机を囲んで組織をデザインするのでもない。組織のデザインとは、進化的アルゴリズムから出現した成果なのである。しかもそれはよいことなのだ。なぜなら、適応するデザインを見つけることにかけては、私たちよりも進化のほうがはるかに優秀なのだから。

PART 3

進化が根付いていくために

ホラクラシーに命を吹き込む

Evolution Installed

Living Holacracy

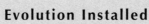

Chapter 8

既存の組織でどう活用するか

あらゆる種類の大組織は、三点セットの先天性障害——変わる気がない、革新性がない、面白みがない——を患っていて、ちまちまとした治療をいくら重ねても完治できるものじゃない。

——ゲイリー・ハメル
「コア・非コンピタンス経営」

これまでの章で、ホラクラシーがどういうものか、ビジネスというゲームにおけるあなたの日々の体験をどれほど様変わりさせるものか、少なくとも感触を掴んでもらえたら幸いだ。ひょっとしたら、ますます興味津々になり「うちの会社もこんなふうに回したいけれど、どうやって移行させたらいいだろう?」と思案しているかもしれない。

この章では、ホラクラシー実践にまつわるトピックを取り上げ、その後、あなたの組織やチームにホラクラシーを実践するプロセスを一通り説明する。また、ホラクラシーが提供する土台の上にどんなものが築けるかについてのアイデアも紹介したい。その後、最終章では実践の話題に戻り、ホラクラシー実践の1年目に遭遇するはずの、乗り越えなくてはならない課題や変化について検討する。

ホラクラシーについて学んでいる人たちから受ける質問で非常に多いのは、「ホラクラシーのシステムの一部だけ、例えばミーティングの形式だけを採用することはできますか?」というものだ。これは無理もない疑問だ。ホラクラシーは大転換だから、とりあえずお試しサイズで始めたいという気持ちはよくわかる。

しかし、答えはきっぱり「ノー」だ。新しいパラダイムの恩恵なんかいらない、ホラクラシーが実現するディープな転換を経験する必要はない、というのなら、もちろん、ミーティングの効率だけを上げることはできるだろう。しかしそれだけではホラクラシーではない。

ホラクラシーとは、新しい権力構造にシステムを変えることだ。権限というものを、マネジャーが持ったり移譲したりするのか、ホラクラシー憲章が持つことにするのか、どちらかを選択しなければならない。どんなルールとプロセスが使われるのかについても、マネジャーが宣言するのか、あるいはマネジャーは憲章に束縛され、もはやそんな宣言を行う権限を持たないか、2つに1つなのである。

ホラクラシーを細切れにして採用しても、権力構造を変えることにはならないし、権力構造の転換にこそ、ホラクラシーの本当のポテンシャルが潜んでいる。言い方を変えれば、ホラクラシーの一部だけを採用する場合、依然として「採用する部分を選ぶのは誰か?」という問題が残る。そして、既存の権力構造に直ちに逆戻りしてしまうのだ。

そうは言うものの、現状では、今すぐにホラクラシーを丸ごと採用することがどうしてもできない場合、心配には及ばない。ホラクラシーの多くの手法と教訓は、従来型の組織の中でさえかなり役に立つから、そういうあなたのために、次章でいくつかアドバイスしたい。しかし、できることなら、憲章を中心にした権力構造移行から始めるのがベストだ。また、本当の恩恵を受けるためには、一気に全パッケージを取り入れなければならない。

全パッケージを実践するというのは、最初から完璧に実践しろ、という意味ではない。初めてのスポーツ、例えば前に取り上げたサッカーを習う場合を考えてみよう。

6歳児のサッカーのコーチをしている場合、まずはルールを1つか2つだけ教えて、試合までに完璧にマスターしてもらおう、というわけにはいかない。すべてのルールをできる限り守るよう指導するはずだ。選手たちは優雅に巧みな技を使ってプレーするわけじゃないが、サッカーをしていることに変わりはない。また、実践を重ねてうまくなるのだ。ゲームを実際にプレーすることにより、いつの日か高校レベルにも、大学レベルにもなるだろうし、ひょっとしたらワールドカップに出場する日だって来るかもしれない。

ホラクラシーも同じだ。あなたのスキルのレベルにかかわらず、一度にすべてのルールを取り入れて学ぶ。そして、最初はどんなにぎこちなくても、ゲームをプレーすることで、実践を重ねてうまくなっていくのである。

考慮すべきオプションはもう1つある。ルールの一部だけを取り入れても、ホラクラシーを本当に実践することにはならないが、**会社の一部だけに、すべてのルールを取り入れることはできる**。

例えば、1人のマネジャーがホラクラシーを採用したいと考え、組織全体を巻き込みたくない場合がある。こういうケースでは、そのマネジャーがホラクラシー憲章を採択し、憲章に権限を移譲する。ただし、憲章で言及される「組織」とは、マネジャーが率いるチームや部門だけに限られる。最終的には全組織が後に続こうと計画している場合でも、こういうふうにまず会社の一部で実践するのはいいやり方だ。特に規模の大きな組織では、まず1つの部門や事業部で試験的に実践してみてから組織全体で開始する、というのは珍しくない。

あるいは、計画されている全社展開に先立って、社内でホラクラシーのスキルを習得し、経験を積むという目的で部分実践する場合もある。ザッポスのアプローチがそうだった。1つの部門でホラクラシーを試験実践し、その後、自前のホラクラシー実践サークルを新設してそのサークルが全社的な展開とファシリテーターの育成を主導した。

会社の一部にホラクラシーを実践する理由が何であれ、実践を始めると何らかの摩擦を生じる可能性があることを忠告しておこう。1つのチームや部門で、人々が感知するテンションに対応する新しい仕組みを始めたら、チームの境界の外側では同じようにできないので、メンバーは不満を募らせるかもしれない。また、マネジャーを中心に行われる従来型の評価や解雇のプロセスなど、組織全体のシステムとホラクラシーの新しいアプローチとが部分的に相容れない場合にも、課題に直面するだろう。

私のクライアントで、まず試験実践から始めた企業は、これらの摩擦以外にもさまざまな課題——ある企業では「2つの世界を生きる」上での課題と呼んでいたが——を解決するために、結局、全社的展開を前倒しすることになったところが少なくない。いずれにせよ、実践のプロセスをすべて前もって予測しコントロールする必要はない。どんな状況でも始められる。まずは憲章を採択し、なりゆきに従ってテンションを1つずつ対応しながら、実践のプロセスを取り入れていけばよいのだ。

「人間のコミュニティー」と「組織」は別モノである

私がよく受ける別の質問は、「社会的なグループ、コミュニティー、活動を運営するためにホラクラシーを使えますか?」というものだ。

この場合、答えは微妙だ。ホラクラシーは組織のためのガバナンス・システムであり、人々のグループのためのものではない。ご承知のように、ガバナンス・プロセスに認められているのは、組織の「仕事」と「ロール」のガバナンスだけで、「人々」は対象としていないのだ。この表現の中で、「組織」とは人々と違う次元にある存在で、組織ならではの実現したいパーパスとやりたい仕事を持っているので、その仕事をしている人々の役に立つだけの存在ではない。

グループが法人で、何らかの所有物（物でも、金銭でも、知的財産でも）を運用し、世界の中で何らかの活動を実行するなら、おそらくこの定義による組織に当たる。よくわからない場合は、多分、社会運動、コミュニティー・グループ、何かのクラブといったものが頭にあるのだろうが、上述の基準に照らして、組織と思しきグループがそれらを満たすかどうか、また、どんなふうに満たすのかを考えればいい。「ドメイン内にある運用対象の所有物は何か？」「世界に何を提供し、代わりに何を得るか？」「グループの仕事をしている人々の役に立つこと以外のパーパスは何か、それを実現するためにどんな仕事をしたいか？」

こうした点について明確に答えられれば、組織のパーパスや所有物、人々を超えて構造化してガバナンスすべき仕事があるかどうかが、よく理解できるだろう。また、もしそういうものがあるなら、こういった質問を検討することで、人間のコミュニティーと組織という存在とを区別しやすくなるだろう。ホラクラシーでガバナンスの対象となるのは後者だけに限られているのだ。

組織とは

- **境界**によって範囲が規定され、関与する人々とは別に、所有物とプロセスを持つ。境界とは組織がコントロールし規制する「領域」のことである。
- 境界の外の世界と**精力的な交流**を行う。世界へ、または世界のために何かを提供し、それと交換に何かを得る。
- 追求する**パーパス**と、そのパーパスのために行う仕事と、配置するリソースとを持つ。

理想的な始め方

本書で、私はできるだけ実用的になるよう詳細に、実例を挙げてホラクラシーの実践を説明してきた。それでも、ホラクラシーを実践する組織には、外部からホラクラシー・ワンのアセスメントを完了した認定ホラクラシー・コーチを迎えて、移行をサポートしてもらうことを強くお勧めする。あなたの組織がホラクラシー実践を開始する時、ホラクラシー・コーチは憲章の代弁者となる必要がある。すべてのルールを把握し、それぞれを今この瞬間にどのように適用するべきかを知り、さらにそれを実行できるスキルと中立性と忍耐力を求められる。もちろん、組織の権力構造を転換し、組織と他人に影響を与える新しい方法を人々に習得してもらうのに必要な、あらゆるビジネススキルとコーチングスキルも持ち合わせる必要があることは言うまでもない。

とは言ったものの、組織によっては、認定コーチを雇うことが現実的でない場合もあるだろう。それに、私の忠告にもかかわらず、外部の助けを借りずにホラクラシーを採用したいと考える人が多いのも知っている。

もし、あなたもその1人だとしたら、始める前に、できるだけ多くの実地体験と研修を積むこと★を検討してほしい。ホラクラシーの公開研修は、現在、いろんな企業がたくさん提供している。予算とスケジュールに合うものを見つけ、飛びこむ前に吸収できるものはすべて吸収してほしい。た

★ 日本では未開催だが、英語のオンラインコースもある

とえ、社外のサポートを受けたり、あるいは社内に専門家がいたりして指導を受けられるとしても、あなたのチームメンバーが、学習環境の中でホラクラシーを体験する機会が多ければ多いほど、より簡単に、より速く移行が行われるだろう。

ザッポスのホラクラシー全社展開の大半を指揮したジョン・バンチは、こう言っている。「肝心なのは教育です。ザッポスでは、ホラクラシー・ワンの実践研修と同様の、3日間の研修プログラムを開発し、これまで400人以上が受講してきましたが、これが全社展開に抜群の効果を発揮しました」

自力でホラクラシーを実践するための5ステップ

少なくともある程度の研修を終えるか、あるいは熟練のコーチを確保し、ホラクラシーに踏み切る準備ができたら、あなたの組織に自力でホラクラシーを実践するための次のプロセスを用いて、正しい軌道に沿って実践しよう。

1 ホラクラシー憲章を採択する
2 ガバナンスの記録を共有化するシステムを立ち上げる
3 初期構造を決定する

④第1回ガバナンス・ミーティングを開催し、選挙を実施する
⑤定期的なタクティカル／ガバナンス・ミーティングの予定を組む

1 ホラクラシー憲章を採択する

ホラクラシーをあなたの組織（またはチームや部門）の新しい権力構造として採用するためには、まず、正式に権力を持つ人が誰であれ、その人物は権力をホラクラシーの「ゲームのルール」に明確に移譲しなければならない。このルールはホラクラシー憲章に正式に述べられている。したがって、ホラクラシー実践への第一歩は、現在の権力保持者に、この書類が組織の権力の座であると承認させることだ。

その承認者が誰であるかは、あなたの組織の既存の権力構造によって異なり、ホラクラシーを展開したいと望む範囲によっても実行可能な選択肢はさまざまだ。組織全体の場合は、取締役会レベルの正式な決議として採択してもいいし、または取締役会の決議なしにCEOの施策として採択してもいいだろう。取締役会レベルの賛同を予め取り付けると余計に複雑になるので、当社では通常、後者を推奨している。

組織の一部がホラクラシーを採用する場合は、その部門の既存のマネジャーが憲章を承認すればいい。ただし、その人物が「部門内の仕事をどんな構造でどのように実行するのかを、定める権限を持っていること」が前提になる。あるいは、あなたの組織で機能している現在の正式な権力構造

が、本当にコンセンサスや民主的な投票によるものならば、そうやって憲章を承認することもありえる。ただし、もしそれが現在の正式な権力構造でない場合、単に賛同を得るためだけにこのアプローチを使おうとするなら、後で面倒なことになる。

あなたの状況にふさわしい方法が何であれ、憲章の採択を正式で透明なものにすることが鍵だ。憲章の採択は書面で行おう。CEOやマネジャーによる採択なら、ホラクラシー憲章のPDFファイルをダウンロードし（holacracy.org/constitution）、最終ページの「採択宣言」に署名したら、それを公表しよう。現在の権力保持者が正式に権力を移譲したことをみんなに知らしめる必要があるからだ。

権力を移譲した人物は、ホラクラシーの「採択を取り消す」権利を保持し、いつでも古いやり方に戻ることができる。ただし、ホラクラシーが適用されている間は、憲章の特定のルールを無効にすることはできない。ここが肝心なところだ。ホラクラシーが魔法の力を発揮するためには、システムを採択する人がルールに則ってプレーすることに同意しなければならず、撤退の決定なしに、法を超越してはならないからだ。

どのように、どのレベルで憲章を採択するかによって、ホラクラシーで運営するあなたの組織の「アンカーサークル」が決まる。アンカーサークルとは、新しい構造において一番大きなサークルで、ホラクラシー憲章によって定められたすべての仕事が完全に含まれる。そのパーパスは、組織全体（部分的な採用の場合は、チームや部門）のパーパスとして定義される。また、組織のすべての所有物と、組織が運用する権限を持つ他のすべてのものが、自動的にアンカーサークルのドメインとなる。

もし、私がよく勧めているように、CEOの施策として憲章を採択するなら、アンカーサークルのメンバー構成と活動の中心は、以前の経営陣と同様のものになる。アンカーサークルは、ゼネラル・カンパニー・サークル（GCC）と呼ばれることも多い。

取締役会かそれに相当するものがホラクラシー憲章を正式に採択し、憲章に則って取締役会を運営してもいい。その場合、取締役会がアンカーサークルになり、いくつかの特別なルールが適用される（ホラクラシーによる取締役会の運営については、この章で後ほど取り上げよう）。

社則（またはそれに相当するもの）の範囲内で憲章を採択することもできる。こうすると、組織の権力構造の根幹に一層強固な基礎を打つことになる。ただ、ホラクラシーの旅を始めたばかりの組織には私はこれを勧めない。どうしても検討したいというのなら、社則をいじる前に適切な制度面のアドバイスを求めたほうがいい。

憲章の採択にどのような形で取り組むとしても、組織とアンカーサークルのパーパスを明らかにしなければならないだろう。それはアンカーサークルのリードリンクの仕事だ。もっと詳しく言うと、アンカーサークルのリードリンクには次のアカウンタビリティがある。

「組織の歴史、現在の能力、使用可能なリソース、パートナー、特徴、文化、事業構造、ブランド、市場についての理解や関連性があると思われるすべてのリソースと要素といった、組織に作用しているあらゆる制約と使用可能なものを考慮して、組織が世界において持続的に発揮でき、組織に最もふさわしい、根底にあるクリエイティブな潜在能力を発見し明確にしている」

これが、憲章で正式に定義している組織のパーパスだ。あなたの組織でホラクラシーの運用を始める前に、アンカーサークルのリードリンクが当初のパーパスを何かしら設定することが大切だ。「完璧な」パーパスを設定しなければ、と気負う必要はない。定義されたパーパスに対してテンションが表面化して、もっと明確にする必要に迫られたら、後からいつでも改善したり、手を入れたりすることができるからだ。

2 ガバナンスの記録を共有化するシステムを立ち上げる

ホラクラシーを実践するために、組織で現在活動中のガバナンス（サークル、ロール、アカウンタビリティなど）と、オペレーション上の重要情報（メトリクス、チェックリスト、プロジェクトなど）を保管する場所が必要になるだろう。これらの記録は、それぞれのロールに設定された期待と権限に疑問を持った時、みんなが訪れる場所となる。ホラクラシーをきちんと実践していれば、あなたの会社の誰もが、記録を頻繁に、1日に何度も参照するだろう。

適切なシステムを使用して、こうした記録を保管することが非常に重要だ。もし、ガバナンスの記録が明確でなかったり、誰にでもアクセスしやすいものでなければ、ホラクラシーの権力構造全体が損なわれてしまうだろう。そこで、プロジェクト管理ツールを転用して組織のガバナンス構造を保管しようとする企業がある。これでもうまくいくかもしれないが、大抵のプロジェクト管理ツールは、ホラクラシー形式のガバナンスの記録を保管するために設計されていない。

あるいは、ウィキやそれと同様のイントラネット的なツールをカスタマイズする会社もある。この場合、適正な構造や項目やガバナンスのデータを、編集可能なものにできるなら、特に使い勝手がよくなる。また、前に触れたGlassFrogを使ってもいい。これはウェブブラウザを利用したツールで、ホラクラシーの採択、記録管理、実践をサポートするために、ホラクラシー・ワンが専用に開発したものだ。

③ 初期構造を決定する

ホラクラシー憲章を承認し、ガバナンスの記録とオペレーション上の主要データを保管するためのシステムを立ち上げたら、いよいよ「初期構造」の決定に移ろう。これは、出発点となる一連のロールとサークルを設置することである。検討にあたって大切なのは、**初期構造とは単なる「出発点」にすぎない**ということだ。

ホラクラシーは、あなたの組織の構造を時間とともに進化させる生きたシステムだから、初期構造はガバナンス・ミーティングを開くたびに変化していくだろう。当社のクライアント企業では、ホラクラシーの実践から1年ほど経過すると、通常は初めに使っていた構造は跡形もなくなっている。

これはホラクラシーを使うほとんどの組織について言えることで、小さな組織も例外ではない。だから、予め完璧な構造を追求する必要はない。ただ幸先のよいスタートが切れるように、出発点となるものを整えればいい。アンカーサークルのリードリンクは、初期構造を決定する権限を持ち、内部の各サークルのリードリンクは、最初のガバナンス・ミーティングの前に（この時に限り）、自分のサークル内の初期構造に手を加えることができる。

初期構造を描くためによく使われる方法は、既に活動している部門やチームを、単純にサークルに置き換えて設定することだ。さらに、既に明確に発生している仕事を捉えて、各サークル内で単純なロールを設定する。

だがここで注意すべき落とし穴がある。初期構造を決定する時は、存在すべきとか発生すべきとあなたが考えるものではなく、既に存在するもの、発生しているものを捉えよう。先回りする必要はない。目標は、組織内の誰もが少なくとも1つのロールを担当できるようにすること、そのロールには少なくとも1つのパーパスか1つのアカウンタビリティが付与されていること、そしてそれらのロールが、まずまずの完成度の初期サークルの中にグループ化されていることである。既に発生しているものをそのままベースにしよう。そして、繰り返しになるが、完璧にする必要はない。

最後にもう1つ、小規模な組織（約10名以下）のための注意事項を挙げておく。小さな組織の場合、多くのロールがあっても、おそらくサークルは1つしかないだろう。もし、サークルはもっと多いと考えるなら、あなたが「サークル」と想定しているものは、実は、ゼネラル・カンパニーという単一のサークル内のロールの1つかもしれないし、あるいは、たまたまそのサークル内で他の「ロール」と一緒に働くことになっているのを、「別のサークル」と一緒に働いていると勘違いしているのかもしれない、と考えてもらいたい。

規模の大きな組織でも、一般的な注意事項として同じことが役に立つ。

「1つのロールが、他のロール（他のサークル内のロールも含む）と相互に作用するだけで事足りる場合には、サークルを設置しないこと」

新しい組織が、サークルをたくさんつくりすぎてしまうのは、よく見かけるパターンだ。

ホラクラシーの初心者は「みんなが一緒に働く時は必ずサークルがいる」と考えがちだ。大事なことは、サークルは「一緒に働く」ためのものではなく、単一の機能（例：「マーケティング」）を、複数の人たちで担当できるように、複数の下位機能（「ブログ」「広告」「イベント」）に分割するためのものだ、という点だ。

初期構造が決まったら、アンカーサークルのリードリンクは、アンカーサークル内のさまざまなロールにみんなをアサインする。各サブサークルにリードリンクをアサインすることもその1つで、アサインされた各リードリンクは、今度は自分のサークル内で同じことを行う。では、準備が整ったところで、次のステップ、第1回ガバナンス・ミーティングと選挙に移ろう。

④ 第1回ガバナンス・ミーティングを開催し、選挙を実施する

通常は、ガバナンス・ミーティングの予定を組むのは、サークル選任のセクレタリーの仕事だが、サークルが選挙を実施する前なので、最初のガバナンス・ミーティングの予定を組むのは各サークルのリードリンクの仕事になる。

また、リードリンクは、この初回ミーティングのファシリテーターを務めてもいいし、誰か他の人を指名してもよい。それは、社外のコーチやファシリテーターや、トレーニングを受けた社内のファシリテーターなど、このサークルの通常のメンバーでなくても構わない。

この初回のガバナンス・ミーティングでは、少なくともセクレタリーとレプリンクを選出するために、リードリンクが選挙の開催をアジェンダに加える。初回ミーティングでファシリテーター選挙を行ってもいいが、経験豊かな、あるいはトレーニングを受けたファシリテーターをサークルで確保している場合には、サークルメンバーがゲームのルールとミーティングの進め方に慣れるまで、サークル内でファシリテーターを選出するのは待ったほうがいい。

初回ミーティングで、統合的選挙プロセス（詳細は憲章を参照）を使い、選出されるべきロールの担当者が決まったら、あなたのサークルはついにホラクラシーの実践を開始する。

⑤ 定期的なタクティカル／ガバナンス・ミーティングの予定を組む

これからは、各サークルのセクレタリーが、定期的なタクティカル・ミーティングとガバナン

ス・ミーティングの予定を組む。典型的な頻度は、タクティカル・ミーティングの場合は毎週か隔週、ガバナンス・ミーティングの場合は隔週か毎月だ。

「最初は、少なすぎるよりは多いほうがいい」と私はアドバイスしている。これは何ということのないステップだと思うかもしれないが、ホラクラシー実践者を目指すみなさんは、よく注意しておいたほうがいい。

至極単純なことに見えるかもしれないが、私の経験では、ホラクラシーの実践が失敗する原因の筆頭に挙がるのは、ただ単に、定められた主要なミーティングをスケジュールしなかったり、開催しなかったりすることなのだ。惰性というのは強力な力になり得るし、チームがまだミーティングや意思決定の古いやり方に慣れている間は、メンバーは非常にやすやすとホラクラシーの新しい習慣を見落として、古い習慣に頼ってしまうのである。

古い習慣を差し替え、新しい方向に向かうためには、まず、ホラクラシー式ガバナンス・ミーティングとタクティカル・ミーティングを定期的に実施することから始めよう。それは、セクレタリーがミーティングを定期的に、確実にスケジュールすることから始まるのだ。

以上の5つのステップを実施し、ミーティングをうまく進行させるスキルを何らかの形で確保していれば、あなたの組織は、ホラクラシーの新しいパラダイムと権力構造の中で仕事をこなす道を歩み始めるだろう。最初はぎこちなく、のろのろと、面倒に感じられても、それが普通だから心配する必要はない。

実際、もしホラクラシーがとてもやりやすいと感じるようなら、やり方がどこか間違っている可能性もある。パソコンのオペレーティング・システムをより性能のよいものに切り替える時とよく似ていて、新しいインターフェイスと使い勝手に慣れるまではしばらく時間がかかるかもしれない。しかし、いったんコツを掴んでしまえば、以前よりはるかに速くスムーズに操作できることが実感できるだろう。

ホラクラシーでもそれは同じで、つらいこともある学習の過程を乗り越えて、上手に実践できるようになると、ミーティングは劇的にスピードアップし、非常に快適に感じられるようになる。新しい物事を習う時は大抵同じことが言えるが、継続する忍耐力と自制心があなたにあれば、また、できたら途中でちょっとしたサポートを受ければ、時間をかけて練習するうちに、ホラクラシーの実践はぐんと楽になるはずだ。

自社に適した「アプリ」をつくろう

私はホラクラシーを、新しいオペレーティング・システムにたとえる。なぜならホラクラシーは、あなたの組織が必要とする、さまざまな機能やプロセスをどう構造化するかを指定することなく、組織の根本的な権力構造とガバナンスのパラダイムを転換するからだ。ホラクラシー憲章が提供するのは具体的なプロセスではなく、基盤となるプラットフォーム、いわばメタ・プロセスであり、時間をかけて業務プロセスを定義し、進化させ、実現する一連の中核的なルールである。ほとんどの組織が必要とする一般的な業務プロセスで、ホラクラシー憲章で規定されていないものがある。報酬と実績管理システム、財務管理／予算プロセス、採用・面接プロセスなどがそうだ。

パソコンのメタファーを続けると、こういうプロセスは、組織にとって、基盤となるOS上で動作するアプリであり、OSそのものの特徴ではない、と考えていいだろう。

7章で説明したストラテジー・ミーティング・プロセスでさえ、ホラクラシーの中核的なOSの一部ではなく、ただのオプションのアプリなのだ。どのサークルも、そのアプリを「インストール」できる。そのためには、サークルのセクレタリーのロールに「ストラテジー・ミーティングのスケジューリング」のアカウンタビリティを追加するとともに、リードリンクの通常の権限である「戦略《ストラテジー》の策定」をストラテジー・ミーティング・プロセスに移譲するポリシーを設定すればいい。

私がホラクラシーにおけるアプリと言っているのは、こういうふうに、関連するガバナンスの意思決定の集合体を指す。アプリとは、1つまたは複数のロール、いくつかの新しいアカウンタビリティ、数個のポリシーなどが集まって、必要とされる何らかのプロセスや機能を実行するものだ。

ほとんどのパソコンは、少なくともいくつかの基本アプリ（eメール、カレンダー、ブラウザなど）がなければ全然役に立たない。それとちょうど同じように、ほとんどの組織も、きちんと機能するためには少なくともいくつかの基本アプリが必要だ。ビジネス界には標準的アプローチが多くあり、大抵の組織機能についてはアプリが豊富に揃っているし、毎年卒業生を量産する多数のビジネススクールは、そういうアプリに精通している。

もちろん、そのほとんどは、ホラクラシーではなく、ピラミッド型組織のOSで経営される企業のために設計されたものだ。メタファーに戻ると、パソコンのOSを大幅にアップグレードする時には、そのまま使ってもまったく問題のないアプリもあれば、交換したり、アップグレードしたりする必要のあるアプリもあるだろう。また、新しいOSがせっかく新しい性能を備えているのだから、それを堪能できるような新しいアプリが欲しくなるかもしれない。

それと同様に、ホラクラシーで運営する組織にアップグレードすると、それまで使ってきた仕事のやり方の中には、新しいシステムに問題なく馴染むものもあるかもしれないが、多くのものは、ホラクラシーにおける何らかの重要な変化と衝突したり、ホラクラシーが実現する新しい能力を十分に生かすことができないので、テンションの原因となるだろう。

例として、現在、あなたの組織で報酬を決定している方法について考えてみよう。ホラクラシーへの移行が完了すると、おそらく、従来のやり方で報酬を決めるのは、なんとなく無意味だと感じるようになるだろう。マネジャーも管理階層も存在せず、ロールが常に変わり続けている場合、どうやって報酬を設定すればいいだろう？

「それなら、リードリンクがやればいい」と思うかもしれないが、前に話した通り、みんなはいろいろなサークルでロールを担当できるから、リードリンクもたくさんいて、サークルごとに違うのだ。たとえこの問題をクリアする方法があっても、リードリンクに報酬の決定を課すと、従来の力関係に引き戻されてしまうことになる。

つまり、現状のものによく似た報酬システムを続けていくと、その結果、ほぼ確実にあなたは何らかの重大なテンションを経験するだろう。そして、そのテンションを放置しておくと、ホラクラシーの新しいパラダイムへの転換が妨げられてしまうのだ。実は、あなたの現状のプロセスの中で、マネジャーに主要な決定を課すものや、管理階層に頼るものはすべて、ホラクラシー採用後まもなく、テンションの重大な原因になる恐れがある。

幸運にもあなたの会社ではホラクラシーが実践されているので、テンションに対応し、アプリが進化していくためのかなり優れたシステムがある。そこで、報酬制度などの根幹に関わるシステムを改良する必要性を感じた場合、あなたはただ単に、それを行う新しいやり方を考え出すためにはどんなガバナンスが必要か、また、該当するドメインをどのサークルが運用するのかを提案すればいい。

あなたの組織の特別なニーズに合わせて、独自のシステムをデザインしてもいいが、ホラクラシー実践組織の大きなコミュニティーで既に運用されているものを確認し、誰か他の人が構築した標準的なアプリの採用を検討してみるほうがいいだろう（これが手軽にできるように、ホラクラシー・ワンでは「ホラクラシーアプリストア」を開設している。これは、何かの目標を達成したり、よくある機能を実行するために設計された一般的なアプリを、ホラクラシー実践者が共有したり探したりするためのウェブサイトだ)。

実は、成長を続けるホラクラシー実践者のコミュニティーにおいて、この先数年にわたって、もっぱら焦点となるのは、共通の業務プロセスをアップグレードするための新しいアプリの開発関連分野になるだろう、と私は思っている。私のクライアント企業の数社において、それが現実になっているのを既に目にしているし、ホラクラシー・ワンの社内でも、常に実験を続けている。

ホラクラシー・ワンで開発したアプリのよい例が、「バッジベース報酬アプリ」だ。このアプリでは、組織とそのロールに必要とされる特定のスキル、才能その他の能力が、一つひとつ「バッジ」で表され、バッジには市場価値が付けられている。

当社のパートナー(社員およびそれに準ずる人)は、能力を認められるとこうしたバッジを取得できる。パートナーが取得し、組織のためのロールにおいて使用するバッジの中で、最も価値の高い組み合わせに対して、規定の報酬が支払われる仕組みだ。バッジを定義するのも付与するのも、どちらもテンションで動くプロセスなので、「新しいバッジを定義したい」「バッジを取得することを認めてほしい」というテンションを感じた人は誰でも、バッジの追加や付与を認定するプロセスをスタートさせることができる。

しかし、予めすべてのバッジを完璧に定義したり、全員のスキルを常時確認したりするために、無駄なエネルギーが費やされることはない。バッジシステムは、主な基準をどうするのか、また個人の位置付けと報酬水準をどう決めるかについても、必要な時に、必要なものを、必要なだけ明確にして、進化し続けるシステムなのである。

また、このアプリでは、バッジの定義、バッジの価値の認定、ロールへのバッジのタグ付けの各ステップに関与するロールが異なり、報酬に関する意思決定が複数の当事者とプロセスに分配されている。バッジを得る資格を判定するプロセスは、個々のバッジごとに独自のものとなり得るので、バッジの種類ごとに、異なるロールがバッジの付与を認定する。

バッジの中には、資格取得など、特定の事実や外部の認証に基づいて付与されるものがある。このアプリは全体として、所定の階段を上っていく右肩上がりの典型的な「昇給」方法ではなく、あらゆる可能性を考慮した、**一人ひとりに固有のスキル情報を構築するプロセス**であり、しかも、予期したり前もって計画したりしていなかったスキルも拾い上げることができるのだ。

この特別な報酬アプリは、従来の常識からすると隔世の感があるので、組織によっては時期尚早であったり、使い心地が悪かったりするだろう。それならそれで構わない。ホラクラシーに関する何ごとも、このシステムや他の特定の報酬制度を使うことを強制しない。あなたの現在の報酬制度の周辺でテンションが生じたら（それはほぼ確実に起こる）、それに対応して、あなたの組織にふさわしい次のステップを見つければいい。

もしかしたら、全員の評価や、既に存在する給与体系を使って、組織の全員の給与を設定するロールを設置するだけかもしれない。ただし、給与を設定するそのロールは、どのリードリンクのロールからも完全に分離させておくことが重要だ。そうすれば、ホラクラシーを利用した明確なシステムが設置されるので、従来の報酬制度から一歩前進することになるだろう。さらに、当初は融合しがちな「マネジャー」と「リードリンク」を分離することにも役立つので、誰が自分の給与を決めるのかを気にせずに、みんなはのびのびと多くのサークルでロールを担当できる。

ザッポスでは、ホラクラシーの実践を始めて1年ほど経過した頃、これと同じような方法をとった。みんなの報酬を設定する権限を持つ「貢献度測定」というロールを設置して、誰かの報酬を決めるに当たっては、その人が一緒に仕事をしている全員から情報収集するアカウンタビリティを設定したのである。やや控えめなこのようなやり方でさえ、従来型のアプローチから脱却する第一歩であり、ホラクラシーが実現する他の変革に逆行することなく、それを強化してくれる。実際、当社ではザッポスのアプローチが最初のステップとしてとても気に入ったので、それをベースに一般的なアプリを作成し、アプリストアで公開した。

もう1つ、ホラクラシーと互換性のあるアプリの例を挙げよう。あるクライアントでは、組織の実績管理システムをめぐってテンションが表面化していた。このシステムは当初古いパラダイムに基づいていて、社員の雇用に使われてきた職務記述書のさまざまな要素を基準にして、以前マネジャーと呼ばれていた人たちがいまだにチームメンバーを評価していた。

しかし、ガバナンス・ミーティングを開くたびに、ロールが様変わりしたり、人々の実際のアカウンタビリティが変更されたりする可能性があり、それにつれて人々に期待されるものも目まぐるしく変化するようになっていた。そればかりでなく、今となっては「マネジャー」とは何か、なぜこの人たちがその機能を担っているのかもよくわからなくなっていた。こういう問題が刺激となって、クライアントは新しい実績管理アプリを生み出したのである。

彼らは社内でソフトウエアツールを開発し、どのチームメンバーも、他のチームメンバーが担当する各ロールにおける具体的な各アカウンタビリティの実行について、フィードバックを与えられるようにした。このツールは、フィードバックが開始された時点でリアルタイムでロール定義を引き出すので、ガバナンスに変更があったとしても、フィードバックは常に最新のアカウンタビリティに対して行われる。担当のロールが誰かの給与を見直すため実績を確認する時が来ると、このツールを使い、実際にその人物と一緒に仕事をしているみんなからの意見を求めたり、直前の数カ月間に入力された過去のフィードバックに目を通すことができた。

また、このツールでは、一人ひとりが、同じサークルのチームメンバーに対し、自分の現在のロールに対するフィードバックを依頼することで、いつの時点でも、自分のために積極的にフィードバックを求めることができた。この情報も蓄積されて、次回の実績確認に利用されたのである。このアプローチはクライアントにとってかなりうまくいった、という報告を受けている。だがこれもまた、1つの可能性でしかない。あなたは、自分の組織に合うアプリを見つけたり、開発したりする必要があるだろう。

一般的に言えば、ホラクラシーで運営する組織にとって最善のアプリとは、OSのユニークな能力を十分に活用し、その能力に逆らわず協調して動作するものだ。言葉を換えれば、ホラクラシーの柔軟でダイナミックな組織構造と権力分配型組織への転換、みんなが複数のサークルで多くのロールを担当する新しいやり方と互換性があるもの、そして「役割《ロール》と人間《ソウル》」の区別を尊重し、マネジャーや古い階層構造に頼らないことがポイントだ。

あなたの組織の既存のシステムの中には、少なくともしばらくは、問題なく機能してテンションを生じないものがあるかもしれない。その場合、変える必要はない。もしテンションが実際に生じたら、その時にガバナンス・システムを通じて変更すればいいだけのことだ。実在するテンションをガイドラインとしながら、時間とともに組織のアプリが進化していく。

ホラクラシー流の取締役会

もし、あなたの組織がＣＥＯの方針としてホラクラシーを採択することを選んだ場合、取締役会やそれに準ずるものは著しい影響を受けないだろう――少なくとも最初のうちは。しかし、やる価値があるとあなたが判断する時が来たらいつでも、取締役会レベルでもホラクラシーを使うことは可能だ。

また、取締役会レベルでの実践が最大限の効果を発揮するよう、ホラクラシー憲章にはいくつかの特別なルールがある。さらにこれらのルールは、取締役会が代表するものと意思決定についていくつかの興味深い新たな可能性を開くだけでなく、取締役会のロールについてあなたの考え方を転換させる可能性さえ秘めている。

まずは、ホラクラシーで運営する取締役会の構造から見ていこう。通常は、取締役会がホラクラシーを採択すると、取締役会が組織のアンカーサークル（ゼネラル・カンパニー・サークル＝GCC）になり、ほとんどの日々の仕事はここに移譲される。通常はこれが取締役会の持つ唯一のサブサークルだ。取締役会はGCCのリードリンクを通常のやり方で指名するが、取締役会自体はリードリンクなしに運営される。取締役会に類似のアンカーサークルには、リードリンクを免除することが憲章で認められているのだ。

ホラクラシーでサークルに定義されている通常のプロセスに加えて、取締役会の場合には憲章で次の特別なルールが定められている。

「通常リードリンクに与えられている権限と意思決定は、サークルのすべてのロールが参加する、『統合的意思決定プロセス』を通じて行われる」

おそらくこの構造は、ホラクラシー以前に存在していたものに近いだろう。一般的に取締役会には複数の取締役がいるが、リードリンクと同等の権限を持つ、ただ1人の権力保持者はいないはずだ。

では、変更される点は何かと言えば、取締役会は、以前よりもはるかに明確でもっと効果的なプロセスを使って機能し、決定を行い、ロールやGCCへ権限を移譲したりできるようになる、ということだ。

ただし、意思決定を行えるようになるには、予め、各取締役にロールが定義されなければならない。リードリンクがいない場合、憲章はその代わりに少なくとも1つのクロスリンクを設けることを定めている。以前の取締役の一人ひとりが、通常1つのクロスリンクのロールを担当し、おそらくその他にも、取締役が担うべきロールもあるだろう。

覚えているだろうか、クロスリンクとはホラクラシー第三のリンクで、外部の存在の代表を自分のサークルに迎えるためによく使われる。取締役会の場合、各クロスリンクは、社外の組織やステークホルダーのパーパスと利益を代表することができる。

例えば、組織への出資者を代表するただ1つのクロスリンクのロールを設け、各取締役をみなそのロールにアサインしてもいい。このケースでは、取締役会の構造は従来の取締役会とほとんど変わらず、ただ、以前よりも優れた意思決定プロセスが与えられているだけだ。実は別の選択肢もある。クロスリンクのロールを複数設置し、そのうちのいくつかは、出資者だけでなく、あなたの組織に関わりの深い、ステークホルダーのグループを代表させるのである。こうするとさらに興味深い展開になってくる。

従来、取締役会は株主の経済的利益（営利目的の団体の場合）や、組織の社会的パーパス（非営利団体の場合）を代表する。ところが近年では、営利企業は「ステークホルダー重視」にシフトしつつあるという主張が増えている。

組織は出資者だけでなく、主要取引先、顧客、社員、地域社会、環境など、重要なステークホルダーのすべてに奉仕することに心血を注いでいるのである。しかし、今では多くの組織がこの精神を取り入れてはいる一方で、取締役会の構造はほとんど変わっていない。

実際それは無理もないことなのだ。なぜなら、従来の取締役会の権力構造において複数のステークホルダーの利益を代表する形を目指そうとすると、膠着《こうちゃく》状態や「多数派の専制」という事態にやすやすと陥ってしまうからである。

自然志向の食料品スーパーマーケットを展開するホールフーズ・マーケットのCEOジョン・マッキーは、ステークホルダー重視経営の旗手であり実践者の鑑だが、その彼でさえ以前ランチを共にした時に、マルチステークホルダーの取締役会は出資者保護を弱めやすいからやめたほうがいいと言っていた。出資者はただでさえ法的に後回しになっていて、ステークホルダーたちが並ぶ行列の最後尾でお金をもらうのを待っているから、というのがその理由だ。

ところが、ホラクラシーが実践されていれば、マルチステークホルダーの取締役会も夢でなく、出資者保護を大幅に弱めることなく、効果的に実施できるかもしれない。ホラクラシーのルールと統合的ガバナンス・プロセスの威力で、たとえ少数意見であっても、すべてのテンションと反対意見が確実に対応されるからだ。今はまだ事例が少ないので、私の経験からこれを断言するのは時期尚早だが、非常に興味深い可能性だと考えている。

それにも増して面白そうな可能性が生じるのは、あなたの組織のパーパスや、ステークホルダーのいずれかに関係がある別の組織が、あなたのエコシステムに存在する場合だ。その別組織からあなたの取締役会に出席するつなぎ役を1人指名してもらい、組織と組織とを結ぶクロスリンクを設置したらどうだろう？

例えば、出資者、顧客、組織のパートナー（社員およびそれに準ずる人）をそれぞれ代表するクロスリンクに加えて、業界団体や、あなたの組織に関連性のあるより大きなムーブメントを代表する組織に、あなたの会社へのクロスリンクをアサインしてもらうことを提案したらどうだろう？　できたら、その代わりに彼らの組織にクロスリンクをアサインさせてもらえないかも聞いてみよう。

もしこんなふうにして、ステークホルダーがあなたの会社にもっと直接的な影響を与えられれば、おそらく組織がもっと建設的に、この世界の中で信頼される市民になれるように、またその過程で組織のパーパスをよりよく実現できるように、彼らは力を貸してくれるだろう。

ただし、これもまた完全に推論だ。結局はとんでもないアイデアだった、となる可能性もあるので、もしこれを試してみる場合は慎重に進めてほしい。けれども、どんなふうにして到達するかは別として、パーパス志向型の組織が他のパーパス志向型組織と健全な関係で結びつき、そのすべての組織が組織の境界を越えてテンションに対応する、そういうエコシステムに私は底知れぬポテンシャルを感じるのだ。

取締役会の構成をどうするかはあなたにお任せするとしても、ホラクラシーでは、取締役会の組織の受託者としてのパーパスも見直される。取締役会レベルでホラクラシーが採用されると、取締役会の存在意義は、もはや株主のために企業経営を受託することにはない。あらゆるステークホルダーのためでもない。むしろ組織そのもののために、つまり組織のパーパスを実現するために組織運営を受託するのである。

面白いことに、こう考えると、営利組織、非営利組織を区別する意味が薄れてくる。税法上の区分がどうあれ、ホラクラシーで運営する組織は**何よりもまずパーパスドリブン**であり、すべての活動は究極的には**組織全体のパーパスを実現するために存在**している。さらに、組織の全メンバーがそのパーパスのためのセンサーになり、ホラクラシーのガバナンス・プロセスのルールも、個人の利益が幅を利かせることがないよう守っている。

多様なモノの見方が取り入れられ、また、それらを統合するプロセスが取り入れられた今、取締役会は難しい深遠な問いに取り組む準備が整った。

「世界はこの組織に何を求めているか？」

「この組織は世界においてどうありたいか？」

「独自のパーパスとは何か、何か新しいものを生み出すために、また、創造力と進化がさらに発展していくために貢献できることは何か？」

株主や他のステークホルダーのニーズは大切な制約であることに変わりないが、ホラクラシーが実践されると、最終的に組織の軸となり前に引っ張るのは、この究極のパーパスなのだ。子供が独自のアイデンティティーを見つけられるよう親が子供を育てるのと同じで、取締役会は、組織が独自の道を歩めるように導いていく。その道とは、関連するすべてのステークホルダーと協調しながら、組織独自の究極のクリエイティブな衝動を発見し、それを表現することを目指している。

ホラクラシーが馴染まないケース

ホラクラシーは万人向きではない。ホラクラシーがなぜか馴染まない組織も確かにあって、いろんなケースを見ているうちにいくつかのパターンがあることに気がついた。

そこで、最もよくあるシナリオ――名付けて「腰の重いリーダー」「非協力的ミドル層」「急停止症候群」――の3つを紹介しよう。

腰の重いリーダー

ホラクラシーへ移行中のリーダーにとって重要なステップは、権力を手放し、一度は掌握していた権限が組織全体に分配されるよう、プロセスに任せることだ。この権力の交代は絶対に不可欠なので、リーダーがこれに踏み切る心構えがいまひとつの場合、ホラクラシーの実践は失敗するだろう。

多くのリーダーがためらうのももっともで、それまで長い間、手塩にかけて育ててきた組織ならなおさらだ。ほとんどの人は、適切なサポートを得て、微妙な舵取りが必要なこの移行をしっかり成し遂げるのだが、どうしても無理という人もいる。組織のリーダーたる者が、今さら「初心者」

に戻って、まったく新しい権限の持ち方や他者への影響の与え方を習わされることに抵抗感がある、という場合もある。

よくあることだが、そういうリーダーはゲームをプレーすることをあっさり止めてしまう。ホラクラシーの原則に賛同するのは口先だけで、古いやり方で行動し続けたり、新しいゲームのルールをちっとも尊重しない。そんな言行不一致がいつまでも気づかれないはずがない。事実、こういうケースで興味深いのは、会社が既にホラクラシーの実践を開始している場合、リーダーの言動のずれは、極めて目に付きやすくなることだ。従来型の組織構造では、ゲームのルールは文化の中に暗黙に存在するのが普通なので、ずれに気づかれずに済むかもしれないが、ホラクラシーではそうはいかない。ただ1つの、明確でまとまりのある一連のルールが憲章に定められているので、ホラクラシーには自ずから透明性が生まれるからだ。だから、ルールを守っていない人がいると、誰の目にも非常に明らかになる。

この時点で、2つの道がある。前に説明した通り、リーダーはホラクラシー憲章を正式に採択すると同時に、ルールを変える権限を放棄するが、ホラクラシーから手を引き、ホラクラシーを丸ごと却下する力だけは保持する。この時点で権力を手放す気力が残っているリーダーもいるが、ホラクラシーの採用が、かなり突然に終わりを迎える可能性があるのもこの時点なのである。

こういうリーダーの方たちに対して、あまり批判的になるつもりはない。新しい、馴染みのないプロセスに権力を譲り渡すのは大きなステップだから、実施しないことを決める場合、多くの人たちにはそれなりの理由がある。

ある人は、創業したての小さな会社の経営者で、強力なリーダーシップの下で舵取りをしないと、彼の組織とチームはきちんと自己組織化できるほどまだ成熟していないし、安定してもいないのではないかと懸念した。子供がまだ独り立ちできるほど強くない、健康でないと心配する親のように、このCEOは、会社とマネジメント・チームがもっと牽引力と経験を獲得するのを待ってから、そういう大変革を続けたいと考えたのである。

私は、そんな環境でもホラクラシーが見事に機能するのを見てきたので、納得しかねたものの、その決定を尊重した。会社とチームを私以上によく知っている、CEO自身が判断すべきことだからだ。実際、クライアントのCEOたちにとって、ホラクラシーへの移行が厳しい状況になった場合、「いつでもホラクラシーをやめていいんですよ」と念押しするのはもっぱらこの私だ。それどころか、その選択肢を少なくとも考慮に入れるよう、積極的に働きかけることだってある。どちらに転ぼうとも、ホラクラシーの要求する権力構造の転換にCEOが乗り気でないからという理由で、ホラクラシーへの取り組みがさりげなく妨害されるよりは、その選択肢をじっくり直視して、意識して選択してもらったほうがいいからだ。

非協力的ミドル層

何度か見かけた別のシナリオは、CEOは積極的にルールに従ってプレーしているが、1つ下のレベルの管理職層が、あからさまに変化に抵抗するわけではないものの非協力的な場合だ。ある程度の消極性や懐疑的な態度はよくあり、適応の初期に想定されることだ。実際それは、組織を大事に思う健全な気持ちの表れであることが多い。

しかしホラクラシーを成功させるつもりなら、組織は抵抗を終わらせ、メンバーができる限り新しいルールを守るように徹底させなければならないだろう。権力の座にあった人たちが率先してルールを守らないなら、変革が台無しになってしまうのだ。

こういう抵抗を終わらせるのは、科学的対応というよりは、アートに近い。通常は次のような方法を組み合わせるといい。明確なメッセージを発信し、CEOが見本を示してリーダーシップを発揮すること。以前の幹部が仕事をこなすための新しいルールの使い方を学べるよう、適切なコーチングとサポートを行うこと。新しいルールを補強する人事システム（アプリ）をアップデートし、それを先送りさせないこと。こういう手を打てば、抵抗は次第に収まっていくものだ。

たまに収まらないこともあり、その場合、抵抗しているのは、古いやり方にとても慣れ親しんでいて、そのパラダイムでかなり成功している幹部たちであることが多い。ただし、若くしてスピード出世した人たちが頑固に抵抗するのも見たことがある。嫌がっているのが1、2名しかいなければ、大抵は仲間からのプレッシャーで気持ちが揺らいだり、あるいは自分の決断で抵抗を諦めるかもしれない。しかし、非協力的な幹部の人数がクリティカルマス★に達すると、ホラクラシーの実践が音を立てて急停止する可能性がある。

★　特定のグループが集団の中で存在感を発揮できるようになる分岐点を超えた状態のこと

あるCEOは、そんなふうに最高幹部の大多数が反旗を翻す事態に直面し、結局は退却し、ホラクラシーを完全に断念することになった。「うちの幹部チームにホラクラシーを続けさせようとするあまり、私自身の求心力が失われてしまったんだ」と彼は打ち明けてくれた。彼はホラクラシーから手を引くことを決定し、主要幹部の支持を得られる方法で会社を経営するやり方に戻っていった。

これは、経営トップのまとまりが弱い組織や、おそらく全社的に団結力が弱い組織に特に起こりうるシナリオだと思う。そういう状況では、抵抗する人たちに全社的な方向づけに抗う隙を与えやすい。皮肉なことに、おそらくそういう企業こそ、ホラクラシーのようなシステムから最大の恩恵を受けられるはずだ。なぜなら、ホラクラシーはみんなをまとめるプロセスを提供するものの、個人個人の多様な考え方を一夜にして統一させることを要求しないからである。

もっと団結力のある企業では、ホラクラシーへの移行は比較的容易かもしれないが、たとえ足並みの揃った一心同体のチームでさえも、ホラクラシー実践のようなパラダイム・シフトに不安を抱きバラバラになることもある。だから、ホラクラシーへの移行を成し遂げられなかったとしても、それは必ずしも彼らの弱さの証しではない。機が熟していなかったり、システムが特定のチームに合わなかった、ただそれだけのこともあるのだ。

急停止症候群

これは、おそらく最も密かに進行するシナリオだ。「ホラクラシー実践に既に成功した」と思っている会社でよく起こる。しばらくは、万事改善しているように思われる。ミーティングは効率的になったし、みんな自分のロールがよくわかってきた。テンションに対応する手段も築かれたし、オフィス全体に起業家精神が浸透している。

それなのに、徐々に、ほとんど気づかれることなく、変革の勢いが衰え始めるのだ。みんなが以前のマネジャーに指示を仰ぎ始めたり、主要な意思決定が行われる前にさりげなく承認の合図を出し始めるようになる（あるいは、ホラクラシー以前のそういうやり方を続けている人もいる）。旧マネジャーは管理職然として振舞い始め、ガバナンス・ミーティングの成果にだんだん注意を払わなくなり始めていく（そういうやり方を続けている人もいる）。

誰もがガバナンス・ミーティングの外で、一緒に働くやり方について一対一の合意を交わし始め、そういう決定を正式なものにするためだけにガバナンスを使うようになり始め（そういうやり方を続けている人もいる）……そうこうするうちに、ついにガバナンスをまったく使わなくなってしまう。

確かに、それでもミーティングは前よりよくなっているが、そんな組織での働き心地は、以前と大差がないのではないだろうか？

こういう会社は、結局、ホラクラシーが実現できる恩恵のほんの一握りだけしか享受できないし、大抵はそれをはっきり認識することさえない。それでもホラクラシーを実践していると言い張る人もいるだろうが、せいぜい「簡易版ホラクラシー」であって、肝心のパラダイムシフトを伴うことなく、表面的に効率性と明確さが向上するだけなのだ。

通常、このシナリオが生じるのは、古い権力構造に代わるものとしてホラクラシーが完全に定着する前に、実践プロセスのどこかで失速することが原因だ。減速が最も始まりやすいのは、憲章、ロール、ミーティング・プロセスといった基本のパーツを採用した後、新しい権力構造との互換性がイマイチの、古いシステムやプロセスをいよいよアップグレードしようとする時である。

ここがホラクラシーのアプリの出番であり、これこそ、あなたが雇用や解雇や、報酬などのやり方を見直すべき時なのだ。こういう難しい問題に取り組み、適切な解決策を見つけることを突然止めてしまうと、結局、ホラクラシーのミーティング・プロセスは、ほとんど変わらないままの古い権力構造の飾りになってしまうだろう。

例えば、解雇したり報酬を設定したりする専制的な権限を「旧」マネジャーが依然として保持していると、チームメンバーが古い慣習を破るのは難しい。権限を所有したり、ホラクラシーの権限移譲に不可欠なやり方でマネジャーに物申したりすることにはリスクがあるからだ。

ホラクラシーを尻切れとんぼで終わらせないために、「仲間同士に権限が分配されたシステム」という最終的な目的を見失わないことが肝心だ。その目的に到達するためには、開催されるミーティングだけでなく、権限の持ち方や日々実行する方法にも、また、組織の根幹にある人事システムとプロセスにも変革がきちんと反映されるよう、真摯に取り組むことが必要だ。

こういうことに本気で取り組まないと、以前の仕組みに毛が生えた程度の変革で終わってしまうだろうし、ほとんどの場合、持続不可能になる。以前から続いてきた影の権力構造をなくし、新しい権力構造を目に見える形で補強することに全力を尽くさない限り、いともあっさりと逆戻りしてしまうものなのだ。

念のため言っておくが、このパターンに当てはまる多くの組織は、成し遂げた変革にそれなりに満足していて、たくさんの好ましい成果を挙げている。しかし、せっかくホラクラシーの実践に投資したのに、恩恵を取りこぼしている人たちを見ると、私は非常に残念でならないのだ。

この急停止症候群のシナリオに「非協力的ミドル層」が手を貸して、特に残念な結末に至った例を見たことがある。その組織のＣＥＯはすっかり乗り気でやる気満々だったが、変革がその先要求するものを少し甘く見ていた節がある。経営陣は懐疑的で、ちょっと尻込みしていたが、ホラクラシーを試してみようじゃないか、と前向きだった。最初は万事うまく進んでいる様子だった。みんなホラクラシーがわかってきたし、ミーティングは円滑に流れるようになってきた。仕事の能率は上がってきたし、反対派は少し大人しくなったように見えた。

しかし、影の権力構造がしぶとく残っていて、舞台裏では以前のマネジャーが管理職然として振舞っていた。その上、主要な人事システムを運用するチームメンバーは、システムを変える気がなかったので、それが問題を悪化させ、影の権力構造が引き続き多くの機能を掌握することを許してしまったのである。ＣＥＯとおそらく他の１、２名が時間とエネルギーを費やせば、こういう問題を解決できたかもしれないが、当時この組織は他にもたくさんの課題に取り組んでいたために、この件にはあまり注意が払われなかったのだ。

表面上は着実に進歩している様子で何カ月も経ってから、亀裂が見えてきた。実際のところそれほど変化していないし、本当にこういうルールが必要なのだろうかと、みんなが疑問視し始めていた。皮肉なことに、主要なシステムをアップグレードさせまいとしていた取締役たちは、これに乗じてホラクラシーを完全に排斥するよう強く求め、実践が中途半端になっていたせいで生じていた問題をことごとく並べたてた。最終的には抵抗が大きくなりすぎて、一生懸命だったCEOでさえ、自分自身と腹心のチームがそれ以上かき乱されないよう、ホラクラシーをやめざるを得なくなったのである。

以上の3つのシナリオや、あるいは今の話のような複合的なシナリオは、ホラクラシー実践の失敗例として私が最もよく見かけるものだ。

おそらく4つ目のシナリオもあるが、それを私が直接観察するチャンスはない。なぜなら、そのシナリオが生じるのは、そもそも実践が順調に成功するために必要な、社内の能力を十分に構築しない企業だからである。こういうケースでは、変革の規模を過小評価している傾向にあり、自分たちでできると過信してサポート不足のまま取り組んだり、あるいはシステム全体を1つにまとめている肝心なルールの実行を単に怠ってしまうのだ。

何はともあれ、私がこの目で見てきたホラクラシー実践の大多数は、少なくとも変革への真摯な取り組みと、確かな外部のサポートや社内の専門スキルを兼ね備えている場合には、持続的な変革という成果を上げているようだ。

しかし、失敗パターンを理解しておけば、よくある落とし穴を避け、課題を乗り越える役に立つ。そして最終的には、仲間同士の権力分配型システムの恩恵を享受して、創造力と自律性と適応力とを解き放つことができるだろう。

Column 8

ホラクラシーを始める前に大切なこと

本章ではホラクラシーの始め方が述べられており、最初のステップが「ホラクラシー憲章を採択する」となっています。ただ、私はその前の「準備段階」が非常に大切だと感じています。なぜなら、事前の説明や納得感の醸成がない状態で新しいコンセプトや仕組みを取り入れようとすると、大きな不信感や疑念を招いてしまい、混乱のまま頓挫してしまう事例を数多く目の当たりにしてきたからです。

そこで、経営側とメンバー側の2つの視点から重要なポイントをお伝えします。

①経営側の視点……組織をよくしたいという個人的なストーリーを、メンバーと語り合えているか?

これは、「ホラクラシーはこういうものだ」と説明することではありません。なぜなら、外側から借りてきた「コンセプト」に人は共感しづらいものだからです。「なぜ、どのように組織をよくしたいか」という個人的なストーリーを語ることが、メンバーの共感を得る一歩となります。

そうすることで、自然と「なぜホラクラシーを活用したいのか」という文脈が明確になってきます。また、現在の組織や経営環境に関する共通認識も育まれます。

ときには、「ホラクラシーを活用しない」という選択もありえます。他にもっと適切なアプローチを採用したり、独自のやり方を試行錯誤したりできるかもしれないからです。ホラクラシーを唯一の正解と捉えずに、このようなかたちで検証していくのはとても健全な態度だと言えます。

ぜひ、以下のような問いを参考にしながら対話を進めてみてください。

・ホラクラシーを活用したいという思いの背景には、どんな個人的な経験がありますか?
・ホラクラシーを採用すると、自分の経営者としての特権を手放すことになります。あえてそうしてでもチャレンジしたいと思う背景には、どんな痛みや願いがあるのでしょうか?
・あなたがこの後の人生で、絶対に繰り返したくない、目にすることも嫌になる、組織での辛い出来事は何でしたか?
・あなたを通じて現れたがっている人生があるとしたら、それはどんなものだと感じますか?

②メンバー側の視点……組織や仕事への心理的オーナーシップは十分に育まれているか?

ホラクラシーは、とても洗練された自主経営《セルフマネジメント》を可能にするシステムです。そのポテンシャルを十分に引き出すためにはメンバーの心理的オーナーシップが高い状態であることが望ましいです。心理的オーナーシップとは、「組織や仕事に対する当事者意識」であり、シンプルに表現すれば「自分が関わっている感覚」といえます。

心理的オーナーシップの状態については、以下の3つの切り口から組織を観察してみると有益です。組織はどんな状態でしょうか。場合によっては、ホラクラシーを始める前に取り組んだほうがいいものが見えてくるかもしれません。

●組織のエボリューショナリーパーパス

あなたの組織では、組織のエボリューショナリーパーパスの重要性は認識されているでしょうか? あるいは、エボリューショナリーパーパスに耳を澄ます機会が十分にあり、誰もが参加できるようになっているでしょうか?

もし、そもそも、エボリューショナリーパーパスについて、あまり対話をしたことがない場合、以下のような問いを対話のきっかけとして活用することができます。

・私たちの組織を通じて現れたがっているエボリューショナリーパーパスがあるとしたら、それはどんなものだと感じますか？
・私たちの組織は何を心から望んでいますか？
・私たちの組織は自然とどこに行きたがっていますか？

また、エボリューショナリーパーパスがあるものの、あまり重視されていない場合、以下のような問いを考える対話の場をつくることもお勧めします。

・エボリューショナリーパーパスに耳を澄まし、メンバーが共鳴を感じ、つながりを取り戻す機会として、何が意味のある一歩になるだろう？

例えば、この問いをもとに「意味のある一歩」のアイデアをどんどん出し合っていくことができます。「自然の中で、組織のエボリューショナリーパーパスを感じ、相互に共鳴していることや疑問に思っていることを聴き合うワークショップを企画すること」や「日常的にエボリューショナリーパーパスに耳を傾ける実験的なプロセスを始めてみよう」となるかもしれませんし、「そもそも、組織のエボリューショナリーパーパスは、なぜ大切なのか？」と前提を問い直すことになるかもしれません。

自分たちの組織の状況に沿った試行錯誤をするプロセスを通じて、徐々に心理的オーナーシップが育まれていきます。

●経営者への信頼

あなたの組織のメンバーは、経営者や経営陣を心から信頼しているでしょうか？

もし、信頼が低いと感じる場合には、急がずに立ち止まり、現実を直視することが不可欠です。

経営メンバーは、「メンバーからの信頼を取り戻すために、何から始められるだろうか？」と自らに問いかけて、次の一歩を探ってみてください。

ある会社では、経営者ご自身がメンバーたちを自分のビジョンを実現するための道具として捉えており、ある種、人権を無視した扱いを続けていたことに気づき、愕然とされたことがあります。このように、まずは自分自身の振る舞いについて、落ち着いて振り返りができるような機会が大切になってきます。

●仕事や行動の結果に対する直接的なフィードバック

あなたの組織のメンバーは、自分の行動の結果について直接的なフィードバックを受け取ることができているでしょうか？　また、自分自身の仕事に関する喜びや誇り、痛みを直接感じているでしょうか？

これは、単に売上などの定量的な情報だけでなく、同僚や顧客からの「ありがとう！　これがよかった」「ここはこうしてほしい」などの定性的な情報も含まれます。自分の仕事や行動がどんな結果や反応を生んでいるかがわからない場合、仕事への喜びはもちろん、健全な危機感も感じることができないため、仕事への充実感を得ることが難しくなってしまいます。

また、そもそもホラクラシーは、このような直接的なフィードバックを日々の仕事のなかで行うことを促進するアプローチです。突然そのような状況になると、慣れていないメンバーにとっては、非常に大きなストレスとなってしまうかもしれません。環境変化とプレッシャーに適応することが難しいと、健康状態や業務に支障が出てしまうリスクも高くなるので、その準備が整っているか慎重に見極めることが不可欠です。

準備が整っていないと感じたら、「何が意味ある一歩になるだろう？」という問いをもとに、経営陣も含めて対話を始めることが大切です。そうして、自社の文脈に沿った次の一歩を歩んでいくことをお勧めします。ぜひ、個人的なストーリーに立ち返り、今一度、ご自身の奥底にある思いに耳を澄ましてみてください。

Chapter 9

一気に変えられなくてもできること

私は自分が言葉で表現できない世界に足を踏み入れることはできない。
――ルートヴィヒ・ウィトゲンシュタイン
『論理哲学論考』

最近出席したビジネス会議で発表を終え、演壇を降りたばかりの私の元へ、20代後半の男性が話をしようと駆け寄ってきた。見覚えのある顔だった。彼は最前列に座って私の話に熱心に耳を傾け、しきりにメモを取っていたからである。

彼の質問は、私がそれまでに何度も聞かれたことのある、「全システムを実践するのではなく、ホラクラシーを部分的に利用する方法はありますか?」というものだった。私の答えはいつもと同じ、本書で説明した通りのものだった。

「残念ですが、そういう方法はありません。ホラクラシーは1つに織り上げられたシステムです。一部だけを切り取って使おうとするなら、パラダイムシフトの恩恵は得られないでしょう。ホラクラシーのパワーを経験するためには、全パッケージを実践する必要があるんです」

若者はがっかりした様子だった。「それは絶対に無理なんです」と彼は言った。

「うちの会社は非常に古い体質の大企業なので、一介の中間管理職にすぎない私が、組織を丸ごと再編して、権限を移譲するように上司を説得するなんてとんでもない。しかも、上司が聞いたこともないシステムなわけですから。私の部門だけだとしても、ホラクラシーの使用を承認してもらえるかどうか怪しいものです。でも、私にできることが何かあるはず、**私自身の仕事の習慣や自分の小さなチームを運営するやり方を、少しでもホラクラシーに近づけるちょっとした方法があるはずです**」

彼の誠意に私の心は少しざわついた。私は最初の答えを変えなかった——ホラクラシーが機能するのは、完全なシステムとして実践された場合だけ、たとえ組織のごく一部だけに実践されるとしても、同じことである。しかし、この会話をこれで終わりにしていいものだろうか？　ホラクラシーは、組織全体を動かす力を持たない人たちを蚊帳の外に置いてしまうのだろうか？　限られた権力しか持たなくても、自分にできることをして変化をもたらしたいという意欲がある人に、何も提供できないのだろうか？　気分のいいものではなかった。

彼は昔の私だった。私の上には幾重にも連なる管理階層があったが、私の感知したテンションに対応して、有意義な変化がもたらされることはおろか、誰一人として私の懸念やアイデアに耳を傾けてくれる暇さえなかった。当時、もし私がホラクラシーのようなパラダイムシフトの話を聞いて、規模が小さかろうと構わないから、それを使って自分にできることを始めたい、と思ったとしたら、「それはできません」と言われて納得できただろうか？

結局、私は質問してくれた男性に、彼の現在の仕事を向上させるために、ホラクラシーを利用してできることについていくつかの提案をした。その後、私は自分のネットワークを通じて情報収集し、全システムを適用できない場合、他の人たちはホラクラシーをどんなふうに利用しているかを調べた。私は今では、たとえ完全な変革を伴わないとしても、ホラクラシーにはかなり利用価値があると考えている。事実、私自身の個人的な関係においても、全システムを実践していないその他の環境においても、ホラクラシーのさまざまな側面から恩恵を受けていたことに気づいたのである。

こういう経験を踏まえ、よく聞かれるその質問に対して、もっと満足のいく答えを考え出そうと私は決意し、本書で紹介することにした。それがこの章の狙いである。カンファレンスで知り合ったその男性にも言ったように、もちろん警告付きだ。ホラクラシーのパーツを使うことは、ホラクラシーを使うこととは別物であり、全システムを実践できる可能性が少しでもあるのなら、私はほぼ確実に、そうすることを勧めるだろう。

けれども、あなたが働く会社が、現時点で全システムの実践を検討することがどうしてもできない、てこでも動かないという場合に、あなたとあなたのチームだけでも恩恵を受けられるような、ホラクラシーの教えを利用する方法を紹介したい。そのうち、社内の他の人たちも刺激されて、ホラクラシーで運営する組織になることを検討するかもしれない。

ホラクラシーを完全実践することがまだできない、今はその時期でない、という人たちへの私のアドバイスは次の4つに分類される。

1 言葉を変えよう、文化を変えよう
2 ロールの記述を書き直そう
3 組織の枠組みの中で働くだけでなく、組織の枠組み自体に手を入れよう
4 ミーティングをスリム化しよう

以上のステップのいずれかあるいはすべてを取り入れられたら、少なくともあなた自身に、あるいはあなたの小さなチーム内に効果が現れていることを、かなり短期間で実感するのではないだろうか。ただし警告としては、そうやってあなたが育て始めた新しい文化や習慣とは対照的に、あなたを取り巻く企業文化と構造が、どれほど反ホラクラシーであるかも痛感することになるだろう。

しかし、おそらく、同じことに気づいた他の人たちがあなたの味方になり、(最終的に)ホラクラシーを丸ごと会社に取り入れるために力になってくれるだろう。

① 言葉を変えよう、文化を変えよう

「行動は言葉よりも雄弁だ」と言われるが、時には、自分が選ぶ言葉の威力をしっかり認識したほうがいい場合もある。言語とは、文化を言葉で表現したものだと広く考えられているが、言語が文化を生むこともある。ホラクラシーの開発にあたり、私は用語の選定にたっぷり時間をかけ、自分が伝えたい意味を持ち、古い、慣習的な反応や連想を引き起こさないような言葉を選んだ。ホラクラシーの習熟者からよく聞く話では、ホラクラシー用語はとても便利なので、ついに職場の外でも使い始め、家族やその他の関係においても文化を変えつつある、ということだ。実際、私自身もそういう経験がある。あなたのチームとの日々のコミュニケーションにおいて、次に挙げるような用語を使ってみよう。そうすれば、誰かと共に働くという経験が、これまでとは違ったものになるだろう。

テンションとテンション対応

「問題」と「解決」という言葉を「テンション」と「テンション対応」に置き換えてみよう。人間の思考回路というのは、問題として認識される物事に取り組むことを、ぎりぎり最後の瞬間まで先送りするようにできているようだ。だから、ビジネスにおける事柄の周りでこういう「ネガティブな」言葉を使うと、それを避けようとしたり、不必要に恐れたりする文化を生じることがある。ホラクラシーで使用される「テンション」とは、ただ単に**今の現実と感知されたポテンシャルとの間**

の明確なギャップについての感覚という意味の中立的な用語だ。テンションとは「問題」でなく、必ずしも「解決」を必要としない。むしろ、今この瞬間の物事のありようを、こうなれるはずの状態に少し近づける機会を示している。通常それは、よりよい状態に変わるチャンスだ。ホラクラシーではこのことを「テンション対応」という用語で表し、決められた最終的な成果があるというイメージを避け、継続的に改善し適応していく終わりのない旅という意味合いを伝えている。

問題よりも提案を

今説明したばかりの言葉の変更と密接に関連するが、問題を悲観するだけでなく、「提案」を行う習慣を身につけよう。テンションを感知したら、一歩踏み込んで「この状況を改善するにはどうしたらいいだろう？　何を提案できるだろうか？」と自問しよう。チームも同じことができるように働きかけよう。提案は完璧な「解決」である必要はない。問題とはマイナスからの出発だが、提案とは、先回りしてクリエイティブな視点に立った、会話を始めるための道である。

反対意見はありませんか？

次回、何かの決定に際して、チームの賛同を得ようとする立場に立ったら、違う言い方を試してみよう。「みなさん賛成ですか？」とか「みなさん私の提案を支持しますか？」と聞いてはいけない。そういう質問をきっかけに、つまらない議論が延々と続いてしまうからだ。その代わりにこう尋ねよう。「この提案に対して反対意見がある人はいませんか?」。また、反対意見とは「この提案を採用することにより、損失が生じたり、チームを後退させる理由」と定義しよう。同じ質問を別の言い方に変えると「もし提案がうまくいかなかったら決定を見直せるという条件があっても、この提案を試してみることが十分に安全ではない理由がありますか?」となる。このようにちょっと言葉を変えるだけで、時間をものすごく節約できるし、意思決定プロセスがはるかに扱いやすくなる。

ロールと人間を区別する

チームのメンバーに行動やプロジェクトをアサインする時、その人が担当している特定のロールにそれらがアサインされる、という言い方をしよう。こうすると、渾然一体と捉えられがちな「役割《ロール》と人間《ソウル》」を分離させるのに役立ち、さらに、同一視されているがためにときおり生じるテンションを和らげる効果がある。

ダイナミック・ステアリング（動的な舵取り）

7章で説明したダイナミック・ステアリングという言葉も、あなたのチームの発想を転換させる役に立つはずだ。予測とコントロールの発想から脱却し、ダイナミック・ステアリングへ移行すれば、考えすぎて身動きが取れなくなることが減り、もっと反応性がよく適応力の優れたチームになるだろう。

2 ロールの記述を書き直そう

ホラクラシーを使っているかどうかにかかわらず、どんな組織も、誰がどんな権限を持ち、誰がどんなアカウンタビリティを持つかを明確にすることが必要だ。たとえホラクラシーの全システムを採用していなくても、ホラクラシー流のロール定義（81ページを参照）は採用できるかもしれない。大事なことは、**ロール=人間ではない**ということ、また、**1人の人が複数のロールを担当してもいいし**、多分そうなるだろう、ということだ。

ロールとそれが担うアカウンタビリティを細分化することは、期待を明確にしたり、他の人たちの領分を侵害しないために非常に効果がある。もしあなたが管理職なら、自分のチームのためにこれを実行すればいいいし、あるいは単にあなた自身のためにやってみてもいい。自分に期待されていることを明確にし、おそらく重ねて履いている二足のわらじ、いやもっと多くの、兼務している仕事を明確に記述しよう。

最近同僚から聞いた話では、非常に保守的な文化を持つ従来型の大組織の子会社では、ロールとアカウンタビリティを明確化すること「だけ」をやることに決め、暗黙の期待を目に見えるようにしたり、ロールとアカウンタビリティを修正したりするために、時折テンションについて話し合っている。ホラクラシーのこの部分だけを利用しても、満足のいく成果が上がっている。同社では、外部の組織開発コンサルタントを雇うために発生する費用が大幅に減少し、ミーティングに費やされる時間が劇的に短縮された。

あなた自身のロールやチームのロールを明確化するために、まず、あなた自身の仕事やチームの仕事を個別の塊に分解し、次にそれぞれの仕事のアカウンタビリティを「〜している」という形で明確に記述しよう。例えば、あなたは「マーケティング」が自分の仕事だとずっと思っていたかもしれないが、実は、その幅広いドメインの中で、異なる複数のロールを担っているのかもしれない。あなたのロールはウェブサイト運用、ストーリーの伝導者、コピーライター、コピーエディターその他諸々で、ロールごとに異なる、一連の関連するアカウンタビリティを持っている。

ロール定義について1つ注意点がある。ホラクラシー・システムにおいて、ロールはガバナンス・プロセスを通じて絶えず進化しているので、ロールの記述も現実に即していて役に立つ。そのプロセスがない場合、みんなの日々の活動のニーズと現実から引き離されて、引き出しの奥で埃にまみれている従来の職務記述書のように、あなたのロールの定義があっという間に時代遅れになる危険がある。ロールは現実に即していないと役に立たないので、こまめに見直して更新することが大切だ。この注意点を発展させたのが、次のアドバイスだ。

③ 組織の枠組みの中で働くだけでなく、組織の枠組み自体に手を入れよう

『はじめの一歩を踏み出そう』の著者マイケル・ガーバーが指摘した、大半の起業家がはまるとい

う典型的な落とし穴にはまってはいけない。それは「ビジネスの**中身**にのめり込み、ビジネスの**枠組み**に手を入れないこと」だ。起業家のように自分の会社を牛耳る力があなたにはないかもしれないが、組織階層のどこに位置していようとも、ビジネスの中身に携わると同時に、ビジネスの枠組みに手を入れる方法はある。ホラクラシーの用語で言えば、ガバナンスに携わることができるのだ。

ガバナンスを行うことに慣れていないという場合、大切なのは、オペレーション上の仕事とは別にガバナンスのプロセスのための時間と空間を削り出すことだ。この時間の使い方として簡単な例を挙げると、すぐ前の項目で触れたように、あなた自身のロールの記述を見直して、更新するといい。また、体験したテンションを見極めたり、それに対応するための簡単な提案を作ったりしてもいいし、場合によってはチームや上司に提案することもあるだろう。あなた自身がマネジャーなら、実際に一緒に働いている経験に基づいて、チームのロールの記述を見直し、更新することもできるだろう。たとえガバナンス・ミーティングを招集することができなくても、チームが一緒に仕事をするやり方を改善することに時間と注意を傾ければ、あなたはガバナンスに取り組んでいると言えるのだ。

また、あなたがこういう形でガバナンスをやっていることをチームに知らせて、テンションを感じたらあなたのガバナンス・プロセスに情報提供してもらってもいいだろう。こうすると、ガバナンスの問題へのみんなの意識が高まりはじめ、自分自身のロールと責任について、起業家的な発想が育まれるだろう。ザッポスのゴンザレス＝ブラックが取ったアプローチを試してみよう。「もしこれが自分の会社だったら、私はどのように行動するだろう?」と同僚が自問するように働きかけよう。

④ミーティングをスリム化しよう

組織のトップから末端まで、ほとんどの人たちによく共有されるものを1つ挙げるとすれば、延々と続く非効率なミーティングに時間を食われることへの憎しみだ。また、ホラクラシーを実践するほぼ誰もが一度は口にすることが、スリム化された効率的なミーティング形式のおかげで、どれだけ楽になったかということだ。ホラクラシーのミーティング・プロセスの中には、ガバナンス・ミーティングなど、ホラクラシー憲章を採択していない企業ではうまく機能しないものがあるが、それ以外は、丸ごと取り入れても部分的に取り入れても、どんな企業でも役に立つ可能性がある。

その最たる例がタクティカル・ミーティングの形式だ（155ページを参照）。ホラクラシーのアプローチでは、「テンションに1つずつ」集中して取り組み、トリアージ式に次に取るべき行動をすばやく見極め、次々にテンションに対応していくので、ミーティング参加者は、最初にテンションを表明した人を満足させる、実行可能なソリューションにすばやく到達できる。ホラクラシーを実践していなくても、通常のスタッフ・ミーティングの代わりにこの形式を首尾よく使っている会社もある。ミーティングの全プロセスを取り入れるのが無理なら、次に挙げるような要素を、あなたのミーティングにも取り入れてみよう。

チェックインとクロージング

この2つはほぼどんなミーティングでも、始めと終わりに簡単に追加できる。目的は単純だ。チェックインの目的は、全出席者が、自分の意識を占めていて気になっていることに目を向けて共有することで、チームが今ここにもっと身を入れて集中し、目の前にある仕事に取りかかる態勢を整えることだ。クロージングの目的は、ミーティングについての振り返りを共有する機会を各出席者に与えることである。大切なのは、どちらのラウンドでも、全員が1人ずつ話すことであり、話し合いや反応は一切認められない。ミーティングが個人的な議論の場になることを避け、みんなが心を開く「安全な場」を確保するために非常に大切なことだ。

ぶっつけ本番のアジェンダづくり

話し合うべきことを事前に考えて、予めリストアップされた項目を潰していくのではなく、臨機応変にアジェンダをつくりながらミーティングを進めてみよう。その瞬間にその場で提案されるからには、誰かがそれなりのテンションを感じているはずなので、時間を費やす価値が実際にあるもの（少なくとも提起した人にとっては）だけにアジェンダが絞られることになる。

「何が必要ですか？」と尋ねる手法

チームメンバーが提案したアジェンダに取り組む時には、必ず**「あなたは何が必要ですか？」**という質問で始めるといい。こうすると、議論が横道に逸れず、目下のテンションに対応することに集中できる。また、唯一のゴールはそのテンションを提案した人のニーズを満たすことであり、そのテンションに関連する他の人たちの関心事に気を逸らされることがないよう、全員の注意を向けることにもなる。

「必要なものは得られましたか?」という質問に対して、アジェンダを提案した人物が「はい」と答えられたら、たとえ他の人が満足していなくても、次のアジェンダに移る時だ。必要なら、彼らの関心事は別件のアジェンダとして取り組めばいいのだ。これに関連する、あなたの役に立ちそうな要素を次に挙げよう。

テンションを1つずつ

この単純なルールは、ミーティングをスリム化し、話を脱線させないことに、驚くほど効果がある。最初は1つのテンションに取り組んでいたはずが、みんなが自分の不満の種を元のテンションに便乗させていき、いつの間にか半ダースほどの懸案事項のほうへと話が逸れているのは、非常によくあることだ。そうなると、大抵はあまり実りがないので、誰にとっても不満が残る結果になる。「テンションを1つずつ」を固く守り、関連する懸案事項は別件の議題にするよう徹底すれば、各アジェンダに必要な注意がきちんと向けられるようになる。

統合的意思決定

警告付きでこの最後のアドバイスをしよう。ホラクラシーのガバナンス・ミーティングで使用される統合的意思決定プロセス（122ページを参照）は、ある状況の下では、普遍的な共同意思決定の手段になる――ただし慎重に使ってもらいたい。ホラクラシーでは、このプロセスは、ガバナンスにおいてのみ、特定の種類の意思決定を行うために使用される。

また、もし必要が生じた場合、そういう意思決定を変えるにはどうしたらよいか、このプロセスがどんな種類の意思決定に適しているか、といった点について、ホラクラシーの枠組みには明確な指針もある。そういう足場が設置されていないと、統合的意思決定プロセスの有用性は十分に発揮されない。

とは言ったものの、オペレーション上の意思決定プロセスとしても、うまく機能する場合もある。それは、戦略上の大きな決定や、もっとスケールは小さくても重要な意思決定をするにあたり、複数の観点を統合しなければならないことがわかっている場合だ。ある同僚の話では、彼女のサポートで、マネジャーグループがオペレーション上の重要な意思決定に統合的意思決定プロセスを取り入れたところ、過去5カ月間にわたって議論を戦わせてきた案件が、90分間で解決できたということだ。大事なことは、既存の意思決定手段の代わりとして手当たり次第に使わずに、頻繁に変更する必要のない重大な案件に限ることだ。

あなたが以上のアドバイスをどう利用するかにかかわらず、前へ進みながら舵取りすることが大切だ。全パッケージを実践した場合でさえ、すべてを即座に変えることがゴールではない。テンションに導いてもらえばいいのだ。

現状のシステムのやり方があなたの前進を妨げていることに気づいたら、「どうしたらもっとよく機能するようになるだろう？　この状況を改善するために、ホラクラシーから学んだことを生かす方法はないだろうか？」と考えてみよう。実現可能で、仕事を先へ進めるのに役立つような次の一歩が見えてきたら、それを実行し、どうなるか見てみよう。あなたの出発点がどこであれ、余すところなくホラクラシーで運営する組織の中で働き、その枠組みにも手を入れる、そういうパラダイムシフトを経験するチャンスがあなたにも訪れることを願っている。

Chapter 10

ホラクラシーがもたらすもの

まるっきり新しいものに対し、心の底から受け入れる覚悟など我々にできるはずがない。自分自身を順応させなくてはならないし、抜本的な変化に順応する時は必ず、自尊心が危機に瀕するからである。

――エリック・ホッファー

『変化という試練』

「うちの会社は見違えました。ホラクラシーを始めてから、まるで別の会社に買収されたかのようになりました」

ある会社の経営幹部は、こんなように語ってくれた。

ホラクラシーを実践した組織のリーダーたちが、言い方こそ違うがこれと同じような感想を述べるのをよく耳にする。大抵は実践の初期段階に、興奮と戸惑いが入り混じった気持ちで述べられる。やがて、戸惑いが解放感へと変化したことが、手に取るようにわかる。

こういうリーダーたちが体験している大きな変革を、限られたページでお伝えするのは難しい。リーダーだけでなく、ホラクラシーを始めたばかりの職場に出勤する他の誰もが、同じ体験をしている。もしも、朝、自分の車に乗ってみたら、目の前にあるはずのハンドルも、脇のシフトレバーも、足元のブレーキペダルとアクセルペダルもこつぜんと姿を消していたとしたらどうだろう？その代わりに、見たこともなければ、操作の仕方もさっぱりわからないダイヤルやボタンやレバーがずらりと並んでいる――それなのに、どこかに急いで向かわなければならないとしたら？

さらに奇妙なのは、助手席と後部座席の前にも、同じ装置が備えられていることだ。これにはかなり面食らうはずだし、脱力感さえ覚えるかもしれない。長年磨いてきた運転技術が突然役に立たなくなったのだから。それでも、試しに車庫から車を出してみると、ヘンテコな新しいコントロールシステムにもかかわらず、どうやら今の愛車には、古いシステムには全然なかった性能が備わっているようだ。

慣れるまでにはしばらくかかるが、だんだん車に乗るのが楽しくなり、はるかに短時間で、より少ない労力で、目的地に到着できるようになる。従来のやり方で運営される組織から、ホラクラシーで運営する組織に変わるのは、大抵はそういう感覚だと思う。

設立したての小さな会社から、まずまずの大企業に至るまで、これまでにたくさんの組織のホラクラシー実践を支援してきたが、その過程で、多くの人たちが動的に舵取りできる新しいシステムと、それに必要となるパラダイムシフト――組織におけるリーダーの機能を刷新するもの――に順応するのを見てきたし、それをサポートしてきた。そして、どの事例もそれぞれ異なるが、いくつか共通のテーマがあると気づくようになった。

そこで、本当はパラダイムシフトを直接経験するに勝るものはないのだが、もし、あなたの組織でホラクラシーを活用した仕事の進め方が軌道に乗り始めた場合、日々の経験にもたらされるであろう根本的な変化について、この最終章でお伝えしたい。また、権力分配型の、ダイナミックなガバナンスのシステムに移行する過程で、あなたが遭遇する可能性のある問題についても紹介しよう。

リーダーの解放

最も劇的な転換の1つは、組織の主たるリーダーであり、権力保持者である人たち（創立者、CEO、取締役）をめぐるもので、彼らと他のメンバーとの関係が再構築され、権限が組織全体に再分配されることに伴ってその転換が起こる。こういうリーダーたちにとって、私がここまで説明してきたような転換は、彼らの存在そのものを脅かす可能性があるものの、その半面、とてつもない安心感と解放感を手に入れるチャンスでもある。

もしあなたが、リーダーとしてヒーローのようなロールを担うことに慣れていて、自分の意志と能力を一滴残らず注ぎ込み、組織が前進するための推進力となってきたのなら、古いリーダー像に別れを告げるため、新しいタイプの英雄的行為が必要になるだろう。あなたは、これまで自分が担ってきた役割の効率性と業績を後退させているように感じるかもしれない。今では権限がみんなに分配されているが、彼らがあなたと同じ能力を持っているとは限らない。最初は、効率性、生産性、勢いのどれをとっても、一時的に低下する可能性が高い。

また、あなたは責任を負うことにも慣れている。それが突然、あなた以外にも組織の推進力が出現したので、チームの限界が、あなたの前進に影響する可能性が高くなった。

もちろん、別の角度から見れば、組織にとっては制約が緩められた。なぜなら、英雄的なリーダーたるあなたにすべて依存する必要はもうないし、あなたがどんなに頑張っても、1人の人物が抱えられる責任には限りがあり、組織はそれに左右されなくなったからである。

しばしば、個人的な能力の限界に近づいていることを直感すると、リーダーはまず、組織が実践できる新手法を取り入れて、会社のレベルアップを図りたくなるものだ。しかし、英雄的リーダーがこのニーズをどれほど痛切に感じようとも、彼らは通常、既存の権力構造にがっちり組み込まれているし、組織のパーパスの一番の擁護者とも言える彼ら自身が、組織がパーパスを追求する能力の足枷となっていることを十分には認識していない。

クライアントの1人が次のように話してくれた。

「ホラクラシーについて知れば知るほど、当時の自分が直面していた問題だけでなく、まだ検討したことはなかったが、そのまま進んでいたら必ずぶつかりそうな問題へのソリューションにもなることを確信しました」

こういう英雄的なリーダーが、探し求めていたものを初めて垣間見る時、恐れと安堵の入り混じった感情を抱くことが多い。

これは、ホラクラシー採用への道のりにおける重要な瞬間だ。もしもリーダーが自分自身の反応をある程度客観的に見ることができなかったり、権力を手放せるほどプロセスを信頼できなければ、ここで頓挫する可能性がある。しかし、私が仕事をさせてもらったリーダーのほとんどは、この過渡期を無事にくぐり抜け、権力移譲という空恐ろしい光景の向こう側で待っている報酬を発見することができた。

あるリーダーが話してくれたことだが、自分が望むようなやり方で物事が行われていないのではないかと不安になるたびに、彼女いわく「パワー創業者モード」に戻っている自分に気づいたという。しかし、ホラクラシーに本気で取り組んでいるうちに、専制的な権力をそうやって振りかざそうとする誘惑に打ち勝てるようになり、ロールを担当する他の人たちの主権を尊重できるようになった。自分が権力を行使しなくても、みんなが実際に状況にうまく対応できていることがだんだんわかりはじめたので、リラックスして、チームをもっと信頼できるようになったという。しかし最初は、リーダーは組織と一心同体で、それを切り離すことは決して簡単ではない。

リーダーが創業者――先見の明があり、組織を誕生させた人物――でもある場合は特に、これは当然なことだと思う。しかし、組織を過保護に扱うのは、必ずしも創業者だけではない。私のクライアントのあるＣＥＯは、その任務に特別な思い入れがあるわけではなかった。物事を軌道に乗せるために連れてこられた、雇われＣＥＯだったからだ。

それにもかかわらず、彼は英雄的リーダーのロールにかなりこだわっていた。それまでに働いてきたどの組織でも、そうやって——善良で、親切で、思いやりがあり、本当の父親のようなリーダー像を通じて——組織の価値を高めることを学んできたからだ。そのアイデンティティーに対立しなければならなくなったので、彼は底知れない不安を感じた。しばらくの間は危なっかしい様子だったが、彼がじっと我慢したおかげで、チームに自律性と創造力が新たに芽生え、それにつれてよい成果が出てきた。そして彼のチームは、みんなのために万事を好転させてくれる父親のようなボスとして、ＣＥＯに頼るのをやめたのである。

こういう変化を受けて、プロセスを継続する気持ちを強めたＣＥＯは、最終的に権力を移譲することで安らぎを見出したのだった。

私自身の人生でも、ソフトウエア会社の創業者として同じ課題に直面した。黎明期のホラクラシーを育んだのもこの会社だ。ホラクラシーのプロセスを自社に取り入れて実践するにつれ、徐々に、私が求める成果が得られるようになった。

それと同時に、英雄的リーダー、つまり何から何まで面倒を見て、すべてを背負って立つ人としての自分に、私自身がひどく固執していたことがわかったのである。

自分の会社を育てた私の経験は、親にとっての子供を育てる意義と似たものであるはずだ。また、子供たちが成長し、親の庇護をもはや必要としなくなった時、私と同様にアイデンティティーの危機に直面した人もきっといるだろう。自分自身がこのお決まりのパターンに陥っているのを直視するのはつらかったし、それを手放すのはもっとつらかった。意識の高い、権限を移譲するサーバント・リーダーとして、会社と社員に偉大なまでに奉仕するという私自身の物語は、私の自己認識の一部になっていたからだ。私たちの文化が英雄的な地位に求めてきたのは強力なイメージであり、それはもっともなことだ。

なぜなら、中央集権化したリーダーシップに大きく依存する、伝統的な構造の組織においては、通常、それより他に手の打ちようがないからである。しかし、英雄的なロールの資質自体は好ましいものであっても、それを必死で全うする行為は、私にとって自己満足に近いものにもなっていた。それがもっぱら私の自己評価の拠り所になっていたし、私のアイデンティティーと自尊心も、英雄的なリーダーとしての自分を中心に構築されていたからである。そのために、最初は英雄的リーダーの限界に気づくことができなかったし、英雄的な、意識の高いリーダーシップにそれほど頼らなくて済む、他の可能性に目を向けることができなかった。

この英雄的リーダーに依存するパラダイムの限界は、今では私にも見えるが、それは、リーダーがどれほど面倒見がよく、カリスマ的で、無私無欲であろうとも、そのリーダーの能力によって、全システムの限界が決まってしまうということなのだ。そういうリーダーは超人的なはず、という期待があり、そして必ず、その期待に満たないことがわかり失望する。勇気を出してそういう役割を乗り超え、それまでやってきたよりもうまく組織を運営できるプロセスに主導権を委ねた時、私は安堵感がこみ上げてくるのを感じた。自分自身に対しても、他の人たちに対しても、もう、**超人的になろうと努力する必要もなければ、そんなふりをする必要もなくなった**からだ。

それと同時に、私自身の能力が、驚くような形で突然解放されたことも感じた。それまで気づかなかったが、自分の権力を適切に行使することに、私はかなりのエネルギーを費やしていた。常に最高の自分でいられるように努めていたし、また、みんなの権限を奪ったり、抑圧したりすることのないように、自分のリアクションをなるべく抑えていたからだ。

私が行使する権力に対し、みんなが根本的に弱い立場にいることを認識していたので、権限を移譲する思いやりあふれるリーダーとなってみんなに仕事を任せるためには、私のほうが、ある程度意識的に心がけて努力する必要があった。しかし、それには私自身がトーンダウンしなければならず、時には鋭いこともある私の考え方やその他の能力を十分に発揮して、影響力を行使することができなかった。

またある時には、そういう努力をやめて(あるいはただ努力が実らず)、リーダーの特権を利用して、プロジェクトを私自身の考え方と洞察力に任せて推進することもあった。だが、こうすると、みんなに権限を移譲したり、仕事を任せたりすることが犠牲になってしまうことが多かった。これはものすごいジレンマで、どちらも大事にしたいのに二者択一を迫られて、私はどうすることもできなかった。私自身の先見の明と揺るぎない考え方を押し隠すことなく、物事を推進できるようになりたかったし、それと同時に、私に干渉されない空間と権限をみんなが持てるような環境を生み出したかったのだ。

ホラクラシーが実践された今では、私はもうどちらかを選ぶ必要はない。権限移譲を犠牲にすることなく、組織の推進力として、自分の能力のすべてを出し切ることができる。なぜなら、組織の究極の権力を私が行使したり濫用したりすることに、もう誰も影響を受けないからである。ガバナンスで決められていない限り、誰も私の言うことを聞く必要はないし、私の行動の結果としてテンションを感じることがあれば、それに対応する手段が全員に与えられている。

自分の意見や考え方を存分に表現でき、それを使って自分のプロジェクトを推進できるようになって、私は心底ほっとした。今では強く主張できるし、自分が率先してやりたいロールを担当できるし、みんなにプレッシャーを与えてしまう心配がないので、自分の能力をフルに発揮できる。また、従来の本質的には権限を弱めるシステムの中で「みんなに権限を与えよう」と努力して、無駄なエネルギーを費やすこともなくなったのだ。

常に完璧であろうとするプレッシャーから解放され自然体でいられるのは、私だけでなく周りのみんなも同じだ。それどころか、ホラクラシーのシステムには、私の至らない部分を受け入れる余地さえある。たとえついていない1日があっても、仕事に行き詰まっても、自分のアイデアにこだわりすぎても、みんなの権限と能力を損なうことがないからだ。

そうは言っても、ホラクラシーは、意識が高く、自覚のある、よきリーダーであることの価値を私からも、他の誰からも取り除くわけではないことは確かだ。ただ、そのニーズをもっと多くの人たちに分配し、到達不可能な理想ではなく、扱いやすい範囲のものにするだけなのだ。ホラクラシーは、常に偉大なリーダーとなるべき誰か1人の人物の能力に頼るのではなく、全員が時々よきリーダーとなる能力に頼っている。だから、常に偉大なリーダーである人がいなくても構わないということにもなる。

これに関して言うと、ホラクラシーの原動力は、親子間の共存関係ではなく、むしろ同僚同士の対等な関係だ。私たちはパートナーであり、各人は組織のパーパスに責任を持ち、そのパーパスを実現するための自分のロールにも責任を持つ。ホラクラシー・ワンにおいてこのパートナーシップは、社内のみんなの関係性が変わったというだけでなく、法的な事実だ。

当社の組織の構造として、社員は存在しない。全員がパートナーであり、ホラクラシー憲章が定める合法的なパートナーシップにおいて、ホラクラシーのガバナンス・ミーティングを通じて、組織の法的権力構造に発言権を持っている。もちろん、こんなふうにホラクラシーに法的な拘束力を持たせる必要性が、すべての会社にあるわけではない。ホラクラシーが単に方針として採用された場合でも、絶大なインパクトがある。

ホラクラシーが組織文化にもたらす劇的な転換は、相当な犠牲を伴う。権力をリーダーに託し、指示を待ったり、自分の意思決定に許可をもらったりするほうが楽だという人もいるだろう。そういう人たちにとってホラクラシーは、居心地のよい隠れ家を手放し、権限とそれに伴うすべての責任を積極的に引き受けることを意味する。ある意味、もっとむき出しで無防備になり、影響を受けやすくなると同時に、たとえ、会社全体から見てほんの小さな一部のロールであっても、そのロールを本当の意味でリードすることが必要になる。

また、私自身がそうだったように、権限移譲して面倒を見るよきリーダーであることに執着している人にとっては、ホラクラシーは、すべてを掌握したいという欲望を手放すことはもちろん、そういう自分のイメージと、そこから得ている自尊心のすべてを手放すことを意味する。その反面、あなたは創造力を使いこなす自由を思い切り味わえるようになるだろう。また、常に他のみんなの保護者であろうと努めるのではなく、あなた自身の仕事をこなすための能力が、新たに備わっていることにも気づくだろう。

ホラクラシー・コーチのアナ・マクグラースが、カーラー・フィナンシャル・グループの創設者リック・カーラーから聞いた話を教えてくれた。ホラクラシーを実践して1年ほど経った頃のことである。

「昨日、東海岸への出張から戻り、疲れてヨレヨレだったけれど、なんとかガバナンス・ミーティングに間に合った。会議テーブルを6人が囲んでいて、私は7番目だったが、ほとんど部外者みたいな感じだった。私には共有すべき重要な案件が1つもなかったからだ。ミーティングが進行するのを見ていると、私がその場にいようがいまいが、そんなことはお構いなしにプロセスが進むことがはっきりわかったよ。ほぼ全員から議題が飛び出し、ホラクラシーの魔法が繰り広げられた。まるでオブザーバーとして出席しているみたいだったね。だけど、私がミーティングのプロセスに参加していなかったと誤解しないでくれ。そうじゃなくて、**私自身がプロセスではなかった**ということなんだ。ミーティングを『運ぶ』という責任は、私にとってこれっぽっちも存在していなかった。後日、同僚からこんなフィードバックをもらったよ。『悪い意味に取らないでほしいんですが、ミーティングであなたを大きい存在だと感じなかったのは初めてですよ。あなたはただ、私たちの一員だった。会議テーブルを見回して、私たちは1つのチームだって、心から思いました』」

　リックにとっても、彼のような多くのリーダーにとっても、こういう経験をすると一気に肩の荷が下りた思いがするものだ。

　そればかりか、当社のクライアントの1人が最近実行したように、待ち望んでいた休暇が取れることに気づくかもしれない。「ホラクラシーのおかげで、一切の仕事を遮断して、本物のバケーションが取れた。こんなの何年ぶり……いや、実は初めてだ」と打ち明けてくれたのが、フィル・カラヴァッジョ、栄養コーチングの先進企業プレシジョン・ニュートリションの創設者だ。

「そもそも、ホラクラシーでは、自分のロールと仕事を明確かつ具体的に定義せざるを得ないので、自分が不在の間、そういうロールを一時的に他の人たちにカバーしてもらうことが、拍子抜けするほど簡単になる。ロールを代わってくれる人たちは、私とまったく同じようにできるわけじゃないが、注意を払うべきものは何かを正確に把握し、それに関して明確な方向性が得られることは確かだ。また、権力の空白状態もなければ、誰が何に対してアカウンタビリティを持つかを取り違えることもない。これはホラクラシー実践による、まったく思いがけない、しかも非常にありがたい副次効果だ。なぜかというと、もともと、ホラクラシーに転向した主な理由の1つが、共同創設者も私自身も『創設者燃え尽き症候群』を経験し始めていたからなんだ」

最終的に、ホラクラシーはシステム内のすべての人たちに権限を移譲するが、そこにはリーダー自身も含まれる。しかし、ここで先ほどの新しいコントロール装置付きの車のメタファーに戻るが、まずは大きく深呼吸して、見慣れないコントロール装置を把握し、車庫から車を出さなければならない。その時、周りのみんなも、あなたと同じことをしているのだ。

当社のクライアントを見ていて、面白い傾向があることに気がついた。権限移譲に協力的なリーダーの場合、ホラクラシーへの移行をサポートしている間、私（または私の同僚）が英雄的リーダーのロールを担ってくれるだろうと、期待することがよくあるのだ。ミーティング・プロセスに取り組み始めると、リーダーたちは、私が彼らの感情と、チームの人たちの感情を汲み取って、彼らのニーズに合わせてプロセスを調整してくれるものと期待する。

ところが、私がプロセスを頑なに守るものだから、彼ら自身と彼らが家族のように思っている組織を、まるで私が個人的に蔑ろにしているかのように、怒りを感じる。私がファシリテーターとして、人ではなく**プロセス**を大切にしているという事実に慣れてもらうには、しばらく時間がかかる。権力の空白を私自身に埋めさせようとする誘いには乗らず、私は憲章のルールに従って、ただプロセスがその仕事を全うする場を固く守るだけだ。初期の段階では、プロセスは煩雑だし、誰もそういうルールに慣れていない。しかし、それがどんなに不愉快であろうとも、私の代理のボスとなってそれを和らげることではない。

その結果、最初はミーティング・プロセスが、リーダーなきカオスのように感じられることが多い。最近のクライアント先で、初めてのガバナンス・ミーティングを進行していた私は、参加者から上がってきた提案を一語一語書き留めていた。ただし、それらは明確に表現されていなかったり、正式なガバナンスの形式ではないものだった。だから、予想通り、提案としてあまり意味がなかったのである。

その後、私が「ガバナンスの提案として有効ではない」という反対意見を提起すると、私への不満が噴出した。「なぜ最初に提案を直させたり改善させたりしなかったんだ！」

でも私はただ提案を書き留めて、プロセスを適用した。ゆっくりとではあるが確実に、プロセス自体が、提案されたものを明確にし、意味をもたらしてくれるからだ。

最終的にみんなは、私でも、CEOでも、他の誰を頼るのでもなく、プロセスと、それを使う自分たち自身の能力を信頼し始めるのだ。

この権限の再分配の美しさは、マネジャーやコンサルタントのような人が、個人的な英雄的行為を取る必要性を排除している点にある。ひとたびホラクラシーが実践されると、各チームの権力は、たった1人の英雄的リーダーであるマネジャーに属することをやめ、その代わり、憲章で具体的に定められたプロセスに属することになる。そんなことをすれば、パーパスのない、非効率的な、混沌とした組織になるのではと心配する人がいるかもしれないが、決してそんなことはない。ある意味で**誰もがみな、自分のロールのリーダーになる**からだ。

以前、研修参加者の1人が、このことを完璧に捉えて次のように言い表した。

「リーダーを原動力とする独裁からリーダーなき集団に移行するのは、多くの企業が試してきたが、限られた成果しか上がっていない。その点、ホラクラシーが生み出すのは、**リーダーであふれる組織**なんですね」

リーダーシップは到達可能なものとなり、それどころか当たり前のものにさえなる――なにしろ誰もがやっていることなのだから。

「犠牲」の根絶

ホラクラシーへの移行をやりにくいと感じる可能性があるのは、リーダーだけではない。ほとんどの組織に存在する親子のような力関係において、典型的な子供のロールを担う人たちは、たとえ権限を弱める力関係に不満を抱いていたとしても、そういうあり方に深い愛着を感じていることが多い。

私たちの誰もが無能なマネジャーについて愚痴をこぼすことがあるはずだが、ほとんどの人は、私たち自身でどう対応したらいいかわからないような問題を解決するために、英雄的リーダーに助けを求められたらいいと思っているだろう。あるいは、そんな問題に責任を負ったり直面したりするのはゴメンだという人もいるだろう。ホラクラシーは誰に対してもこういう関係を断ち切るので、興味深い結果がもたらされる。

みんなが自分のロールに権限を与えられるようになると、組織の食物連鎖のはるか末端にいることに慣れていた人たちは、もうどこにも隠れる場所もなければ、責任を転嫁できる相手もいなくなるので、居心地の悪さを感じるものだ。

どれだけ権限を奪われようとも、子供や弱者の立場にいることは、責任から解放されているということでもある。井戸端会議で不平不満をこぼすだけで、自分が感じるテンションについて実際に行動を起こす必要はない。行動できるわけがない、そんな権限はないのだから。しかしホラクラシーはそういう立場を覆す。みんなが確かに権限を持っている。

組織のどこに位置しようとも、自分が感じるどんなテンションをも有意義な変化に変える権限が与えられている。ザッポスのアレクシス・ゴンザレス＝ブラックが述べているように「ホラクラシーはあなたが抱える問題を取り除いてくれるわけじゃない。自分自身の問題を自分で解決できるようにするツールなんです[16]」。

初めは、そんな権限を行使するのが怖くて、権限を行使しても叱られたり罰を受けたりすることはない、とみんなが確信するまでには、しばらく時間がかかるかもしれない。しかし、ホラクラシーはあまり選択の余地を与えない。あなたを取り巻く組織のプロセスが、あなたの隠れ場所を光で照らし続けることになるので、権限移譲から逃げることは難しいのだ。「テンションに対応できるのに、あなたはそうしないことを選んでいるだけ」「発言権があるのに、あなたはそれを使わないことを選んでいるだけ」「全権を掌握する『上の人たち』は存在せず、あ、な、た、がいるだけ」ということが、ホラクラシーで明白になるからだ。

また、あなたには権限があるだけでなく、ロールを担当し、そのロールの受託者として行動することに同意する場合、その責任を負うことも明らかになる。組織が進化できるかどうかは、あなたがセンサーとなり、感知するテンションを表明してくれることにかかっているのだ。

もちろん、自分の気に入らないことについて、みんな今でも時々文句を言っている。しかし、ホラクラシーが作用していると、選択の幅がぐんと広がるのだ。物事の現状について不満を述べることにエネルギーを浪費するだけでなく、何か対策を講じることもできる。このプロセスで、自分の意外な本心が現れることもある。弱者の役を演じ、「上の人たち」や「状況」のせいにするという選択肢がもはやなくなると、ただありのままの現実にあなた自身が抵抗していることに気づくだろう。

以前、ホラクラシーのトレーニングに参加した瞑想インストラクターが言っていたが、このプロセスは、彼女が瞑想のクラスで教えている、「自分が現実に抵抗していることや、いろんな考え方への執着を認識する方法」と驚くほど似ているという。また、瞑想と同じように、ホラクラシーの実践も簡単ではない。あなたの内面を映す鏡が、あなたが抵抗している一部始終を映し出すように掲げられ、しかも、無意識のうちに自分の抵抗を他者のせいにすることもできないので、ばつの悪い思いをするはずだ。

しかし、正真正銘の権限移譲にこれほど近いアプローチに、私は出会ったことがない。ホラクラシーでは、一人ひとりが精神的に強くなり、権限を所有することが求められる。このステップを踏み出すことは、時にはやりがいも感じれば、恐ろしいこともあり、おそらく、ワクワクするような経験にもなるだろう。

権限を所有するという慣れない世界に足を踏み入れることは、最初は落ち着かない感じがするはずだ。ホラクラシーがあれば、自分のロールに与えられた権限の範囲内のことなら、自分の意思決定にコンセンサスも承認も求める必要はない。

しかし、この習慣を破るのは難しいと感じる人もいる。みんなの意見を聞かずに意思決定すると、同僚が気分を害したり、怒ったりするのではないかと心配になるからだ。このような例が、ホラクラシーを実践して間もない、私の仕事先の企業で最近発生した。

あるサークルのセクレタリーが、隔週のガバナンス・ミーティングをスケジュールしておいたところ、ある朝、CEOが「海外出張に出ているので、次のミーティングには出られない。だからスケジュールし直してくれ」と告知したのだ。自分が関与するべき大事なアジェンダがミーティングで話し合われることを懸念したからだ。ホラクラシーのような大変革が進行していた企業のリーダーとして、そういう心配もわかる。

ところが、私がCEOに説明した通り、ホラクラシー憲章では、サークルのガバナンス・ミーティングとタクティカル・ミーティングの日程を組んだりキャンセルしたりすることは、選出されたセクレタリーに権限が与えられている。日程をいつにするべきかに関して、誰でも情報を提供できるが、それを考慮するかしないかを決める権限はセクレタリーにあり、その件を追及する必要はない。

このケースでは、セクレタリーが判断して、予定通りミーティングを行うことになった。しかし、面白いことに、ミーティングが始まり、セクレタリーがまっさきにアジェンダを提案したが、それは彼女の意思決定を正式なものにするために提案されたポリシーだった。

「誰が出席できるかできないかにかかわらず、隔週で月曜日にミーティングを行う」

ここで興味をそそられたのは、セクレタリーには既に、その決定を行うための全権が与えられていたことだ。ポリシーなど必要なかったのだ。実際、提案されたポリシーは、この決定を後で変更したいと思った場合、彼女の最善の判断を行使する権限をただ抑制するだけなのである。こんな提案をした理由は、彼女は自分の自律性と権限を活用することを気まずく感じていて、他の人たち、ことにCEOの安全地帯を侵害することを恐れていたからだ。

これはホラクラシー実践の初期段階でよくあることだ。権限を行使した結果、テンションが生じることがあっても、ガバナンス・プロセスでそれに対応する機会が全員に与えられているのだから、ゆったりと構えていればいいのだが、ほとんどの人たちは権限を持つことに慣れていないので、それができない。セクレタリーは、コンセンサスがあったという事実を確保することにより、CEOや他の誰かが感じることになるかもしれないテンションを未然に防ぎたかったのである。そうすれば、彼女自身がもっと安心できるからだ。

しかし、ホラクラシーの美しさは、こういうふうにテンションを未然に防ぐ行動が不要だというところにある。私がその次のコーチング・セッションで彼女に説明した通り、彼女はただ、自分の権限を活用すればよかった。彼女が権限を行使するやり方について、CEOや他の誰かがテンションを感じたら、次回のガバナンス・ミーティングで、セクレタリーがミーティングの日程を設定する方法について、制約を設ける提案を行えばいい。

コンセンサスを求めないことを気まずく感じたり、何らかの意思決定を行うことや組織に波風を立てることを謝ったりするのは、よい兆候である。お互いの新しい関係へ、自分自身のロールへと移行し始めている証しだからだ。

権限を所有し行使することにもっと慣れてくると、徐々に、謝る必要を感じなくなるだろう。心臓は、身体中に血液を循環させる前に、他のすべての臓器に確認を取るだろうか？　肝臓は、有害な物質を解毒して排泄することを胃に詫びるだろうか？

こういう変化がより深く根を下ろし始め、リーダーに対する親子のような力関係から解放されたことをあなたが感じる時、新たな意欲がこみ上げてくるはずだ。それは、私のクライアントの言葉を借りれば、「自分の能力をぎりぎり限界まで発揮して、仕事をこなそうとする強力な衝動、つまり、能力の限界を超えよう、新しいやり方で向上しようとする強力な衝動」であり、「その衝動はもはや、上司が厳しく監視しているから生じているのではない。自分のロールは自分次第であり、自分のロールの機能の仕方が全体のシステムを左右するという実感によって生じている」。

私たちがお互いによい刺激となり、自分を成長させ、最善の自分であるべく努力していくとしたら、私たちの文化を変える、非常に強力な原動力となるはずだ。全員が互いに頼り合い、各人が絶対的な責任を全うしていることがわかっている場合、深い仲間意識が生まれるものなのだ。

新たなパラダイム

ロールとアカウンタビリティからなる明確で透明性のある構造に近づくにつれて、あなたはより根本的なパラダイムシフトにも気づくようになるだろう。今までの意思決定と期待が、人間関係による社内政治や、限られた人々による合意にどれほど頼ってきたのかが明白になり始めるだろう。あるクライアント企業のCEOは、この点について次のように述べている。

「ホラクラシーのおかげで、一部の人たちに何もかも依存する文化から、ロールと実践に物事を任せる文化へと移行することができた」

ほとんどの人たちは、個人的な社内政治がまかり通る場合に発生する数々のマイナス面が過去のものとなれば、最終的にはほっとするはずだ。しかし多くの組織において、親密な企業風土には非常にポジティブな面もあり、それを手放すことのほうがずっと難しい。

それは、支え合う環境の中で発達し育まれた人間関係であり、思いやりと人と人とのつながりを大切にする文化である。

こういう環境を享受してきた人たちは、初めてホラクラシーを体験する時、当然のことながら不安になるものだ。彼らは人間関係をうまく使って、組織のために成果を出してきた。それなのに、ホラクラシーは、効果があったそのもの自体を手放すことを要求するのだ。また、彼らには、組織で働くことの意義や、組織における個人の位置付けについて、新しいメンタルモデル（人が物事に対して持っているイメージや捉え方）が必要になるだろう。

この点を強調するために、私はいつもきっぱり言っている。**ホラクラシーが主眼とするのは人ではない**。これは、ホラクラシーの実践にあたり、きわめて受け入れ難い側面の1つだが、本質的な部分だ。

ホラクラシーは、みんなを成長させたり、思いやりを深めさせたり、意識を強めさせようとはしない。また、みんなに働きかけて、何か特別な文化を生じさせたり、何か特定の方法で関係し合うようにさせることもない。人や文化を変えようとするわけではないが、だからこそ、個人の成長や文化の発達がもっと自然に生じるような条件が――意図しない場合には生じないような条件が――提供されることになる。

私はこれを、ホラクラシーが持つ最も美しいパラドックスの1つだと考えている。また、これは簡単に説明できるものではなく、組織文化の向上や、個人の能力開発や、もっと意識の高いリーダーシップの促進を強く求めるご時世とあっては、なおさら難しい。

ホラクラシーはまったく違う次元で作用するので、こういうプロジェクトと直接対立することはほとんどないし、ただ基盤となる別のシステムを設置するだけである。ホラクラシーのシステムにおいてこういうプロジェクトは、ただ単に、必要な変革をもたらすためのレバレッジポイント★としてそれほど重要ではない、ということだ。また、そういうプロジェクトを直接追求しなくても、同じ成果がある程度得られるシステムなのである。

ホラクラシーは、組織と、組織のパーパスに焦点を絞っている。その焦点は、どんなにポジティブなものであっても、人々にも、人々の欲望やニーズにも当たっている。統合力に優れたホラクラシーのガバナンス・ミーティングにおいてさえ、一人ひとりに発言が認められてはいるが、ポイントは当事者たちの個人的な同意を求めることでも、みんながその決定に対して個人的に満足するように取り計らうことでもない。

ガバナンス・ミーティング・プロセスのルールの多くは、特別な狙いがあって設けられている。組織内のロールの具体的なニーズを考慮して、組織がそのパーパスを実現するために必要なものは何か、それだけに確実に集中し、個人的な意見、願望、価値観、ゴール、その他一切のものに煩わされないようにすることだ。ホラクラシーのガバナンス・ミーティングで行われる意思決定は、み

★ システム内で、小さな努力や変化から大きな効果を得られる箇所

んなの同意を求めたり、コンセンサスに至ることを前提としていない。それどころか、特別な意味合いを持つルールがそういう考え方に入り込む隙を与えないし、たとえ入り込まれたとしても、すぐに排除する。

ホラクラシーのシステムとプロセスの主眼は、組織が独自のアイデンティティーを確立し、世界において自らの仕事を全うするための構造を発見できるよう組織を常時サポートすることにあり、同時に、人間の計略やエゴや政治から組織を守っている。子供が両親を超えて、自分自身のアイデンティティーとゴールを人生において確立するのと同じように、ホラクラシーのおかげで、組織は独自のパーパスをより大きな原動力とすることができるのだ。

デビッド・アレン・カンパニーがこういう移行期を経験していた時、社内の多くの人たちは、幾分人間味に欠けるアプローチに変わったことで苦労していた。彼らが長年努力して、非常に仲のよい、暖かく、親密な文化を築き上げてきたことは、同社のビルに足を踏み入れた瞬間に伝わってきた。みんなが互いに信頼し合い、互いの話に耳を傾け、深い連帯感を共有する、実に素晴らしい職場のように思われた。

ホラクラシーを実践する過程で、人々が仕事をしていたやり方から、その精巧に織り成された人間関係を意図的に切り離していったので、多くの人たちはその変化をかなり不快に感じたのである。しかし、ホラクラシーは、彼らが苦労して築いた連帯感や信頼を根こそぎ取り除こうとしていたのではなく、ただ、それらを別の空間に移動させ、組織に関わる事柄から解放しようとしていたのだ。

ある時点で、デビッドはこのことにふと気づき、彼自身の言葉で次のように表現した。

「あなたが言っているのは、つまり、仕事をこなすために愛と思いやりを使うことは、愛と思いやりの不適切な使い方だ、ということなんですね」

それ以来、私はホラクラシーのこの側面を説明する際に、デビッドの言葉を好んで使うようになった。ホラクラシーを実践することにより、私たちは愛と思いやりの文化を退けたり、制限したりするわけではない。実は、**人と人とのつながりという領域を、より一層神聖なものにしているの**だ。

なぜなら、私たちが実践しているのは、連帯感や人間関係に頼ることなく、組織に関わるテンションに対応できるシステムだからである。さらに、ホラクラシーには、組織に関わるテンションが人間関係に与える影響を低減するという、逆の作用もある。

数カ月後、自社がくぐり抜けたホラクラシーへの移行を振り返り、デビッドは興味深い見解を述べた。

「アカウンタビリティが組織の末端にまで隅々に分配された今、私は以前に比べて企業文化にほとんど注意を払わなくなりました。機能不全のオペレーティング・システムの下では、少しでも我慢しやすくするために、価値観や何かに注目する必要がある。しかし、みんなが積極的に、より崇高なパーパスに注意を払い、自分の仕事を行い、しかもうまくやろうとする場合、文化は自然に発生してくる。無理強いする必要はないのです」

デビッドと彼のチームが見出していたことは、つまり、ホラクラシーは私的な領域や対人関係の領域を抑圧するどころか、実は、ビジネスや組織の政治でそういう空間を汚すことなく、みんながもっと完全に自分らしくなり、もっと完全に力を合わせられるように、人々を解放する、ということなのである。

このように、従来型の組織で通常融合している領域、進歩的な組織ではより一層強力に融合していることもある領域が、ホラクラシーでは健全な形に切り離されている。私のビジネス・パートナーであるトム・トミソンは、これを「人の空間」「仲間の空間」と「ロールの空間」「組織の空間」を区別することだと言っている。私はこの区別と、それが指し示すものがとても気に入っている。人間が認識する、これらの非常に異なる領域は、どんな組織の中にもすべてが共存するために、境界が不鮮明になりがちだ。「人の空間」と「仲間の空間」は、人間の持つ素晴らしい豊かさのすべてが作用する場所だ。「人の空間」とは、あなた自身と、あなたの価値観、情熱、才能、野心、アイデンティティーに関わることであり、「仲間の空間」とは、みんなの交流の仕方と、

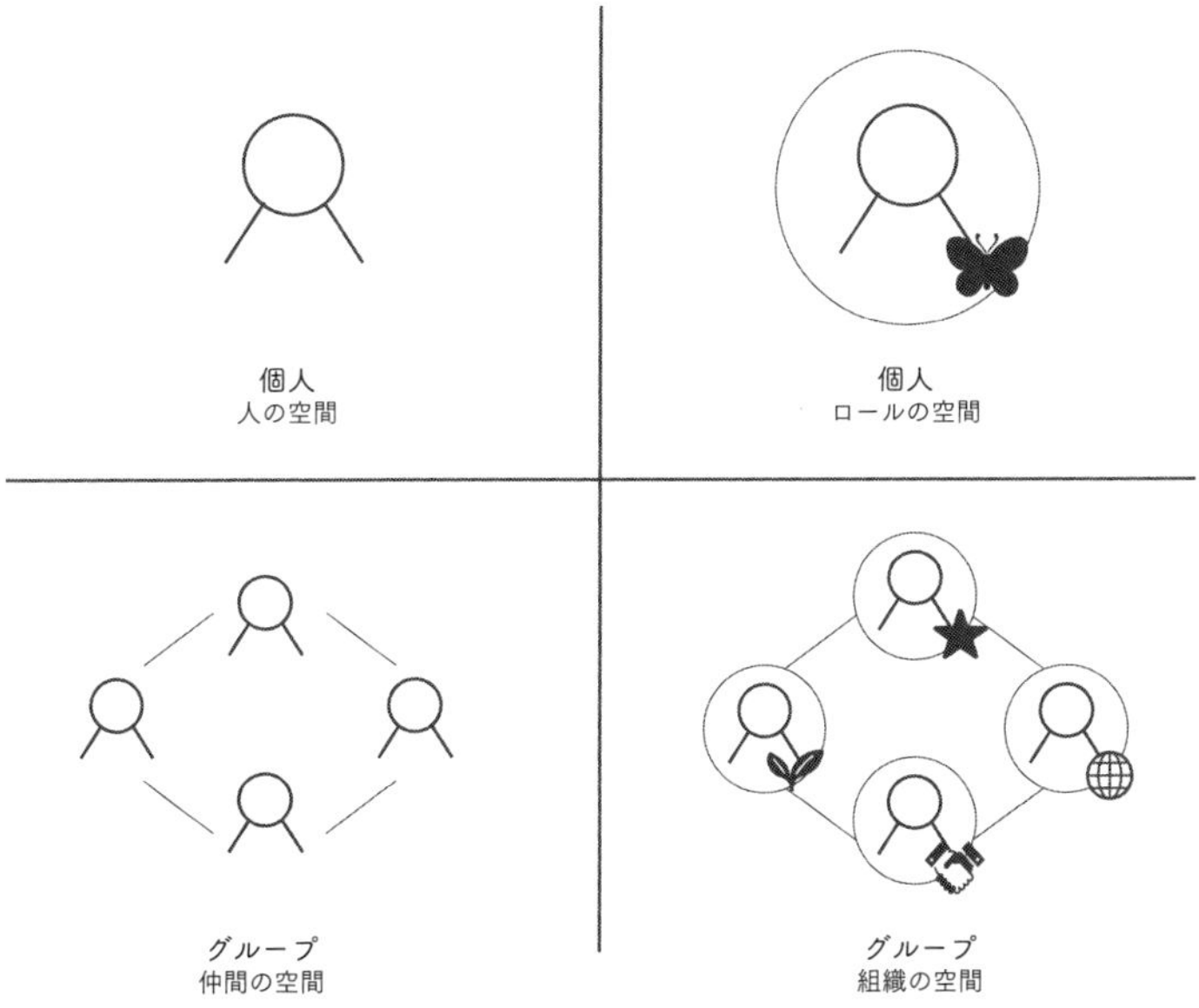

みんなで共有する価値観、文化、意義付け、言語に関わることだ。

それに対し、「ロールの空間」とは、私たちがロールの受託者として、ロールのパーパスを実現しそのアカウンタビリティを実行するために、**ロールの名において**行動を取る場所だ。最後に、「組織の空間」とは、ロール同士が一緒に働く結果として生じ、組織のパーパスのためにそれらのロールをガバナンスする場所だ。

ホラクラシーが私的な領域や対人関係の領域の価値をおとしめるのではないかと、最初は心配する人たちもいる。しかし、うまく実践されればそんな心配はないし、それどころか、個人をもっと深く敬う気持ちが浸透することをたびたび目にしている。こういう次元の問題に完全に集中して取り組んでいる多くの組織を見てきたが、ホラクラシーはそれよりはるかに大きな成果を上げているのだ。

それは、これら4つの空間を明確に区別し、空間と空間の間に適切な境界を保つことにより実現する。こうすると、いずれか1つが他の空間を支配することなしに、すべての空間が共存できる。また、無意識のうちに融合したり、境界が不鮮明になったりする状態から、別々だが統合された、健全な結びつきに変わるのだ。

ホラクラシーのプロセスのすべてがロール対ロールの「組織の空間」に焦点を絞っていて他のものにはそれほど構わないので、対人関係に関わる「仲間の空間」はかなり目立つ無政府状態のまま放置される。この空間を規制することが組織のパーパスにとって本当にためになる場合には、アプりを作って規制してもいい。しかし、この空間をできるだけ規制しないこと、少なくとも組織による規制を排除しておくことには、絶大な効果が潜んでいると私は考えている。

もし、何人かの人たちが、例えば「もっと親密にコミュニケーションすること」など、何かに同意したいと思うなら、そうするのは当然だ。しかし、昨今の組織の方針として、成果を出すことが目的でみんなにそれを強制する場合、そういう同意が将来なされたとしても、その深みも本質も損なわれてしまう。

特定のやり方をみんなに押し付けるのではなく、ホラクラシーは、**私たち人間が、どのようなやり方で個人的に付き合おうとも、組織が最大限に機能できるようにする。**ホラクラシーは、私たち自身の個人的な成長目標や文化的な願望と、組織のニーズやガバナンスとを、融合させる試みを拒否する。人間の価値を組織の空間の外に置き、それにより組織が人間の価値の空間に干渉するのを防いでもいる。また、おそらくもっと大切なことは、組織の空間の中で働いている他の人たちが、組織の生産性の名を借りて、彼ら独自の価値観で私たちを支配しようとすることを防いでいるのだ。

皮肉なことだが、私の知る限り、人間関係に関わる企業文化を醸成する方法として、ホラクラシーに勝るものはない。共感にせよ、連体感にせよ、本物の意思疎通にせよ、組織の生産性を高めるヒューマン・ダイナミクスとして求め得るあらゆるものを、これほど豊かに育む方法は他にない。

はっきりと同意していないことについて、他の人が勝手に「それはお前のやるべきことだ」と思い込んでプレッシャーをかけてくることのない、明確な空間で、別の存在（組織）とそのパーパスの面倒を見るためにみんなが一緒に働ける場合、そういったヒューマン・ダイナミクスは、なんの束縛も受けずに自然に湧き起こってくるのだ。

こういう基盤があると、本当に職場に新しい世界が築かれる。その世界では、あなたのロールのパーパスの実現に向けて、やりたいことをやるための空間と自律性が与えられ、コンセンサスも根回しも必要ない。また、その世界では、あなたが行う何らかの意思決定が誰かの意にそぐわないからといって、あなたが持つ権限が集団によるプロセスに押し切られてしまうことはない。誰がどんなアカウンタビリティを持つか、あなたが他の人に期待してよいものは何か（逆に、他の人があなたに期待してよいものは何か）がわかっているので、暗黙の期待に伴う、官僚主義や社内政治やエゴに煩わされる必要はない。

また、何かが明確でない場合、あるいは権限や期待を変える必要がある場合、統合的なガバナンス・プロセスを使って明確にすることができる。想像してみてほしい。あなたは毎朝仕事に出かける。その職場では、自分がどう振舞うべきか、自分に何が期待されているかに関して、他人の暗黙の考えに縛られることがないので、あなたは自分より大きな存在に全力で仕えることができる。仕事を終えて帰宅する時、大抵の日は、自分の能力がその日一日十分に生かされたこと、自分で選んだパーパスを果たすために、自分のさまざまな才能が統合されて役立てられたことを実感する。

ホラクラシーがうちの組織に築き上げたこの新しい世界にも、私の人生の他のスペースを解放してくれたことにも、私は大変満足している。今までとはまったく違うやり方で物事を行うことは、最初はとっつきにくく感じるものだ。しかし、ひとたびそこを乗り越えて、動的に舵取りする新しいシステムに慣れてしまえば、私たちの誰もが今日置かれている、予測不可能な、目まぐるしく変化する環境の中を、あなたとあなたの組織が楽々と、自由自在に動き回っていることに驚きと喜びを感じることになるだろう。

美しいパラドックス

この章で扱ってきたさまざまな転換は、ホラクラシー独自のものではない。ホラクラシーは、指示を実行するための従来の手法の代わりとして仲間同士の自己組織化と分散型の自己修正性の高いシステムの一例にすぎない。ホラクラシーは多くの点で斬新だと私は考えているが、同様のパラダイムを反映する他のシステムやプロセスは、探せば簡単に見つかるだろう。

実は、新しいやり方で私たちの世界を構築し、人間の交流の仕方を刷新することを目指す大きな進化の流れがあり、ホラクラシーはそれを表すものの1つにすぎないと私は考えている。またホラクラシーがその大きな転換の一助となることを願っている。少なくともホラクラシーは、指示系統にトップダウン式の統治者を必要としない見本となることができる。

今日の世界で、さまざまな種類のリーダーを前に人々が自律性を放棄してしまうのを常々見ているが、それは驚くほどのことではない。私たちのほとんどは、家父長制的な権威を持つ人がいる家庭で育ち、就職してからは、ほとんど同様な構造を持つ環境で働き、また、自分自身が、職場や家庭で、そういう権威のある人物になっていることだろう。

社会的に深く染み付いたそのパターンは、私たちの生活の非常に多くの場面で自然と繰り返され、強められている。

ホラクラシーで運営する組織では、組織内の人たちに、まったく異なる経験をする可能性が開かれる。それは**権限が分配され、みんなが一緒に大人になれる世界**だ。私たちの主権が尊重され、頼るべき究極の権限を持つ人物が存在しない世界では、唯一の存在である私たちができる限り互いに支え合いながら、自分の持ち場を各人がリードする。

もしも、あらゆる種類のリーダーや権威ある人物が、彼らを信頼するようにと私たちに迫ったら、また、自分や他者の人生に彼らが権限を行使することを認めさせようとしたら、ホラクラシーの経験をきっかけにして深く問いかけたり、場合によっては疑念を抱くようになってもらいたい。

いずれにせよ、組織でも社会でも、静的な、中央集権化されたコントロールシステムが、何か他のものに取って代わられる事例は、今後も目にすることになるだろう。進化が好むのは、リアルタイムに発生するテンションに反応し、仲間同士の対等な関係の中で、突発的な対応が生まれてくるプロセスのようだ。

それを実現する最善の方法の1つは、システム全体にガバナンスを染み込ませることだと私は考えている。それはまるで、呼吸をするかのように、ごく自然に行われる完全に一体化したプロセスで、優れた建築家が前もって完全なデザインを組織に適用する必要もない。

ここに、美しいパラドックスが存在する。権限を分配し、すべての部分とプレーヤーの自律性を尊重するシステムがあれば、団結力のある統合された全体として行動する能力を持つシステムも、同時に手に入るのだ。だから実際には、中央集権化システムか、権力分散型システムかのどちらかを選ぶ必要はない。機能しているホラクラシーの美しさは、私たちに両方を与えてくれることにある。自律性のある全体としての存在があり、それを構成する部分は相互に結びつき、どれをとっても、それら自体が自律性のある全体なのだ。

最後に、進化が何よりも好むものが1つあるとしたら、おそらくそれは、進化それ自体だろう。進化のデザインの車輪は有史以来回り続け、かつてないほど深く複雑な新しい構造を探し出している。革新的な飛躍が起こるたび、進化は、進化のプロセス自体のスピードを速め、ますます多くの人生の領域に拡大する方法を見つけているようだ。

突き詰めて言えばホラクラシーは、新しいツールを使った新しい方法で、進化のプロセスに意識的に取り組むことへの招待状である。なぜなら、ホラクラシーを使うにせよ、別のシステムを使うにせよ、進化はいつか私たちの組織にたどりつくからだ。

あなたの組織に進化がやってくるのも時間の問題だ。進化を招き入れるもよし、しばらくは進化と戦うもよし——。

ただし、いずれにせよ、進化は私たちとともに歩むことになるだろう。

Column 10

ホラクラシーにおける「組織文化」の考え方

本章では、「文化は自然に発生してくる」というデビッド・アレンの言葉が紹介されていました。一般的には「組織文化づくり」という表現があるように、人が組織に働きかけることによって文化が醸成されるという考え方がありますが、ホラクラシーではそうではなく、独自の捉え方をしています。それは、「ホラクラシーの実践を通じて、自然と自律的な組織文化が醸成されていく」という考え方です。

繰り返し述べられていますが、ホラクラシーでは組織自体を、1つの「いのちある生命体」として捉えています。つまり、創業者やリーダーといった特定の人物が、本書で述べられているように「組織の生産性の名を借りて、自分独自の価値観で他の人たちを支配する」のではなく、「組織が組織自身として、自律的な文化を持つことが認められるべきだ」と考えています。

これはもちろん、リーダー個人の価値観を軽視しているわけではなく、特定の人だけが独善的になり、支配的になる状況を防ごうとしているという意味です。つまり、健全に疑問の声があがる状態です。それを通じて、誰もが心の声を表現できて、それぞれの持ち場で力を発揮できるシステムをつくることを目指しています。それが本章における「権限が分配され、みんなが一緒に大人になれる世界」という表現に込められた意図です。

上記のような前提があるため、ホラクラシーではわざわざ、「組織文化をつくる」ということは行いません。そもそも、「新しい組織文化をつくろう！」というスローガンだけでは抽象的すぎて、具体的にどんな行動をとればいいのかが考えづらくなってしまいます。

ホラクラシーでは組織文化そのものをつくろうとするのではなく、「文化に影響する要素に取り組み、その結果として自社らしい、自律的な組織文化が自然と醸成されていく」ことを大切にしています。私は、ホラクラシーの実践を通じて、以下の3つの要素が自律的な組織文化の醸成に影響すると考えています（これはケン・ウィルバーが提唱したインテグラル理論や自身の経営や経営支援の経験と照らし合わせながら考案しました）。

ホラクラシーにおいて、自律的な組織文化の醸成に影響を与える3要素

①組織のシステム
②メンバーの行動
③メンバーの価値観と心の持ち方

1つ目の「組織のシステム」については、まさに本書で述べられている内容です。エボリューショナリーパーパスやロールの定義、組織やチームのデザイン、ガバナンスミーティング、タクティカルミーティング、その他ホラクラシー憲章で定められている約束ごとです。

2つ目の「メンバーの行動」とは、1つ目のシステムを運用するなかで生まれる日々の行動です。日々、特定の権力者や英雄的なリーダーシップに依存せずに、すべてのメンバーが持ち場で力を発揮し、テンションの共有と改善を通じてどんどん物事を更新する行為を積み重ねることで、新しい働き方の経験値を高めていきます。

3つ目の「メンバーの価値観と心の持ち方」とは、メンバーがこれまでに大切にしてきたことに加えて、2つ目の要素である、日々のホラクラシーの実践で得た経験を通じて、次第に育まれてくる価値観と心の持ち方を意味します。ホラクラシーでは、必要に応じて同僚のサポートも借りながら、一人ひとりが自分のロールで試行錯誤して創造的な仕事に取り組んでいるので、自己の成長を実感して自信を得ていきます。

ただ、初期の段階では不安や苦労を感じやすいため、悩みを吐露できてサポートしあうような機会や、日々感じている「（仕事や人生で）大切にしたいこと」を振り返る機会

を設けることも重要です（そのための企画を行うロールを設けることも可能です）。

こうした取り組みを通じて、自然とメンバーの心も変化していきます。「全部、上司がやってくれる」から「自分（たち）でやっていくことができる」へ。そして、「嫌なことは我慢すべきで、同僚に話すべきではない」から「自分の感性や表現したいこと、違和感や不安も大切にしていいんだ」と、価値観が変化していきます。

以上、ホラクラシーの実践においては、上記の3要素が相互につながり合い、結果として、自律的な組織文化の醸成が進んでいきます。自律的な組織文化が醸成されていくと、ホラクラシーの根底にある願いである「誰もが力を発揮できる状態」の実現へとつながっていきます。また、組織のエボリューショナリーパーパスが体現され、変化していく動的な流れを生み出すきっかけにもなっていきます。

ぜひ、組織のエボリューショナリーパーパスに耳を澄まして「次の意味ある一歩は何だろう」と探究してみてください。

謝辞

たくさんの人たちが、ホラクラシーに貢献してきた。この手法を開拓し、世界で使用できるように直接取り組んできた人もいれば、あるいは間接的に、自分の仕事を通じてホラクラシーの発展に影響を与えた人もいる。そうやって力を貸してくれたり、インスピレーションを与えてくれた人たち全員の名前を挙げ、敬意を表するのは難しい。だから、私がこの場でお礼を申し上げられない方たちには予めお詫びするとともに、この最後の数ページで、できる限り多くの方たちに感謝の気持ちをお伝えしたい。

早くからホラクラシーを採用してくれ、本書に最高の巻頭言を寄せてくれたことはもちろん、絶妙な明確さと実用性を備えたGTD手法の開発者であるデビッド・アレンに、極めて特別な謝意を表したい。GTDは、私がホラクラシーとともに探し求めていたシステムの優れた見本であり、私たちの周りの世界から入ってくる多くの情報に対応し、整理し、反応するための最も自然な手段を必然的に発見し、体系化している。私は、GTDが個人の整理術に提案したのと同様の「自然の法則」で、グループの整理術に適用できるものを探していた。デビッドの業績は私のインスピレーションの重要な源になっただけでなく、ホラクラシーの用語や主要なコンセプトに、もっと直接的に役立てられた。

あらゆる適切なやり方で、私を触発し後押ししてくれた、ホラクラシー・ワンの共同創設者トム・トミソンに特に感謝している。トムは、私自身のエネルギーと取り組みをほぼ完璧なまでに引き立ててくれた。ホラクラシーの黎明期、他の誰にも真似できないやり方で、彼はホラクラシーに挑んだ。彼が友情を込めて焚き付けてくれたおかげで、ホラクラシーの中核的なルールとプロセスに必要とされた発展と明確さが強引にもたらされ、私自身を私の創造物から切り離すことに役立った。彼はまた、ホラクラシー・ワンを築く上でも貢献し、組織をホラクラシーへ転向させるやり方について、今私たちが知っていることは、ほとんど彼が開拓したものだ。彼の尽きることのない思いやりと無私の奉仕は、私と、この仕事に携わる他の多くの人たちにとって、非常に大きな心の糧となり、支えとなってきた。

ホラクラシー・ワンの一員となり、世界におけるそのパーパスを実現するために尽力している、私のすべてのビジネスパートナーたちに対し、彼らのエネルギーと、親交と、常日頃の勤勉に感謝している。特に、設立時からの仲間であるアレクシア・バウワーズ、早くから仲間に加わり、特に、トムと私以外の最初のホラクラシー・コーチとして、この上なく貢献してくれた、カリレン・メイズ、オリビエ・コンパーニュ、デボラ・ボーヤーにお礼申し上げたい。また、ルイス・ホフマンにもお礼申し上げる。彼は、当社のソフトウエア開発に取り組み、多大なる貢献をしてくれたことはもちろんだが、それ以上に、彼のように暖かく親切な人と一緒に働けて嬉しいし、見習いたいと思っている。また、早い時期に当社のライセンスを取得し、ホラクラシーを世界に広めることに尽力してくれた人たち、とりわけベルナール＝マリ・シケ、ディーデリック・ヤンセ、アナ・マクグラースに謝意を表したい。さらに、初期の重要な擁護者であり、ヨーロッパで初めてのワークショップ開催を実現させてくれたデニス・ウィットロックにも、一言感謝の気持ちを述べておきたい。

まだ、海のものとも山のものともつかないホラクラシーを、私のソフトウエア会社で検討することを支えてくれたこと、（特に）無謀にも自分たちの会社で実験しようとする私に我慢してくれたことについて、共同創設者のアンソニー・モクインとアレクシア・バウワーズ、そしてプロセス重視のアジャイル・ソフトウエア開発者ビル・ショフィールドとガレス・パウエルにも感謝を申し上げる。最終的には優美なシステムを生み出した弛まぬ実験は、それ自体はそれほど優美でないことが多かったので、あの時期あそこで働いていたみんなに感謝している。

組織の向上を目指す私自身の旅において、重要なロールを果たした書籍やその他の業績に対し、リンダ・ベレンズ、バリー・オシュリー、ピーター・センゲ、パトリック・レンチョーニ、ジム・コリンズ、エリオット・ジャックスに謝意を表する。

エリック・バインホッカー、ナシーム・ニコラス・タレブ、ケン・ウィルバー、マレー・ロスバード、ルードヴィッヒ・フォン・ミーゼスに対しては、彼らの独自のモデルと見解が最終的に役立ち、私が構築しようとしていたシステムと、そのシステムに効果があったものについて、私自身の理解を深められたことに感謝する。

ケント・ベック、メアリー・ポッペンディーク、ケン・シュワーバー、ジェフ・サザーランド、マイク・コーンを始めとする、自己組織化、アジャイル・プランニング、それらに伴う発想の転換に多大なる貢献をしてくれた、アジャイル・ソフトウエア開発のコミュニティーにおける多くのパイオニアの方々にお礼申し上げる。

ソシオクラシーに関する業績と同じテーマを扱った著作に関して、ヘラルト・エンデンビュルフに感謝している。彼のシステムから情報を得て初期のホラクラシーが発展し、私たちはレプリンクと選挙プロセスの使用を思いついたのである。

本書の執筆にあたり、私のライティング・コンサルタントであるエレン・デリーに感謝している。彼女の多大なる努力とスキルがなかったら、本書が日の目を見ることはなかったかもしれない。編集者のウィル・シュワルブにも心から感謝している。私のエージェントのリサ・クイーンとともに、本書に私が感じた以上のポテンシャルを見出してくれ、この原稿がそのポテンシャルを実現するために必要なものを私にも見えるようにしてくれた。おそらくもっと大事な点は、彼らには除外すべきものがわかっていたことだろう。

また、ホラクラシー・ワン社内で、本書を市場に出すためのプロジェクトの大部分を指揮してくれたクリス・コーワンにもお礼申し上げる。このプロジェクトを通じて当社が大変お世話になった、ヘンリー・ホルト出版社の全チームと、特にマギー・リチャーズとパット・アイゼンマンにも感謝申し上げる。

私の極めて型破りな子供時代を支えてくれ、どこから見ても非常に頑丈な自己意識を構築するのを助けてくれた、母シャーリー・マキーに感謝している。私の強力で健全なエゴの発達を促進する仕事を、母がこれほど見事にこなしてくれていなかったら、他の人たちを私のエゴから守るためのシステムなどは必要としなかったことだろう。

私自身とホラクラシーの向上にいろいろな面で貢献してくれていることに、私が改めて気づくことがいまだによくあり、言葉という荒く限られた道具ではとても言い尽くせないとはわかっているが、私の愛情と感謝の気持ちを妻アレクシア・バウワーズに捧げる。彼女の名前はこの謝辞で既に2回登場したが、それは目に見えやすく敬意を表しやすい貢献に対するものである。しかし、それはほんの上っ面をなでたにすぎず、彼女はホラクラシーの物語にも、直接的に本書の執筆にも、多くの形で貢献してくれた。

最後に、本書で触れたリーダーや企業のすべてに対して、また、日々ホラクラシーを実践している他の多くの人たちに対して、その勇気、ビジョン、適応力、規律に敬意を表して、深く一礼させていただく。彼らは、世界において組織を構築し共同で働く新しいやり方を開拓する動きの一端を担い、その過程で、ホラクラシーが私自身の手を離れ、本当の運動となることに貢献している。ホラクラシーの将来の進化は、私自身が直接手直しするよりも、この大きなユーザーのコミュニティーにより、また、システムそれ自体について彼らが感知するテンションにより、ますます推進されていくことが私にはわかる。

子供が親元を離れ、自分の家族を築き始めるのを見守る親のように、私が誕生させたホラクラシーというこの創造物が、これほど支持され、熱心に取り組まれるコミュニティーを見つけたことに、私は特に感謝している。これならば、ホラクラシー自身の仕事が何であるかはこの先わかることだが、それがどんなものであろうと、ホラクラシーは世界でその仕事を全うできることだろう。

原注

1 David Packard, *The HP Way: How Bill Hewlett and I Built Our Company* (HarperBusiness, 2006), p. 142 ［デービッド・パッカード『HPウェイ 増補版』依田卓巳訳, 海と月社, 2011年］.

2 Eric D. Beinhocker, *The Origin of Wealth: The Radical Remaking of Economics and What It Means for Business and Society* (Harvard Business Review Press, 2007), p. 12.

3 Ibid., p. 334.

4 Gary Hamel, speech at the 2009 World Business Forum. Quoted in Seth Kahan, "Time for Management 2.0," *Fast Company*, October 8, 2009, http://www.fastcompany.com/1394289/hamel-time-management-20

5 Gary Hamel, "First, Let's Fire All the Managers," *Harvard Business Review*, December 2011, https://hbr.org/2011/12/first-lets-fire-all-the-managers, accessed December 2014.

6 Alexis Gonzales-Black's remarks are drawn from the Zappos Insights blog post "*What Does Leadership in Self-Organization Look Like?*," October 8, 2014, http://www.zapposinsights.com/blog/item/what-does-leadership-in-selforganization-look-like, accessed October 2014; and Alexis Gonzales-Black, "Holacracy at Zappos—The First Year of Adoption," online interview by Anna McGrath, October 29, 2014.

7 Evan Williams, speaking at the 2013 Wisdom 2.0 conference.

8 David Allen, GTD Times Podcast, "What If We All Had Accountability?," September 2011.

9 Michael E. Gerber, *The E- Myth Revisited* (HarperCollins, 2004), pp. 97-115［マイケル・E.ガーバー『はじめの一歩を踏み出そう――成功する人たちの起業術』原田喜浩訳, 世界文化社, 2003年］.

10 David Allen, *Making It All Work: Winning at the Game of Work and the Business of Life* (Penguin Books, 2009) ［デビッド・アレン『ひとつ上のGTD ストレスフリーの整理術 実践編――仕事というゲームと人生というビジネスに勝利する方法』田口元監訳, 二見書房, 2010年］.

11 David Allen, *Getting Things Done: The Art of Stress- Free Productivity* (Penguin Books, 2002), p. 38 ［デビッド・アレン『全面改訂版 はじめてのGTD ストレスフリーの整理術』田口元監訳, 二見書房, 2015年］.

12 David Allen, "Productive Living" newsletter, http://gettingthingsdone.com/newsletters/archive/0713.html, July 18, 2013.

13 Nassim Nicholas Taleb, *The Black Swan: The Impact of the Highly Improbable* (Random House, 2007), p. 157 ［ナシーム・ニコラス・タレブ『ブラック・スワン［上・下］――不確実性とリスクの本質』望月衛訳, ダイヤモンド社, 2009年］.

14 Beinhocker, *The Origin of Wealth*, p. 347.

15 Ibid., p. 14.

16 Gonzales-Black, "Holacracy at Zappos."

著者……………………………………ブライアン・ロバートソン
Brian Robertson

自主経営組織の革新的なフレームワークであるホラクラシーの開発者。前職はソフトウェア企業のCEOであり、経営実践のなかで同手法を開発。ホラクラシー・ワンを共同創業し、普及と組織支援に情熱を傾けている。ホラクラシーは世界中で1000以上の組織が実践し、業種は医療、保険、金融、小売などの営利企業から、非営利および公共セクターまで多岐にわたる。

監訳……………………………………………………吉原 史郎
Shiro Yoshihara

Natural Organizations Lab株式会社（NOL）共同創業者
ホラクラシー認定エージェント・認定コーチ
循環畑を通じて芽生える「野菜は自然と育つ」という意識のもと、「いのちの循環」の視点から経営を再考案する取り組みを実践。また、「循環の暮らし」を土台とする文明も探求している。神戸大学経営学部卒業後、事業再生下でのリゾートホテル経営、三菱UFJリサーチ＆コンサルティングを経て、NOL創業。『ティール組織』（英治出版）の原著『Reinventing Organizations（組織の再考案、以下RO）』を2016年に日本で初めて要約、2018年から著者フレデリック・ラルーと親交を深める。
組織づくりと循環畑の実践は、世界のROコミュニティーから出版された書籍『Adventures in Reinventing Work（働き方を再考案する冒険）』にも紹介された。
2022年に「ソース・プリンシプル（ソース原理）」提唱者のピーター・カーニックから直接その源泉を学び、ソース・プリンシプル＆マネーワークの認定プラクティショナーとなる。ピーター・カーニック氏の著書『30 Lies About Money（お金をめぐる30の嘘）』翻訳中（2023年出版予定）。
著書に『実務でつかむ！ティール組織』（大和出版）、共訳書に『自主経営組織のはじめ方』（英治出版）がある。

翻訳……………………………………………………瀧下 哉代
Kanayo Takishita

東京外国語大学フランス語学科卒業。
経営コンサルティング会社アジア・アドバイザリー・サービス、投資銀行ブロードビュー・インターナショナル等に勤務後、2001年に渡米。
アートや自然を中心に、幅広いジャンルで翻訳を手掛けている。ウィスコンシン州在住。

● 英治出版からのお知らせ

本書に関するご意見・ご感想を E-mail（editor@eijipress.co.jp）で受け付けています。
また、英治出版ではメールマガジン、Web メディア、SNS で新刊情報や書籍に関する記事、イベント情報などを配信しております。ぜひ一度、アクセスしてみてください。

メールマガジン　：会員登録はホームページにて
Webメディア「英治出版オンライン」　：eijionline.com
ツイッター / フェイスブック / インスタグラム：eijipress

[新訳] HOLACRACY（ホラクラシー）

人と組織の創造性がめぐりだすチームデザイン

発行日　2023 年　6 月 14 日　第 1 版　第 1 刷

著者　ブライアン・J・ロバートソン
訳者　瀧下哉代（たきした・かなよ）
監訳　吉原史郎（よしはら・しろう）
発行人　原田英治
発行　英治出版株式会社
〒 150-0022 東京都渋谷区恵比寿南 1-9-12 ピトレスクビル 4F
電話　03-5773-0193　FAX　03-5773-0194
http://www.eijipress.co.jp/
プロデューサー　下田理
スタッフ　高野達成　藤竹賢一郎　山下智也　鈴木美穂　田中三枝
平野貴裕　上村悠也　桑江リリー　石﨑優木　渡邉吏佐子
中西さおり　関紀子　齋藤さくら　木本桜子
印刷・製本　中央精版印刷株式会社
装丁　HOLON
翻訳協力　株式会社トランネット（www.trannet.co.jp）
校正　株式会社ヴェリタ

ISBN978-4-86276-302-0　C0034　Printed in Japan